눈으로 읽고
손으로 쓰면서
마음에 새기는
한자
1800자
완성

눈으로 읽고 손으로 쓰면서 마음에 새기는
한자 1800자 완성

초판 발행   2016년 3월 25일

지은이   시사정보연구원
발행인   권윤삼
발행처   도서출판 산수야

등록번호   제1-1515호
주소   서울시 마포구 월드컵로 165-4
우편번호   121-826
전화   02-332-9655
팩스   02-335-0674

ISBN 978-89-8097-379-8   13710

값은 뒤표지에 있습니다. 잘못된 책은 바꾸어 드립니다.

이 책의 모든 법적 권리는 도서출판 산수야에 있습니다.
저작권법에 의해 보호받는 저작물이므로
본사의 허락 없이 무단 전재, 복제, 전자출판 등을 금합니다.
(CIP제어번호: CIP2016003604)

눈으로 읽고
손으로 쓰면서
마음에 새기는

한자 1800자 완성

3급~8급까지 쓰면서 공부하는
한자능력검정시험 완벽대비!

- 짧은 시간에 익힐 수 있는 단어식 구성 – 교육용 1800 한자
- 한자 쓰는 법과 구조를 익히는 필순 수록
- 다양한 예문을 통한 실용적 활용
- 고사성어·반대어·두가지 이상의 뜻과 음을 가진 한자 수록
- 취업·승진·일반교양을 위한 최고의 한자 지침서

시사정보연구원 지음

시사패스
SISAPASS.COM

✽ 차례 ✽

머리말 —————————————— 5

이 책의 특징 —————————————— 6

한자의 형성원리 —————————————— 8

한자 쓰기의 기본원칙 —————————————— 10

부수의 짜임 —————————————— 12

부수표 —————————————— 14

한자가 쉬워지는 부수 설명 —————————————— 15

한자쓰기 —————————————— 34

추가 44자 —————————————— 147

두 가지 이상의 음을 가진 한자 —————————————— 153

상대 및 반대의 뜻을 가진 한자 —————————————— 154

시험에 잘 나오는 급수별 한자어 —————————————— 155

고사성어 —————————————— 158

3~5급 약자와 속자 —————————————— 168

✻ 머리말 ✻

최근 교육부의 한자 교육 강화 방침이 발표되었고, 대학입시는 물론, 각 기업체의 입사시험에서도 한자의 비중이 매우 높아졌습니다. 특히 경제5단체가 신입사원 채용 시 한자시험을 권고하고, 승진에 한자시험성적을 반영해 사실상 취업과 승진을 위한 한자가 중요한 과목으로 자리매김하고 있습니다.

이러한 풍조를 반영하듯 지금은 한글을 깨치는 유아부터 청·장년층에 이르기까지 한자 공부에 열심입니다. 이는 매년 한자능력검정시험 지원자가 꾸준한 것으로도 알 수 있습니다.

한자의 중요성이 강조됨에 따라 여러 종류의 한자책들이 발간되고 있지만 각종 시험대비와 실생활에 직접 도움이 되는 한자책이 없다는 독자의 요청에 의해 이 책을 기획하게 되었습니다. 이 책은 교육용 기초한자 1800자를 중심으로 두 자씩 짝을 지어 단어를 만들고, 자음순으로 배열하여 그 단어들을 쓰면서 공부할 수 있도록 구성하였습니다.

우리말의 70퍼센트 이상이 한자어로 구성되어 있다는 점을 상기해 볼 때 한자공부는 가볍게 여길 수 없는 것임에 틀림없습니다. 그렇다면 독자의 눈높이에 맞춰서 제대로 구성된 책으로 공부하는 것이 한자 학습의 지름길입니다. 이 책은 한자를 재미있게 학습할 수 있도록 한자쓰기의 기본원칙에서부터 두 가지 이상의 음을 가진 한자, 상대 및 반대의 뜻을 가진 한자, 한자능력검정시험에 잘 나오는 급수별 한자어, 실생활에 바로 활용할 수 있는 고사성어를 수록하였습니다.

한자는 읽기도 중요하지만 쓰기의 중요성도 매우 높아져 가고 있습니다. 이 책은 일반상식, 취업, 승진 등 각종 시험대비는 물론 읽기와 쓰기까지 동시에 만족시키는 특징이 있습니다. 이 책이 한자를 공부하는 여러분의 실력향상과 각종 시험대비에 많은 도움이 되기를 바랍니다.

시사정보연구원

✳ 이 책의 특징 ✳

한자는 우리말 구성의 70퍼센트 이상을 차지하기 때문에 정확한 의사전달을 위해 무엇보다 중요하다고 할 수 있습니다. 특히 우리와 더불어 한자 문화권 내에 있는 중국어와 일본어를 학습하는 데도 큰 도움이 됩니다. 글로벌 경제 속에서 한국이 G2로 부각된 중국이나 일본과 어깨를 나란히 하려면 한자 능력 함양이 필요하다는 인식들이 높아지고 있습니다. 이는 초등 교과에 한자 병기는 물론 각 기업체의 입사와 승진시험에 한자 성적을 반영함으로써 그 비중이 점점 높아지고 있습니다.

이 책은 이러한 여러 여건들 속에서 한자를 공부하는 여러분에게 도움이 되고자 독자의 요구에 의해 구성되고 편집된 책입니다. 이 책의 특징은 다음과 같습니다.

❶ 교육용 기초한자 1800자를 중심으로 두 자씩 짝을 지어 900단어를 만들고, 국어사전식인 ㄱ ㄴ ㄷ… 순으로 배열하여 그 단어들을 쓰면서 짧은 시간에 한자를 익히도록 하였습니다.

❷ 각 표제자(表題字)들의 음(音)과 훈(訓)은 물론, 그에 대한 용례(用例)를 실어 한자를 보다 광범위하고 실용적으로 활용할 수 있도록 하였습니다.

❸ 각 표제자의 부수와 획수를 밝혀 한자의 기초적인 학습과 자전(字典) 찾는 법을 익히도록 하였습니다.

❹ 각 표제자의 필순(筆順)을 밝혀 한자의 구조와 쓰는 법을 정확하게 익히도록 하였습니다.

❺ 각 부수의 설명과 한자의 형성원리를 실어 공부에 재미와 능률을 더해줍니다.
❻ 한자급수시험 대비(3급부터 8급까지)와 각 기업체의 입사와 승진시험 대비에 만족을 더해줍니다.
❼ 고사성어와 한자숙어, 두 가지 음을 가진 한자, 잘못 읽기 쉬운 한자, 상대 및 반의어, 약자(略字) 등을 수록하여 한자의 응용학습에 완벽을 기하도록 하였습니다.
❽ 시험에 새로 추가된 44자를 따로 분류하고, 특히 시험에 잘 나오는 급수별 한자어를 요약하여 한자 시험대비에 만전을 기했습니다.

✱ 한자의 형성원리(六書) ✱

1. **상형문자(象形文字)** : 사물의 모양과 형태를 본뜬 글자

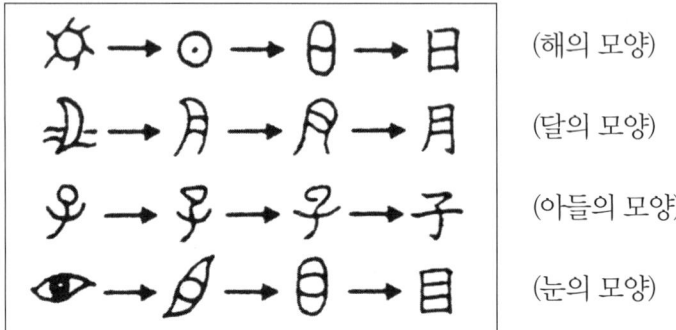

(해의 모양)
(달의 모양)
(아들의 모양)
(눈의 모양)

2. **지사문자(指事文字)** : 사물의 모양으로 나타낼 수 없는 뜻을 점이나 선 또는 부호로 나타낸 글자

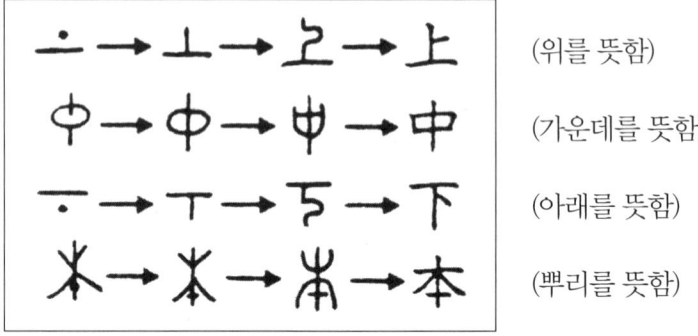

(위를 뜻함)
(가운데를 뜻함)
(아래를 뜻함)
(뿌리를 뜻함)

3. **회의문자(會意文字)** : 이미 만들어진 글자를 2개 이상 합한 글자

  人(사람 인) + 言(말씀 언) = 信(믿을 신) : 사람의 말은 믿는다.

  田(밭 전) + 力(힘 력) = 男(사내 남) : 밭에서 힘써 일하는 사람.

  日(날 일) + 月(달 월) = 明(밝을 명) : 해와 달이 밝다.

  人(사람 인) + 木(나무 목) = 休(쉴 휴) : 사람이 나무 아래서 쉬다.

 ① 동체회의(同體會意) : 같은 글자를 합한 것

  月+月=朋   日+日=昌   匕+匕=比   立+立=竝

 ② 이체회의(異體會意) : 다른 글자를 합한 것

  十+口=古   人+立=位   口+鳥=鳴   木+日=東

③ 생체회의(省體會意) : 두 글자가 합칠 때 일부분을 줄여서 합한 것
   老+子=孝　　　　羊+我=義　　　　營+力=勞

4. **형성문자(形聲文字)** : 뜻을 나타내는 부분과 음을 나타내는 부분을 합한 글자
   口(큰입 구) + 未(아닐 미) = 味(맛볼 미)　　左義右音좌의우음
   工(장인 공) + 力(힘 력) = 功(공 공)　　　右義左音우의좌음
   田(밭 전) + 介(끼일 개) = 界(지경 계)　　上義下音상의하음
   相(서로 상) + 心(마음 심) = 想(생각 상)　下義上音하의상음
   口(큰입 구) + 古(옛 고) = 固(굳을 고)　　外義內音외의내음
   門(문 문) + 口(입 구) = 問(물을 문)　　　內義外音내의외음

5. **전주문자(轉注文字)** : 있는 글자에 그 소리와 뜻을 다르게 굴리고(轉) 끌어내어(注) 만든 글자
   樂(풍류 악) → (즐길 락 · 좋아할 요)　　예) 音樂(음악), 娛樂(오락)
   惡(악할 악) → (미워할 오)　　　　　　예) 善惡(선악), 憎惡(증오)
   長(긴 장) → (어른 · 우두머리 장)　　　예) 長短(장단), 課長(과장)

6. **가차문자(假借文字)** : 본 뜻과 관계없이 음만 빌어 쓰는 글자를 말하며 한자의 조사, 동물의 울음소리, 외래어를 한자로 표기할 때 쓰인다.
   東天紅(동천홍) → 닭의 울음소리
   然(그럴 연) → 그러나(한자의 조사)
   亞米利加(아미리가) → America(아메리카)
   可口可樂(가구가락) → Cocacola(코카콜라)
   弗(불) → $(달러, 글자 모양이 유사함)
   伊太利(이태리) → Italy(이탈리아)
   亞細亞(아세아) → Asia(아세아)

✽ 한자 쓰기의 기본원칙 ✽

1. 위에서 아래로 쓴다.
   言(말씀 언) → 　一 二 三 言 言 言 言
   雲(구름 운) → 　一 厂 戶 币 乕 乕 乕 雲 雲 雲

2. 왼쪽에서 오른쪽으로 쓴다.
   江(강 강) → 　丶 冫 氵 汀 江 江
   例(법식 예) → 　丿 亻 ⺅ 伊 伊 伊 例 例

3. 가로획과 세로획이 겹칠 때는 가로획을 먼저 쓴다.
   用(쓸 용) → 　丿 冂 月 月 用
   共(함께 공) → 　一 十 艹 共 共 共

4. 삐침과 파임이 만날 때는 삐침을 먼저 쓴다.
   人(사람 인) → 　丿 人
   文(글월 문) → 　丶 一 ナ 文

5. 좌우가 대칭될 때에는 가운데를 먼저 쓴다.
   小(작을 소) → 　亅 小 小
   承(받들 승) → 　乛 了 孑 耒 承 承 承

6. 둘러 싼 모양으로 된 자는 바깥쪽을 먼저 쓴다.
   同(같을 동) → 　丨 冂 冂 同 同 同
   病(병날 병) → 　丶 一 广 广 疒 疒 疒 病 病 病

7. 글자를 가로지르는 가로획은 나중에 긋는다.
   女(계집 녀) → 　く 夊 女
   母(어미 모) → 　く 囗 囗 毋 母

8. 글자 전체를 꿰뚫는 세로획은 나중에 쓴다.
   車(수레 거) → 　一 厂 戸 日 旦 車 車
   事(일 사) → 　一 厂 戸 日 写 写 写 事

9. 책받침(辶, 廴)은 나중에 쓴다.

　　近(원근 근)→ ノ ヶ 斤 斤 斤 沂 沂 近

　　建(세울 건)→ フ ユ ヨ ヨ ヨ 圭 聿 聿 律 建

　　※ 走(달릴 주), 足(발 족), 是(이 시) 등은 받침을 먼저 쓴다.

■ 한자의 기본 점(點)과 획(劃)
　(1) 점
　　① 「ノ」: 왼점　　　　　　② 「、」: 오른점
　　③ 「丶」: 오른 치킴　　　　④ 「ノ」: 오른점 삐침
　(2) 직선
　　⑤ 「一」: 가로긋기　　　　⑥ 「丨」: 내리긋기
　　⑦ 「┐」: 평갈고리　　　　⑧ 「亅」: 왼 갈고리
　　⑨ 「ㄴ」: 오른 갈고리
　(3) 곡선
　　⑩ 「ノ」: 삐침　　　　　　⑪ 「ノ」: 치킴
　　⑫ 「ヽ」: 파임　　　　　　⑬ 「辶」: 받침
　　⑭ 「」」: 굽은 갈고리　　　⑮ 「乁」: 지게다리
　　⑯ 「〜」: 누운 지게다리　　⑰ 「ㄴ」: 새가슴

少②	火④	主⑤	伸⑥
揮⑦	表⑨	冷⑩⑪⑫	送⑬
乎⑭	式⑮	忠⑯	兄⑰

11

✽ 부수의 짜임 ✽

1. 뜻 : 部(부)의 대표문자를 部首(부수)라 한다.
  즉, 부수는 주로 漢字(한자)의 뜻과 소리를 나타낸다.
  부수에 해당하는 한자가 다른 글자 속에 포함될 때는 글자의 모양이 변한다.
  예)「水」가 왼쪽에 붙을 때는「氵」(삼수변)
    「刀」가 오른쪽에 붙을 때는「刂」(칼도방)

2. 위치

  (1) 邊(변) : 부수가 글자의 왼쪽에 있다.

     예 女(계집 녀) → 姉(누이 자)   妹(누이 매)
      車(수레 거) → 轉(구를 전)   輪(바퀴 륜)

  (2) 傍, 旁(방) : 부수가 글자의 오른쪽에 있다.

     예 彡(터럭 삼) → 形(형상 형)   彩(무늬 채)
      隹(새 추) → 雜(섞일 잡)   難(어지러울 난)

  (3) 頭(두 : 머리) : 부수가 글자의 위에 있다.

     예 宀(갓머리) → 安(편안할 안)   定(정할 정)
      竹(대죽머리) → 筆(붓 필)   策(꾀 책)

  (4) 脚(각 : 발) : 부수가 글자의 밑에 있다.

     예 灬(불화) → 照(비칠 조)   熱(더울 열)
      皿(그릇명밑) → 盛(성할 성)   監(살필 감)

  (5) 繞(요 : 받침) : 부수가 글자의 변과 발을 싸고 있다.

     예 走(달아날 주) → 起(일어날 기)   越(넘을 월)
      辶(책받침) → 近(가까울 근)   進(나갈 진)

(6) 垂(수 : 엄호) : 부수가 글자의 위와 왼쪽을 싸고 있다.

 예 厂(민엄 호)→ 原(근본 원)　　厚(후할 후)
　　　　 广(엄 호) → 床(침상 상)　　度(법도 도)

(7) 構(구 : 몸) : 부수가 글자를 에워싸고 있다.

 예 口(큰입구몸)→ 國(나라 국)　　園(동산 원)
　　　　 門(문문) → 閑(한가할 한)　　間(사이 간)

(8) 제부수 : 글자 자체가 부수자

 예 一(한 일)　入(들 입)　色(빛 색)　面(낯 면)
　　　　 高(높을 고)　麥(보리 맥)　鼓(북 고)　龍(용 용)

※ 변형부수 : 亻, 忄, 阝, 月, ⺾, 嶙, 礻, 廴, 韩, 畠, 辶, 璯, 汇, 湆, 巛, 魋, 歺, 爫, 誓 등

3. 주요한 부수

(1) 人(인 : 사람과 관계가 있다) ······ 位·休·信·佛·令
(2) 刀(도 : 칼붙이·베다와 관계가 있다) ······ 刊·別·分·切·初
(3) 口(구 : 입다·먹다·마시다와 관계가 있다) ······ 味·吸·唱·可·合
(4) 土(토 : 흙·지형과 관계가 있다) ······ 地·場·型·基·垂
(5) 心(심 : 사람의 마음과 관계가 있다) ······ 性·快·情·志·愛
(6) 手(수 : 손으로 하는 일과 관계가 있다) ······ 打·投·持·承·才
(7) 水(수 : 물·강·액체와 관계가 있다) ······ 河·池·永·泉·漢
(8) 火(화 : 불·빛·열과 관계가 있다) ······ 燒·燈·燃·照·熱
(9) 糸(사 : 실·천과 관계가 있다) ······ 紙·細·絹·系·素
(10) 艸(초 : 식물과 관계가 있다) ······ 花·草·葉
(11) 雨(우 : 기상과 관계가 있다) ······ 雲·雪·電·震·霜

✱ 부수표 ✱

	1획		37	大		75	木		113	示(礻)		150	谷		10획	
1	一		38	女		76	欠		114	内		151	豆		187	馬
2	丨		39	子		77	止		115	禾		152	豕		188	骨
3	丶		40	宀		78	歹		116	穴		153	豸		189	高
4	丿		41	寸		79	殳		117	立		154	貝		190	髟
5	乙		42	小		80	毋			6획		155	赤		191	鬥
6	亅		43	尢		81	比		118	竹		156	走		192	鬯
	2획		44	尸		82	毛		119	米		157	足		193	鬲
7	二		45	屮		83	氏		120	糸		158	身		194	鬼
8	亠		46	山		84	气		121	缶		159	車		11획	
9	人(亻)		47	川(巛)		85	水(氵)		122	网(罒)		160	辛		195	魚
10	儿		48	工		86	火(灬)		123	羊		161	辰		196	鳥
11	入		49	己		87	爪(爫)		124	羽		162	辵(辶)		197	鹵
12	八		50	巾		88	父		125	老(耂)		163	邑(阝)		198	鹿
13	冂		51	干		89	爻		126	而		164	酉		199	麥
14	冖		52	幺		90	爿		127	耒		165	釆		200	麻
15	冫		53	广		91	片		128	耳		166	里		12획	
16	几		54	廴		92	牙		129	聿			8획		201	黃
17	凵		55	廾		93	牛(牜)		130	肉(月)		167	金		202	黍
18	刀(刂)		56	弋		94	犬(犭)		131	臣		168	長(镸)		203	黑
19	力		57	弓			5획		132	自		169	門		204	黹
20	勹		58	彐(彑)		95	玄		133	至		170	阜(阝)		13획	
21	匕		59	彡		96	玉(王)		134	臼		171	隶		205	黽
22	匚		60	彳		97	瓜		135	舌		172	隹		206	鼎
23	匸			4획		98	瓦		136	舛		173	雨		207	鼓
24	十		61	心(忄)		99	甘		137	舟		174	青		208	鼠
25	卜		62	戈		100	生		138	艮		175	非		14획	
26	卩(㔾)		63	戶		101	用		139	色			9획		209	鼻
27	厂		64	手(扌)		102	田		140	艸(艹)		176	面		210	齊
28	厶		65	支		103	疋		141	虍		177	革		15획	
29	又		66	攴(攵)		104	疒		142	虫		178	韋		211	齒
	3획		67	文		105	癶		143	血		179	韭		16획	
30	口		68	斗		106	白		144	行		180	音		212	龍
31	囗		69	斤		107	皮		145	衣(衤)		181	頁		213	龜
32	土		70	方		108	皿		146	襾		182	風		17획	
33	士		71	无(旡)		109	目(罒)			7획		183	飛		214	龠
34	夂		72	日		110	矛		147	見		184	食			
35	夊		73	曰		111	矢		148	角		185	首			
36	夕		74	月		112	石		149	言		186	香			

✷ 한자가 쉬워지는 부수 설명 ✷

번호 番號	부 部	변형부수 變形部首	훈음 訓音	관련 의미 關聯 意味
1	一		한 일	가로획 하나로 '하나'라는 수를 나타낸 글자임. (셈의 시작, 모든 사물의 처음을 나타냄) 예 一 (일) 丁 (정) 丑 (축) 丘 (구)
2	丨		뚫을 곤·송곳 곤	사물을 뚫어 통함을 뜻하게 만든 글자. 단독 사용 안함.(뚫다, 꿰다, 통하다) 예 中 (중)
3	丶		불똥 주·점 주	등불의 불꽃 모양에서 따온 글자로도 설명함. 〈炷(주)불꽃심지〉의 고자(古字) 예 丸 (환) 丹 (단) 主 (주)
4	丿		삐칠 별	오른쪽 위에서 왼쪽 아래로 삐치어 그 방향으로 굽은 것을 가리키는 글자(사물의 동작 상태를 표시) 예 乃 (내) 久 (구) 之 (지) 乎 (호) 乘 (승)
5	乙	ㄴ 새을방	새 을	초봄에 싹이 굽혀지면서까지 싹터서 나오는 모양. 새의 튀어나온 가슴 모양. (굽다, 일어나다, 천간(天干)의 둘째 명칭으로 사용) 예 乙 (을) 九 (구) 也 (야) 乞 (걸) 乳 (유) 乾 (건)
6	亅		갈고리 궐	끝을 위로 굽힌 갈고리 모양. 예 了 (료) 子 (여) 事 (사)
7	二		두 이	위의 一 : 하늘, 밑의 一 : 땅의 뜻으로 설명. 둘, 다음(버금) 등의 뜻을 지님. 貳(이)와 통용{갖은자}. 예 二 (이) 于 (우) 云 (운)
8	亠		머리 두 돼지머리 해	머리부분이나 위를 나타냄. 돼지 해{亥}의 머리 부분과 같아서 속설로 '돼지해 머리'라고 불림. 예 交 (교) 亦 (역) 亨 (형) 享 (향)
9	人	亻사람인변	사람 인	사람이 양팔, 양다리를 벌리고 서 있는 모양을 정면에서 본뜬 글자. 예 介 (개) 伯 (백) 伸 (신) 似 (사)

번호 番號	부 部	변형부수 變形部首	훈음 訓音	관련 의미 關聯 意味
10	儿		어진사람 **인**	'人'과 동일한 변형 글자로 다리를 강조한 모양. '人' 자가 글자 아래(발)에 사용될 때만 쓰임. **예** 先 (선) 光 (광) 克 (극) 免 (면)
11	入		들 **입**	어떤 물체 속으로 들어감을 나타낸 글자. 하나의 줄기에 뿌리가 갈라져 땅 속으로 뻗어 들어가는 모양. **예** 內 (내) 全 (전) 兩 (량)
12	八	丷	여덟 **팔**	서로 등지고 있는 상태를 표시해 '분별하다' 는 의미를 생성. **예** 公 (공) 兮 (혜) 六 (륙) 共 (공) 具 (구)
13	冂		멀 **경**	'丨丨'은 멀리 뻗은 모양이고, 거기에 '一'을 더하여 그 곳까지의 거리를 나타냄. **예** 册 (책) 再 (재)
14	冖		민갓머리 · 덮을 **멱**	천이 사방으로 늘어뜨려져 있어 덮어 씌우는 보자기의 모양. **예** 冠 (관) 冥 (명)
15	冫	이수변 속자:冰	얼음 **빙**	얼음이 얼 때 생기는 결 모양을 본뜬 글자임. **예** 冬 (동) 冷 (랭) 凍 (동)
16	几		안석 **궤** 책상 **궤**	위는 평평하고 발이 달린 물건을 얹는 기구 모양. '안석(案席)' : 앉을 때 몸을 기대는 방석 **예** 凡 (범)
17	凵		위터진입 **구** 입벌릴 **감**	물건을 담는 위가 터진 그릇이나 벌린 입 모양. **예** 凶 (흉) 出 (출)
18	刀	刂선칼도방	칼 **도**	칼날이 굽은 칼의 모양을 본뜬 글자. (날카로움, 자르다, 나누다, 베다) **예** 切 (절) 分 (분) 刊 (간) 初 (초)
19	力		힘 **력**	힘을 준 팔에 근육이 불거진 모양. (힘, 힘쓰다) **예** 加 (가) 功 (공) 努 (노) 勞 (로) 勝 (승)
20	勹		쌀 **포**	사람이 구부려 보따리를 품에 안고 있는 모양. (구불다, 싸다) **예** 勿 (물) 包 (포)
21	匕		비수 **비** 숟가락 **비**	끝이 뾰족한 숟가락이나 짧은 칼을 의미하는 '단검, 비수' 의 뜻으로 전용됨. **예** 化 (화) 北 (북)

번호 番號	부 部	변형부수 變形部首	훈음 訓音	관련 의미 關聯 意味
22	匚		터진입 구 · 상자 방	물건을 넣는 네모난 상자를 옆에서 본 모양. 예 匠(장) 匣(갑)
23	匸		터진에운 담 감출 혜	'ㄴ'는 감추어 두는 곳, 'ㅡ'는 위를 덮어 가림. (감추다, 숨다) 예 匹(필) 區(구)
24	十		열 십	'ㅣ'은 남북, 'ㅡ'은 동서, 그 교차점은 중앙. '십'이나 '완전함'을 뜻함. 예 千(천) 午(오) 半(반) 卑(비) 卒(졸)
25	卜		점 복	거북의 등 껍데기의 균열된 모양. 예 占(점)
26	卩	㔾 병부절	병부 절 무릎마디 절	사람이 무릎 꿇고 앉아 있는 모양. 병부(兵符)를 둘로 쪼갠 것을 본뜬 글자. 병부란 왕과 병권(兵權)을 가진 신하 사이에 미리 나누어 가진 신표(信標). 예 卯(묘) 印(인) 危(위) 却(각) 卷(권)
27	厂		민엄 호 굴바위 엄 언덕 한	언덕의 끝 부분이 튀어나와 그 밑에서 사람이 살 수 있는 곳. 예 厄(액) 厚(후) 原(원) 厥(궐)
28	厶		마늘 모 사사로울 사 아무 모	벼를 수확해 볏단을 끼고 가는 모습. '자기 자신의 것'이라는 사사로움을 가리키는 글자로 설명. 예 去(거) 參(삼)
29	又		또 우 오른손 우	오른쪽 손 모양. 자주 쓰는 손으로 '또', '다시'로 쓰임. 예 及(급) 友(우) 叔(숙) 取(취) 受(수)
30	口		입 구	사람 입의 모양을 본뜬 글자. (말, 소리, 먹는 것, 출입구, 물건, 터) 예 只(지) 叫(규) 可(가) 句(구) 吏(리) 吸(흡)
31	囗		큰입구에운 담 에워쌀 위	사방을 빙 두른 모양을 본뜬 글자. (두르다, 둘러싸다, 에워싸다, 나라) 예 回(회) 因(인) 固(고) 園(원) 團(단)

번호 番號	부 部	변형부수 變形部首	훈음 訓音	관련 의미 關聯 意味
32	土		흙 **토** 뿌리 **두**	위쪽의 'ㅡ'은 땅 표면, 아래의 'ㅡ'은 땅 속, 가운데 'ㅣ'는 땅 속에서 싹이 터 지표를 뚫고 올라오는 식물을 의미함. 예 地(지) 在(재) 坐(좌) 坤(곤) 執(집)
33	士		선비 **사**	'ㅡ'을 들으면 '十'을 깨우치는 선비. 도끼를 잡은 형 집행관과 같은 벼슬하는 사람. 예 壬(임) 壯(장) 壽(수)
34	夂		뒤처져올 **치**	사람의 다리 정강이의 모양에다 앞으로 나가도록 밀고있는 의미. 예 冬(동) 各(각)
35	夊		천천히걸을 **쇠**	두 정강이를 본뜬 모양에 앞으로 나가는 것을 막고 있는 의미를 부쳐 '천천히 걷다'는 의미로 사용됨. 예 夏(하)
36	夕		저녁 **석**	'月'에서 1획을 빼낸 모양으로 '저녁, 황혼'의 뜻. 예 外(외) 多(다) 夜(야) 夢(몽)
37	大		큰 **대**	사람의 양팔과 양다리를 본뜬 글자. 예 太(태) 夫(부) 央(앙) 失(실) 夷(이) 奇(기)
38	女		계집 **녀**	두 손을 가지런하게 무릎 위에 올리고 있는 모양. 예 奴(노) 好(호) 妄(망) 妙(묘) 妥(타)
39	子		아들 **자**	강보에 싸인 어린아이의 모양. 예 孔(공) 字(자) 孟(맹) 孫(손) 孰(숙) 學(학)
40	宀		갓머리·집 **면**	지붕이 덮어씌워져 있는 집의 모양. 예 宇(우) 守(수) 完(완) 宙(주) 室(실)
41	寸		마디 **촌**	손목과 맥박이 뛰는 위치까지의 거리. 원래글자 : 又(오른손·또 우) + 一(한 일) 예 寺(사) 封(봉) 將(장) 尊(존) 尋(심)
42	小		작을 **소**	미세한 물건을 의미하는 'ㅣ'와 나눈다는 의미의 '八'의 결합. 예 少(소) 尖(첨) 尚(상)
43	尢	兀	절름발이 **왕**	한 쪽 정강이가 굽은 사람의 모양. 예 尤(우) 就(취)

번호 番號	부部	변형부수 變形部首	훈음 訓音	관련 의미 關聯 意味
44	尸		주검 시 주장할 시	죽은 사람의 굳어진 몸을 나타낸 주검의 의미. 예 尾 (미) 局 (국) 居 (거) 履 (리)
45	屮		왼쪽 좌 · 풀 초 싹날 철	초목의 풀이 돋아난 모양. 예 屯 (둔)
46	山		뫼 산	산이 높이 솟아있고 돌 바위의 형상까지 본뜬 글자. 예 岸 (안) 岳 (악) 島 (도) 嶺 (령)
47	川	巛 개미허리	내 천	도랑에서 물이 흐르는 모양. 예 州 (주) 巡 (순)
48	工		장인 공	천지(天地)의 두 공간[二] 사이에 인간이 서서[ㅣ] 규칙적인 일을 하는 것을 나타낸 글자. 예 巧 (교) 巨 (거) 差 (차)
49	己		몸 기	만물이 자신의 모습을 굽혀서 숨기고 있는 모양을 본뜬 의미. (자신, 자기) 예 已 (이) 巳 (사) 巷 (항)
50	巾		수건 건 · 헝겊 건	나무에 수건이 걸려 있는 모양. 예 布 (포) 希 (희) 帥 (수) 師 (사) 幅 (폭)
51	干		방패 간 · 범할 간	끝이 갈라진[Y] 나무막대기의 모양을 본뜬 글자로 상대의 무기를 막는 방패란 의미를 나타냄. (어기다, 범하다) 예 平 (평) 年 (년) 幸 (행) 幹 (간)
52	幺		작을 요 · 어릴 요	갓 태어난 아이의 모양. (가늘다, 작다, 미약하다) 예 幼 (유) 幽 (유) 幾 (기)
53	广		엄 호 · 바위집 엄	厂(민엄호)에 丶를 더 찍어 바위집 모양의 집으로 宀은 작은 집, 广은 주로 큰 집. 예 床 (상) 底 (저) 庚 (경) 度 (도)
54	廴		민책받침 · 끌 인	'발을 길게 끌면서 걷는다'는 의미. 예 延 (연) 廷 (정) 建 (건)
55	廾		스무 입 · 받쳐들 공	두 손을 모아 떠받들고 있는 형상과 열십[十]자를 둘 합친 스물의 모양. 예 弄 (롱) 弊 (폐)

번호 番號	부 部	변형부수 變形部首	훈음 訓音	관련 의미 關聯 意味
56	弋		주살 **익**	줄을 매어 쏘는 화살인 '주살'의 의미. 예 式 (식)
57	弓		활 **궁**	화살을 매기지 않은 활의 모양.(힘 셈, 늘임) 예 弔 (조) 引 (인) 弟 (제) 強 (강)
58	彐	彑	튼가로 **왈** 돼지머리 **계**	돼지머리의 모양을 본뜬 글자. 예 彗 (혜) 彙 (휘)
59	彡		터럭 **삼** · 삐친 석 **삼**	터럭을 빗질해 놓은 모양. (모양, 무늬, 꾸미다) 예 彩 (채) 影 (영)
60	彳		두인 **변** 조금 걸을 **척**	처음 걷기 시작함을 의미. (움직이다, 일하다, 걷다) 예 彼 (피) 往 (왕) 征 (정) 待 (대)
61	心	忄심방변 㣺	마음 **심**	마음의 바탕으로 심장을 본뜬 글자. (생각, 감정, 마음) 예 必 (필) 忌 (기) 忘 (망) 怨 (원) 性 (성) 慕 (모)
62	戈		창 **과**	긴 자루 끝에 갈고리 모양의 칼날을 붙인 모양. (창과 관련된 무기, 전쟁) 예 戊 (무) 戌 (술) 成 (성) 戒 (계) 戲 (희)
63	戶	户	지게 **호** · 문 **호**	문짝의 한쪽 부분을 본뜬 글자. (문, 집, 출입문, 가옥) 예 戶 (호) 房 (방) 所 (소)
64	手	扌재방변	손 **수**	다섯 손가락을 펼치고 있는 손의 모양. (손으로 하는 동작, 행위 등과 관련) 예 折 (절) 拂 (불) 拔 (발) 招 (초) 押 (압)
65	支		지탱할 **지** · 가지 **지**	대나무 가지를 안 넘어지게 버틴 모양. 枝(가지 지)의 古字(고자) 예 支 (지)
66	攴	攵 등글월문방	칠 **복**	손[又]+나무가지[卜] = '치거나 때리는 것'을 의미. (치다, 때리다, 억지로하다) 예 改 (개) 攻 (공) 效 (효) 敗 (패) 敦 (돈)

번호 番號	부 部	변형부수 變形部首	훈음 訓音	관련 의미 關聯 意味
67	文		글월 **문**	초기 글자의 성립은 사람의 가슴 부위에 심장 모양의 무늬를 표시. (무늬, 채색 등으로 사용) 예 斑 (반)
68	斗		말 **두**	액체의 용량을 재거나 퍼낼 때 쓰는 도구인 국자 모양. (재다, 따르다) 예 料 (료) 斜 (사)
69	斤		도끼 **근** · 저울 **근**	긴 자루 끝에 도끼날을 단 도끼 모양. (도끼, 자르다, 베다) 예 斥 (척) 斯 (사) 新 (신) 斷 (단)
70	方		모 **방**	농기구인 쟁기의 날 부분 모양. (방향, 땅, 곁, 나란히 하다, 깃발) 예 於 (어) 施 (시) 旅 (려) 旋 (선) 族 (족) 旗 (기)
71	无	旡	이미 **기** · 없을 **무**	사람이 앉아서 뒤를 돌아보면서 입을 벌린 모습을 본뜬 글자. 예 旣 (기)
72	日		날 **일**	태양의 모양을 본뜬 글자. (태양, 명암, 시간, 날씨) 예 旦 (단) 旬 (순) 昇 (승) 昔 (석) 晨 (신) 暢 (창)
73	曰		가로되 **왈**	입[口] 위에 말이 나오는 의미. 예 曲 (곡) 書 (서) 曾 (증) 替 (체)
74	月		달 **월**	달의 모양을 본뜬 글자. (달, 시기, 시간) 예 朋 (붕) 朔 (삭) 望 (망) 期 (기)
75	木		나무 **목**	나무의 전체 모양을 본뜬 글자. (종류, 부유, 물건, 상태) 예 未 (미) 朱 (주) 束 (속) 枝 (지) 架 (가) 栽 (재)
76	欠		하품 **흠**	사람이 앉아서 입을 벌리고 있는 모습. (입을 벌리다, 하품하다) 예 欲 (욕) 欺 (기) 歌 (가) 歎 (탄) 歡 (환)
77	止	𣥂	그칠 **지**	한쪽 발이나 발자국 모양을 본뜬 글자. (멈추다, 걷다, 뿌리) 예 正 (정) 此 (차) 歲 (세) 歷 (력) 歸 (귀)

번호 番號	부 部	변형부수 變形部首	훈음 訓音	관련 의미 關聯 意味
78	歹	歺	죽을 **사** 앙상할뼈 **알**	죽은 사람의 부서진 남은 뼈를 본뜬 글자. (죽음과 관련된 의미) 예 殃 (앙) 殆 (태) 殉 (순) 殊 (수) 殘 (잔) 死 (사)
79	殳		갖은등글월 **문** 몽둥이칠 **수**	오른손[又]으로 몽둥이를 들고 있는 모양. (치다, 때리다, 부수다) 예 段 (단) 殺 (살) 毁 (훼)
80	毋		말 **무** · 없을 **무**	'毋'의 중간 'ㅣ'을 뺀 글자가 바로 '女'이기에 범해서는 안된다는 뜻으로 하지 말라는 의미. 예 每 (매) 毒 (독)
81	比		견줄 **비**	사람 둘을 결합하여 나란하게 서 있는 모양. (나란히 하다, 비교하다) 예 比 (비)
82	毛		털 **모**	새의 깃털이나 짐승의 털이 위로 향해 있는 모양. (털이나 털로 만든 물건과 관련) 예 毫 (호)
83	氏		각시 **씨** · 성 **씨**	나무뿌리가 땅 위로 올라온 모양. 음식을 먹는 숟가락 모양. (혈족, 씨족) 예 民 (민)
84	气		기운 **기**	구름이나 김 같은 기운이 위로 오르는 모습. 예 氣 (기)
85	水	氵 삼수변 氺	물 **수**	물줄기가 양쪽으로 흘러가는 물의 모습. 예 汚 (오) 泉 (천) 浸 (침) 渴 (갈) 濁 (탁) 泰 (태)
86	火	灬 불화발	불 **화**	불이 세차게 타오르는 모습을 본뜬 글자. 예 災 (재) 烏 (오) 然 (연) 熱 (열) 營 (영) 爐 (로)
87	爪	爫 손톱조머리	손톱 **조**	물건을 움켜쥐고 있는 손의 모양을 본뜬 글자. 예 爭 (쟁) 爲 (위) 爵 (작)
88	父		아비 **부**	손[又]과 돌도끼[石斧(석부)]의 결합으로 '일하는 남자'나 '집안의 長'을 의미. 손[又]과 채찍[丨]의 결합으로 채찍을 들고 가족을 거느리는 가장을 의미. 예 父 (부)

번호 番號	부 部	변형부수 變形部首	훈음 訓音	관련 의미 關聯 意味
89	爻	⺷	점괘 **효**·사귈 **효** 본받을 **효**	나무가지를 서로 엇갈리게 놓은 모양. 예 爽 (상) 爾 (이)
90	爿		장수 **장**·조각 **장**	나무를 반으로 쪼갰을 때의 왼쪽 나무. 예 牆 (장)
91	片		조각 **편**	나무를 반으로 쪼갰을 때의 오른쪽 나무. 예 版 (판)
92	牙		어금니 **아**	입을 다물었을 때 위아래의 어금니가 서로 맞물린 모양을 본뜬 글자. 예 牙 (아) 芽 (아) 雅 (아)
93	牛	牛 소우변	소 **우**	긴 뿔을 가진 소의 머리 모양을 본뜬 글자. 예 牧 (목) 物 (물) 特 (특) 牽 (견)
94	犬	犭 개사슴록변	개 **견**	꼬리를 위로 감아 올린 개의 모습. 예 犯 (범) 狂 (광) 狀 (장) 狗 (구) 猛 (맹) 獻 (헌)
95	玄		검을 **현**	'ㅗ'은 '덮는다', '幺'은 '멀고 깊다'는 의미로 '그윽하고 멀다'는 의미. 예 玆 (자) 率 (솔)
96	玉	王 임금왕변	구슬 **옥**	옥돌 세 개에 세로로 옥돌을 꿴 끈 모양. 왕과 같이 쓰여 변형된 글자. (옥의 종류, 옥으로 만든 물건, 옥의 상태) 예 珍 (진) 班 (반) 琴 (금) 環 (환)
97	瓜		외 **과**·오이 **과**	바깥쪽 부분은 '오이의 덩굴'을 의미하고, 안쪽 부분은 '오이의 열매'를 본뜬 글자. 예 瓜 (과)
98	瓦		기와 **와**	기와가 서로 나란하게 연결되어 있는 모양. 진흙으로 빚어 불에 구워낸 '질그릇'의 모양. 예 瓦 (와)
99	甘		달 **감**	입[口]과 입 안에 들어 있는 맛있는 것[一]을 느낀다 하여 '달다'의 뜻을 의미. 예 甚 (심)

번호 番號	부 部	변형부수 變形部首	훈음 訓音	관련 의미 關聯 意味
100	生		날 **생**	초목이 땅에서 나와 자라는 모양. (나다, 출산, 생명 등과 관련) 예 産 (산)
101	用		쓸 **용**	'卜' + '中'을 합한 글자. '甬(길 용)'의 고자(古字) (쓰다, 사용하다, 올리다) 예 甫 (보)
102	田		밭 **전**	농사짓는 '밭'을 의미. 예 甲 (갑) 申 (신) 畓 (답) 畢 (필) 番 (번) 畿 (기)
103	疋	疋 필필변	발 **소**	무릎 아래의 다리를 본뜬 글자. (발, 걷는다) 예 疏 (소) 疑 (의)
104	疒		병질 **녁** · 병들 **녁**	병을 앓아 누워 있는 모양. (병, 상처, 허물 등과 관련) 예 疲 (피) 疾 (질) 痛 (통)
105	癶		필 **발** · 걸을 **발**	사람이 두 다리를 뻗어 걷는 모양. (발의 동작이나 상태 등과 관련) 예 癸 (계) 登 (등) 發 (발)
106	白		흰 **백**	촛불의 심지가 타는 모양. (밝다, 희다) 예 百 (백) 的 (적) 皇 (황) 皆 (개)
107	皮		가죽 **피**	짐승의 가죽을 벗기는 모양. (피부, 가죽과 관련) 예 皮 (피)
108	皿		그릇 **명**	물건을 담는 그릇 모양을 본뜬 글자. (그릇이나 그릇에 담는 것 등의 의미) 예 盛 (성) 盡 (진) 監 (감) 盤 (반)
109	目	罒	눈 **목**	눈의 모양을 본뜬 글자. (눈과 관련된 동작이나 상태) 예 直 (직) 盲 (맹) 省 (성) 看 (간) 督 (독) 瞬 (순)
110	矛		창 **모**	옛 전쟁터에서 쓰던 세모진 창 모양. '矛(모)'는 찌르는 용도의 창, '戈(과)'는 치거나 낚아채는 용도의 창. 예 矛 (모) 矜 (긍)

번호 番號	부 部	변형부수 變形部首	훈음 訓音	관련 의미 關聯 意味
111	矢		화살 시	화살의 모양을 본뜬 글자. (화살과 관련된 의미) 예 矣 (의) 短 (단) 矯 (교)
112	石		돌 석	언덕 아래에 있는 돌 모양을 나타냄. (돌의 종류나 상태, 돌로 만든 물건 등과 관련) 예 硏 (연) 破 (파) 硬 (경) 碑 (비) 碧 (벽)
113	示	礻 보일시변	보일 시	제물(祭物)을 올려놓는 제단(祭壇)의 모양. '二' + '小' 의 결합 (제사, 길흉화복 등과 관련) 예 社 (사) 祖 (조) 票 (표) 禍 (화) 禪 (선)
114	禸		짐승발자국 유	땅에 남은 짐승의 발자국을 표시한 글자. 손으로 벌레를 잡고 있는 모양. (짐승, 동물 등과 관련) 예 禽 (금)
115	禾		벼 화 · 곡식 화	'木' 위에 한 획을 더해 이삭이 드리워진 모양. (곡물, 수확하다, 조세) 예 秀 (수) 秋 (추) 科 (과) 穀 (곡)
116	穴		구멍 혈	움(구멍)을 파 그 속에서 살아가는 '혈거(穴居)'의 집을 의미함. (구멍, 뚫는 일, 심오하다, 엿보다) 예 究 (구) 突 (돌) 窓 (창) 窮 (궁) 竊 (절)
117	立		설 립	사람을 의미하는 '大'와 땅을 의미한 '一'을 합한 글자로, 사람이 땅 위에 서 있는 모양. (서다, 머무르다, 기다리다) 예 竟 (경) 章 (장) 童 (동) 端 (단) 競 (경)
118	竹	⺮	대 죽	두 개의 나무 가지에 잎사귀가 아래로 늘어져 있는 모양을 본뜬 글자. (대나무, 대나무로 만든 용구 등과 관련) 예 笑 (소) 筆 (필) 策 (책) 箇 (개) 築 (축) 籍 (적)
119	米		쌀 미	이삭의 가지에 붙어 있는 곡식의 낟알 모양. '米'는 도정(搗精: 껍질을 벗김)을 한 쌀 '禾(화)'와 '稻(도)'는 벼를 의미함. 쌀이 되기까지 농사꾼의 손이 88번 간다는 의미로 米壽(미수)를 88세라 한다. 예 粧 (장) 粟 (속) 精 (정) 糧 (량)

번호 番號	부 部	변형부수 變形部首	훈음 訓音	관련 의미 關聯 意味
120	糸		실 **사**·실 **멱**	한 묶음의 실타래를 본뜬 글자. (여러 종류의 실이나 끈, 직물, 실 짜는 일) 예 糾 (규) 純 (순) 素 (소) 紫 (자) 綠 (록) 緊 (긴)
121	缶		장군 **부**·질그릇 **부**	물과 같은 액체를 담는 질그릇의 장군 모양을 본뜬 글자. (항아리나 단지와 관련) 예 缺 (결)
122	网	罒, 冂, 罓	그물 **망**	그물을 쳐 놓은 모양을 본뜬 글자. (그물의 종류나 걸리다, 잡히다) 예 罔 (망) 罪 (죄) 署 (서) 罷 (파) 羅 (라)
123	羊	丷	양 **양**	두 뿔이 있는 양의 머리 모양. (양의 종류, 순하고 착한 양의 성질) 예 美 (미) 着 (착) 義 (의) 群 (군)
124	羽		깃 **우**	새의 두 날개나 긴 깃털의 모양. (깃털, 날개, 나는 것, 익숙, 노련함) 예 翁 (옹) 習 (습) 翼 (익)
125	老	耂	늙을 **로**	구부정한 늙은이가 지팡이를 짚고 있는 모양. '毛+人+匕=老'의 결합으로 사람이 늙어서 머리도 변하고 몸도 굽어진다는 의미. 예 考 (고) 者 (자)
126	而		말이을 **이**	구레나룻이 아래로 길게 나 있는 모양. 인칭대명사 '너'의 의미나 접속의 의미로 사용됨. 예 耐 (내)
127	耒		쟁기 **뢰**	쟁기를 잡고 농사짓는 의미. 나무로 만든 연장[木]으로 우거진 풀 나무를 갈아 엎는다는 의미. (농기구, 경작(耕作) 등과 관련) 예 耕 (경)
128	耳		귀 **이**	사람의 한 쪽 귀 모양을 본뜬 글자. (귀와 관련, 헤아리다, 직분, 알다) 예 耶 (야) 聘 (빙) 聞 (문) 聲 (성) 聽 (청)
129	聿	肀	붓 **율**	손으로 붓을 잡고 글을 쓰는 모양. 예 肅 (숙)

번호 番號	부 부	변형부수 變形部首	훈음 訓音	관련 의미 關聯 意味
130	肉	月 육달월	고기 **육**	칼로 잘라놓은 고기 덩어리의 모양. 글자의 변에 사용될 때, 달월(月)과 구별해서 '육달월'로 쓰인다. 예 肝(간) 肩(견) 肯(긍) 育(육) 能(능) 脣(순)
131	臣		신하 **신**	머리를 숙이고 있을 때의 눈의 모양을 본뜬 글자. 예 臥(와) 臨(림)
132	自		스스로 **자**	사람의 코 모양을 본따 만든 글자. (자신, 스스로) 예 臭(취)
133	至		이를 **지**	하늘로 올라간 화살이 내려와 땅에 꽂힌 모양. (이르다, 도달하다, 미치다, 지극하다) 예 致(치) 臺(대)
134	臼		절구 **구**	절구 안의 곡물 낱알 모양. (절구, 찧는다, 들어올리다) 예 與(여) 擧(거) 舊(구)
135	舌		혀 **설**	사람보다는 혀를 더 길게 입에서 뽑을 수 있는 뱀의 혀 모양을 본뜬 글자. 예 舍(사)
136	舛	㐄	어그러질 **천**	왼쪽 부분은 오른쪽 부분[夕]의 뒤집은 모양으로 어긋나다, 배반하다 등의 뜻으로 쓰임. 예 舞(무)
137	舟		배 **주**	통나무로 만든 나룻배의 모양을 본뜬 글자. 예 航(항) 般(반) 船(선)
138	艮		간괘 **간** · 그칠 **간**	사람의 눈을 뒤로 돌린 모습. (거스르다, 어그러지다) 예 良(량)
139	色		빛 **색**	사람 위에 사람이 있는 모양. (남녀 사이의 애정, 색깔, 얼굴색) 예 色(색)
140	艸	⺿ 초두 ⺾	풀 **초**	풀들이 여기저기에 돋아나 있는 모양. (풀과 관련, 가혹, 혹독) 예 芳(방) 茶(다) 菌(균) 葬(장) 蔽(폐) 蘭(란)

번호 番號	부 部	변형부수 變形部首	훈음 訓音	관련 의미 關聯 意味
141	虍		범 호 범가죽무늬 호	호랑이의 머리 부분을 본뜬 글자. 예 處 (처) 虛 (허) 號 (호)
142	虫		벌레 충	뱀의 모양을 본뜬 글자. '蟲(벌레 충)'과 동일한 글자.(작은 동물들과 관련) 예 蛇 (사) 蜂 (봉) 蝶 (접) 螢 (형)
143	血		피 혈	제사 때 제물의 피를 담아 놓은 그릇 모양. 예 衆 (중)
144	行		다닐 행	사방 네거리의 갈라진 길의 모양을 본뜬 글자. 예 術 (술) 街 (가) 衝 (충) 衛 (위) 衡 (형)
145	衣	衤 옷의변	옷 의	저고리의 동정과 옷고름을 동여맨 형상. (옷, 의지함의 뜻) 예 裏 (리=裡) 被 (피) 表 (표)
146	襾	覀	덮을 아	천이나 보자기 등으로 물건을 덮어놓은 모양. 예 西 (서) 要 (요) 覆 (복)
147	見		볼 견·보일 현	'目(눈 목)'과 사람이 무릎을 꿇고 앉아 있는 모습. 예 規 (규) 視 (시) 親 (친) 覺 (각) 覽 (람) 觀 (관)
148	角		뿔 각	뾰족한 짐승의 뿔 모양. 예 解 (해) 觸 (촉)
149	言		말씀 언	亠(머리 두)로 두 번(二) 생각하고 말(口)해야 한다. (말과 관련) 예 訂 (정) 計 (계) 訓 (훈) 警 (경) 變 (변)
150	谷		골짜기 곡	산골짜기에서 물이 흘러내리는 모양. 예 谷 (곡)
151	豆		콩 두	제사를 지낼 때 제수(祭需)를 담아 올리던 받침이 높이 달린 나무그릇의 모양을 본뜬 글자. 예 豈 (기) 豊 (풍)
152	豕		돼지 시	돼지의 주둥이와 몸통, 다리, 꼬리 등의 모양. 예 豚 (돈) 象 (상) 豪 (호) 豫 (예)
153	豸		벌레 치·해태 치	먹이를 잡기 위해 몸을 웅크리고 있는 모양. 예 貌 (모)

번호 番號	부部	변형부수 變形部首	훈음 訓音	관련 의미 關聯 意味
154	貝		조개 패	조개가 껍질을 벌리고 있는 모양. (재물과 관련) 예 貞 (정) 財 (재) 貢 (공) 貪 (탐) 責 (책) 賴 (뢰)
155	赤		붉을 적	사람의 의미인 '大' + '火(불 화)'가 결합하여 '사람이 불을 쬔다'는 의미. 예 赤 (적) 赫 (혁)
156	走		달릴 주	팔을 흔들면서 달려가는 모습을 본뜬 글자. (달리거나 걸어가는 등의 동작과 관련) 예 赴 (부) 超 (초) 越 (월) 趣 (취)
157	足	⻊ 발족변	발 족	발 모양의 '止' 위에 정강이뼈(혹은 무릎)를 표시한 '口'를 함께 본뜬 글자. 예 距 (거) 跡 (적) 跳 (도) 踏 (답) 踐 (천)
158	身		몸 신	임신한 여자의 몸을 본뜬 글자.(신체와 관련) 예 躬 (궁)
159	車		수레 거·수레 차	수레의 몸체와 바퀴 모양. 예 軍 (군) 軌 (궤) 載 (재) 輝 (휘) 輿 (여)
160	辛		매울 신	서서(立 : 설 립) 십자가(十 : 열 십) 같은 형틀에 묶여 있는 죄인으로 즉, 고생이 많다 하여 '맵다' 혹은 '큰 죄'의 뜻. 예 辨 (변) 辭 (사) 辯 (변)
161	辰		별 진·날 신	커다란 조개가 입을 벌리고 살을 드러낸 모양. 예 辱 (욕) 農 (농)
162	辵	辶 책받침	천천히 걸을 착	彳(끌 인)에 、를 더 찍어 뛴다는 뜻. 彳(느린 걸음) 辶(빠른 걸음) 예 迎 (영) 返 (반) 述 (술) 遙 (요) 遲 (지) 邊 (변)
163	邑	阝우부방	고을 읍	사방을 두르고 있는 고을의 모양으로 阝이 우측에 붙으면 고을 읍, 阝가 좌측에 붙으면 언덕 부. 예 那 (나) 邪 (사) 郊 (교) 郵 (우) 鄕 (향)
164	酉		닭 유·익을 유	술을 담아놓은 술 동이의 모양으로 십이간지에서는 열 번째로 술 마시는 시간. (술, 식초와 관계) 예 酌 (작) 酒 (주) 醜 (추) 醫 (의)

번호 番號	부 部	변형부수 變形部首	훈음 訓音	관련 의미 關聯 意味
165	釆		분별할 **분** · 나눌 **변**	짐승의 발톱이 갈라져 있는 모양을 본뜬 글자. (나누다, 분별하다) 예 釋 (석)
166	里		마을 **리**	'田(밭 전)' + '土(흙 토)'가 결합되어 '마을', '촌락'의 의미가 됨. 예 重 (중) 野 (야) 量 (량)
167	金		쇠 **금**	산(人)밑(一)흙(土)속에 묻힌 금을 뜻함. (돈 또는 금속을 나타내는 글자가 많다) 예 針 (침) 錢 (전) 鐵 (철) 鑑 (감) 鑄 (주)
168	長	镸	길 **장** · 어른 **장**	머리가 긴 노인이 지팡이를 짚고 있는 모습. (길다, 오래다, 멀다, 우두머리) 예 長 (장)
169	門		문 **문**	두 짝으로 이루어진 문의 닫혀진 모양. 예 閉 (폐) 閏 (윤) 閣 (각) 閱 (열) 關 (관)
170	阜	阝좌부방	언덕 **부**	흙이 쌓인 모양으로 산에 돌이 없는 것. (대지, 계단, 집, 굴, 막다의 뜻) 예 防 (방) 降 (항) 陣 (진) 陷 (함) 際 (제) 隱 (은)
171	隶		미칠 **이**	손으로 꼬리를 잡는다는 의미. (잡는다, 도달하다) 예 隷 (례)
172	隹		새 **추**	꽁지가 짧은 작은 새의 모양을 본뜬 글자. 鳥(새 조 : 꼬리가 긴 새) 예 集 (집) 雅 (아) 雁 (안) 雙 (쌍) 難 (난)
173	雨		비 **우**	하늘(一) 밑 구름(冂)에서 물방울(水)이 떨어지는 모양. (기상상태와 관련) 예 雪 (설) 零 (령) 電 (전) 霧 (무) 靈 (령)
174	靑	속자: 青	푸를 **청**	싹이 돋아나온다는 의미. 예 靜 (정)
175	非		아닐 **비**	새가 하늘로 날아오르는 모습을 본뜬 글자. (등지다, 반대하다, 아니다, 갈라지다) 예 非 (비)
176	面	속자: 面	낯 **면**	사람의 얼굴 모양을 본뜬 글자. 예 面 (면)

번호 番號	부 部	변형부수 變形部首	훈음 訓音	관련 의미 關聯 意味
177	革		가죽 **혁**	짐승의 가죽을 손질하여 가공한 형태의 모양. 예 革 (혁)
178	韋		가죽 **위**	다듬은 가죽으로 손질한 가죽을 뜻한 글자. 둘레를 빙빙 도는 모양. (에우다, 두르다) 예 韓 (한)
179	韭		부추 **구**	땅[一]에서 자라고 있는 부추[韭]의 모양. 예 韮 (구)
180	音		소리 **음**	'言(언)'과 동일한 모양이었는데, 후에 '口' 안에 가로선[一]이 더해져 말이 입 밖으로 나올 때 성대를 울려 소리를 내는 부호로 표시. 예 韻 (운) 響 (향)
181	頁		머리 **혈**	목에서부터 머리 끝 모양을 본뜬 글자로 얼굴 모습이나 움직임을 뜻함. 예 頂 (정) 頃 (경) 順 (순) 頌 (송) 頻 (빈)
182	風		바람 **풍**	바람의 움직임을 나타낸 글자로 '바람'의 뜻. 예 風 (풍)
183	飛		날 **비**	새가 양 날개를 펼치고 하늘을 나는 모양으로 升(오를 승)+羽(깃 우)를 합한 글자. 예 飜 (번)
184	食	飠 생략: 今	먹을 **식**	음식을 담는 그릇에 뚜껑까지 덮은 모양. 예 飢 (기) 飯 (반) 養 (양) 餓 (아) 館 (관)
185	首		머리 **수** 우두머리 **수**	짐승의 머리 모양으로 우두머리를 의미. 예 首 (수)
186	香		향기 **향**	햇볕에 벼가 익어감. 즉, 벼의 향기를 말함. 예 香 (향)
187	馬		말 **마**	세로로 표현한 말의 모양을 본뜬 글자. 예 騎 (기) 騷 (소) 驅 (구) 驚 (경)
188	骨		뼈 **골**	살(月)속에 들어 있는 골격 모양을 본뜸. (뼈(몸)와 관련된 신체 명칭, 뼈로 만든 물건) 예 體 (체)

번호 番號	부 部	변형부수 變形部首	훈음 訓音	관련 의미 關聯 意味
189	高	속자: 高	높을 고	높고 큰 문 위에 다시 높은 누각을 세워 놓은 모양. 예) 高 (고)
190	髟		터럭발 삼 긴머리털 표	긴(長)머리털(彡)이 예쁘게 늘어진 모양. (머리나 수염 등과 관련) 예) 髮 (발)
191	鬥		싸움 투	양쪽에서 두 사람이 주먹을 쥐고 싸우는 모습. 예) 鬪 (투)
192	鬯		울창주 창 · 술 창	울창주라는 제사나 연회에 사용하는 향기로운 술을 만드는 의미. 예) 鬱 (울)
193	鬲		솥 력	불을 지피기 위해 다리가 셋 달린 솥의 모양. 예) 鬲 (격)
194	鬼		귀신 귀	머리 부분이 비대한 귀신의 모습을 본뜬 글자. 예) 魂 (혼)
195	魚		고기 어	물고기의 모양을 본뜬 글자. 예) 鮮 (선)
196	鳥		새 조	꼬리가 긴 새의 모양. (새나 작은 날짐승, 새의 행위와 관련) 예) 鳴 (명) 鴻 (홍) 鶴 (학) 鷄 (계)
197	鹵		소금밭 로	그릇에 소금이 담겨 있는 모양. 서쪽에 있는 소금밭의 의미로 표시함. (황무지, 거칠다, 노략질하다) 예) 鹽 (염)
198	鹿		사슴 록	머리 위의 뿔부터 네 발까지 숫사슴의 모양. 예) 麗 (려)
199	麥		보리 맥	보리의 싹으로부터 뿌리까지 모양을 본뜬 글자. (보리와 관련) 예) 麥 (맥)
200	麻	속자: 麻	삼 마	본래 마(林 : 수풀 림)가 삼이었으나 广(움 집)에서 기른다 하여 '삼'을 뜻함. 예) 麻 (마)

번호 番號	부 部	변형부수 變形部首	훈음 訓音	관련 의미 關聯 意味
201	黃	속자: 黄	누를 **황**	본래 사람이 허리에 둥근 옥을 두르고 있는 모양. 밭의 색깔이 누런 데서 유래. 예 黃 (황)
202	黍		기장 **서**	이삭이 흩어져 자라는 곡식인 '기장'을 의미. 예 黍 (서)
203	黑		검을 **흑**	굴뚝에 연기가 나가거나 거멓게 그을린 모양. 예 默 (묵) 點 (점) 黨 (당)
204	黹		바느질할 **치**	바늘에 꿴 실로 옷을 꿰매는 모양. 예 黹 (치)
205	黽		맹꽁이 **맹**	맹꽁이의 모양을 본뜬 글자. 예 黽 (맹)
206	鼎		솥 **정**	발 세 개와 귀 두 개 달린 솥의 모양. 예 鼎 (정)
207	鼓		북 **고**	북과 북을 치는 채편(북채)을 합한 글자. 예 鼓 (고)
208	鼠		쥐 **서**	쥐의 모양을 본뜬 글자. (쥐와 유사한 동물 명칭) 예 鼠 (서)
209	鼻		코 **비**	코의 모양을 본뜬 글자. 예 鼻 (비)
210	齊		가지런할 **제**	곡식의 낟알들이 가지런하게 자라 있는 모양. 예 齋 (재)
211	齒		이 **치**	치아(齒牙)가 위아래로 나 있는 모양. 예 齡 (령)
212	龍		용 **룡**	가상의 동물인 용의 모양을 본뜬 글자. 예 龍 (룡)
213	龜		거북 **구** · 거북 **귀**	위에서 본 거북의 모양을 본뜬 글자. 예 龜 (귀, 구)
214	龠		피리 **약**	대나무 통을 여러 개 엮어 만든 악기 모양. 예 龠 (약)

可否 (가부)
可 옳을 가 — 口-2획
否 아니 부, 막힐 비 — 口-4획

가부: 옳고 그름

- 可決(가결) 안건을 옳다고 결정함.
- 可能(가능) 할 수 있음. 될 수 있음.
- 否認(부인) 인정하지 아니함.
- 拒否(거부) 들어주지 아니함.

假飾 (가식)
假 거짓 가, 임시 가 — 亻-9획
飾 꾸밀 식 — 食-5획

가식: 언행을 거짓으로 꾸밈

- 假名(가명) 거짓으로 일컫는 이름.
- 假定(가정) 임시적으로 인정함.
- 裝飾(장식) 치장하여 꾸밈.
- 虛飾(허식) 겉으로만 꾸며 실속 없음.

家屋 (가옥)
家 집 가 — 宀-7획
屋 집 옥 — 尸-6획

가옥: 사람이 사는 집

- 家計(가계) 집안의 살림살이.
- 家庭(가정) 한 가족이 생활하는 안.
- 屋上(옥상) 지붕 위.
- 社屋(사옥) 회사의 건물.

歌謠 (가요)
歌 노래 가 — 欠-10획
謠 노래 요 — 言-10획

가요: 민요·유행가등의 속칭

- 歌舞(가무) 노래와 춤.
- 歌手(가수) 노래를 직업으로 하는 사람.
- 童謠(동요) 어린이들이 부르는 노래.
- 民謠(민요) 민중에 전해 내려온 노래.

佳作 (가작)
佳 좋을 가, 아름다울 가 — 亻-6획
作 지을 작 — 亻-5획

가작: 잘된 작품

- 佳人(가인) 아름다운 여자.
- 佳緣(가연) 아름다운 인연.
- 作家(작가) 예술 작품을 만드는 사람.
- 創作(창작) 처음으로 만들어 내는 일.

價値 (가치)
價 값 가 — 亻-13획
値 값 치 — 亻-8획

가치: ① 값 ② 사물의 중요성과 의의

- 價格(가격) 물건의 값. 高價(고가) 비싼 가격. ⑪ 廉價
- 平價(평가) 싸지도 비싸지도 않은 물건 값.
- 數値(수치) 계산해 얻은 값.

覺悟 (각오)
覺 깨달을 각 — 見-13획
悟 깨달을 오 — 忄-7획

각오: 미리 알아 마음을 정함

- 感覺(감각) 느끼어 깨달음.
- 味覺(미각) 맛을 느끼는 감각.
- 大悟(대오) 번뇌를 벗고 진리를 깨달음.
- 悟悔(오회) 잘못을 깨닫고 후회함.

各項 (각항)
各 각각 각 — 口-3획
項 조목 항 — 頁-3획

각항: 각 항목, 각 가지

- 各色(각색) 여러 가지 빛깔. ⑪ 各種
- 各別(각별) ① 각각 다름. ② 특별함.
- 項目(항목) 한 개 한 개씩 벌인 일의 가락.
- 事項(사항) 일의 조항.

干戈

방패 간, 천간 간 (干-0획) | **창 과** (戈-0획)

一二干
一弋戈戈

간과
① 방패와 창 ② 전쟁

干求(간구) 바람. 구함.
干拓(간척) 바다를 막아 육지로 돎.
戈矛(과모) 창.
戈劍(과검) 창과 칼. 무기.

簡單

간략할 간, 편지 간 (竹-12획) | **홑 단** (口-9획)

` ` ` ` ` 竹 竹 竹 箭 箭 簡 簡
` ` 門 單 單 單

간단
간략하고 명료함 **반** 複雜

假名(가명) 거짓으로 일컫는 이름.
假定(가정) 임시적으로 인정함.
裝飾(장식) 치장하여 꾸밈.
虛飾(허식) 겉으로만 꾸며 실속 없음.

肝油

간 간 (月-3획) | **기름 유** (氵-5획)

丨 刀 月 月 旰 旰 肝
` 氵 氵 氿 沪 油 油

간유
생선의 간에서 추출한 기름

肝膽(간담) ① 간과 쓸개. ② 속마음.
肝腸(간장) ① 간과 창자. ② 애타는 마음.
油田(유전) 석유가 나오는 지역.
原油(원유) 가공하지 않은 천연 석유.

姦淫

간음할 간, 간사할 간 (女-6획) | **음란할 음** (氵-8획)

乙 夕 女 女 姦 姦 姦
丶 氵 氵 氵 泙 浮 淫

간음
비도덕적인 성 관계

姦計(간계) 간사한 꾀. **유** 姦謨
姦邪(간사) 간교하고 행실이 바르지 못함.
姦凶(간흉) 간사하고 흉악함.
淫亂(음란) 음탕하고 난잡함.

懇切

간절할 간 (心-13획) | **간절할 절, 모두 체** (刀-2획)

ㅁ 豸 豸 貇 貇 懇 懇
一 七 切 切

간절
지성스럽고 절실함

懇曲(간곡) 간절하고 곡진함.
懇請(간청) 간절히 청함.
切斷(절단) 끊어냄.
親切(친절) 남을 대하는 태도가 정성스럽고 정다움.

看板

볼 간 (目-4획) | **판목 판** (木-4획)

二 三 手 禾 看 看 看
十 才 木 朾 朾 板 板

간판
상점 이름을 써서 건 것

看過(간과) 대충 보아 넘기다 빠뜨림.
看護(간호) 환자를 보살펴 돌봄.
板子(판자) 나무로 만든 널조각.
出版(출판) 서적을 인쇄하여 펴냄.

渴症

목마를 갈 (氵-9획) | **증세 증** (疒-5획)

氵 氵 氵 沪 渴 渴 渴
亠 广 广 疒 疒 痄 症

갈증
목이 마른 증세

渴求(갈구) 갈망하여 구함.
渴望(갈망) 간절히 바람. **유** 熱望
症勢(증세) 병으로 앓는 여러 가지 모양.
痛症(통증) 아픈 증세.

監獄

옥 감, 볼 감 (皿-9획) | **옥 옥** (犭-11획)

一 𠂉 𠂎 臣 臣仁 臣仁 監
丿 犭 犭 犭 狺 猚 獄

감옥
죄인을 가두어 두는 곳

監督(감독) 보살펴 단속함.
監視(감시) 경계하여 살펴봄. **반** 放任
地獄(지옥) 나쁜 사람이 죽어서 가는 곳.
脫獄(탈옥) 감옥을 빠져 도망함.

甘酒 (감주)

달 감 甘-0획	술 주 酉-3획

一十卄廿甘
丶氵氵汀洒洒酒

감주 — 단술=식혜

- 甘苦(감고) ① 단 것과 쓴 것. ② 고락.
- 甘味(감미) 단맛.
- 酒店(주점) 술을 파는 곳.
- 禁酒(금주) 술을 못 먹게 금함.

減刑 (감형)

덜 감 氵-9획	형벌 형 刂-4획

丶氵氵汀沥減減減
一二于开刑刑

감형 — 형벌을 덜어 가볍게 함

- 減量(감량) 분량이 줆.
- 輕減(경감) 감하여 가볍게 함.
- 刑期(형기) 형벌의 집행기간.
- 刑罰(형벌) 죄 지은 사람에게 주는 고통.

甲蟲 (갑충)

갑옷 갑, 천간 갑 田-0획	벌레 충 虫-12획

丨冂日日甲
口中虫虫蟲蟲蟲

갑충 — 껍데기가 단단한 곤충

- 甲種(갑종) 으뜸가는 종류.
- 鐵甲(철갑) 쇠로 만든 갑옷.
- 蟲齒(충치) 벌레가 파먹은 이.
- 昆蟲(곤충) 벌레들을 통틀어서 말함.

康寧 (강녕)

편안할 강 广-8획	편안할 녕 宀-11획

一广广庐庐庚康
丶宀宀宁宁寧寧寧

강녕 — 건강하고 마음이 편안함

- 健康(건강) 몸에 탈이 없이 튼튼함.
- 小康(소강) 형세가 조금 안정됨.
- 寧日(영일) 평화스러운 날.
- 安寧(안녕) 안전하고 태평함.

鋼線 (강선)

강철 강 金-8획	줄 선 糸-9획

丿𠂉𠂉金釒鋼鋼鋼
幺糸紗紶絹線線

강선 — 강철로 만든 줄

- 鋼鐵(강철) 단단한 쇠. ⓐ 軟鐵
- 鋼版(강판) 강철판에 조각한 요판.
- 直線(직선) 선분을 늘인 곧은 선.
- 視線(시선) 눈이 가는 방향.

剛柔 (강유)

굳셀 강 刂-8획	부드러울 유 木-5획

丨冂冂冈冈岡剛剛
𠃌 マ 子 矛 予 柔 柔

강유 — 굳셈과 부드러움

- 剛直(강직) 마음이 굳세고 곧음.
- 內剛(내강) 속마음이 굳고 단단함.
- 柔順(유순) 성질이 부드럽고 온순함.
- 柔軟(유연) 부드럽고 연함.

江河 (강하)

강 강 氵-3획	물 하 氵-5획

丶丶氵汀江江
丶氵氵汀汀河河

강하 — 강과 하천

- 江村(강촌) 강가 근처에 있는 마을.
- 江邊(강변) 강가나 물가.
- 河流(하류) 강의 흐름.
- 河海(하해) 넓고 큰 강과 바다.

改善 (개선)

고칠 개 攵-3획	착할 선 口-9획

𠃌 コ 己 己' 改 改 改
丷꼴羊差善善善

개선 — 잘못된 것을 고쳐 좋게 함

- 改造(개조) 고쳐 다시 만듦.
- 改革(개혁) 새롭게 고침. ⓐ 改易
- 善導(선도) 올바른 길로 인도함.
- 善隣(선린) 이웃과 사이좋게 지냄.

個性

낱 개 亻-8획
성품 성 忄-5획

亻 亻 仃 們 佃 個 個
忄 忄 忄 忄 忄 性 性

개성
개인이 타고난 특유한 성격

個別(개별) 하나하나 따로 나눔.
個人(개인) 낱낱의 사람.
性格(성격) 사람마다 가지는 특유한 성질.
品性(품성) 품격과 성질.

蓋瓦

덮을 개 艹-10획
기와 와 瓦-0획

艹 艹 艹 艹 萘 萘 蓋
一 丆 斤 瓦 瓦

개와
지붕에 기와를 얹음

蓋世(개세) 위력이 세상을 덮을 만큼 큼.
蓋然(개연) 확실치는 않으나 그럴 것 같음.
瓦窯(와요) 기와를 굽는 굴.
瓦解(와해) 사물이 헤어져 흩어짐.

介入

끼일 개 人-2획
들 입 入-0획

丿 人 介 介
丿 入

개입
사이에 끼어 듦

介在(개재) 사이에 끼어 있음.
紹介(소개) 서로 잘 알도록 맺어 줌.
入會(입회) 회에 가입하여 회원이 됨.
輸入(수입) 외국 물품을 사들임.

開拓

열 개 門-4획
열 척, 박을 탁 扌-5획

I P P 門 門 閈 開 開
扌 扌 扌 扣 拓 拓

개척
황무지를 일구어 논밭을 만듦

開業(개업) 새로 가게를 엶.
開幕(개막) 연극 등을 할 때 막을 엶.
開放(개방) 활짝 열어 놓음.
拓地(척지) 땅을 개척함.

慨歎

슬퍼할 개 忄-11획
탄식할 탄 欠-11획

忄 忄 忄 忄 悙 悙 慨
艹 艹 苣 苣 堇 堇 歎 歎

개탄
분개하여 탄식함

感慨(감개) 마음속 깊이 사무치게 느낌.
憤慨(분개) 격분하여 개탄함.
歎息(탄식) 한숨 쉬며 한탄함. 🔁 恨歎
驚歎(경탄) 몹시 감탄함.

擧皆

온통 거, 들 거 手-14획
다 개 白-4획

F F F 印 與 舉
比 比 比 皆 皆

거개
거의 모두, 대부분

擧動(거동) 일어나 서서 움직이는 태도.
選擧(선거) 투표 따위로 대표를 뽑음.
列擧(열거) 여러 가지를 하나씩 들어 말함.
皆勤(개근) 하루도 빠짐없이 출석함.

距離

떨어질 거 足-5획
떨어질 리, 떠날 리 隹-11획

口 卩 卪 距 距 距
亠 卤 卤 斉 离 离 離 離

거리
두 곳 사이의 떨어진 정도

距骨(거골) 복사뼈.
距今(거금) 지금부터 지나간 어느 때.
離間(이간) 두 사람 사이를 틈나게 함.
離陸(이륙) 비행기가 땅에서 떠오름.

去番

갈 거, 버릴 거 厶-3획
차례 번 田-7획

一 十 土 去 去
丷 ソ 平 采 番 番 番

거번
차례가 지난, 지난번

去來(거래) 물건을 사고 파는 일.
去留(거류) 떠남과 머무름.
番號(번호) 차례를 나타내는 호수.
當番(당번) 할 차례인 사람. 🔁 非番

巨星 (거성)

- 巨: 클 거 (工-2획)
- 星: 별 성 (日-5획)

거성: ① 큰 별 ② 큰 인물

- 巨富(거부) 썩 큰 부자.
- 巨額(거액) 많은 액수의 금액.
- 星辰(성신) 별.
- 星座(성좌) 별자리.

필순: 一ブFFE / 口日月旦早星星

居處 (거처)

- 居: 살 거, 있을 거 (尸-5획)
- 處: 곳 처, 처할 처 (虍-5획)

거처: ① 살고 있는 곳 ② 간 곳

- 居留(거류) 임시로 머물러 삶.
- 別居(별거) 따로 떨어져 삶. 반 同居
- 處分(처분) 처리하여 다룸.
- 處置(처치) 일을 감당하여 처리함.

필순: ㄱㄱ尸尸尸居居 / ト上广卢虍虍處處

乾坤 (건곤)

- 乾: 하늘 건, 마를 건 (乙-10획)
- 坤: 땅 곤 (土-5획)

건곤: 하늘과 땅=天地

- 乾性(건성) 건조한 성질. 반 濕性
- 乾燥(건조) 습기·물기가 없어짐.
- 坤殿(곤전) 왕비.
- 坤卦(곤괘) 팔괘의 하나. 땅을 상징함.

필순: 一十古古directory卓乾乾 / 一十土坩坩坤坤

健兒 (건아)

- 健: 굳셀 건 (亻-9획)
- 兒: 아이 아 (儿-6획)

건아: 건강하고 혈기가 있는 남아

- 健實(건실) 건강하고 착실함.
- 保健(보건) 건강을 보전함.
- 兒童(아동) 어린 아이. 비 幼兒
- 孤兒(고아) 부모를 여읜 외로운 아이.

필순: ノイイ仁仁律律健 / ノイド白臼兒

建築 (건축)

- 建: 세울 건 (廴-6획)
- 築: 지을 축, 쌓을 축 (竹-10획)

건축: 집·다리 등을 세우거나 지음

- 建設(건설) 새로 만들어 세움.
- 建國(건국) 새로 나라를 세움.
- 築臺(축대) 높이 쌓아올린 터.
- 增築(증축) 집 따위를 더 늘려 지음.

필순: ㄱㄱ⺕聿聿建 / ⺮竹竺竺筑築築

儉德 (검덕)

- 儉: 검소할 검 (亻-13획)
- 德: 품행 덕, 은혜 덕 (亻-12획)

검덕: 검소한 행실

- 儉素(검소) 사치하지 않고 꾸밈없이 순박함.
- 勤儉(근검) 부지런하고 검소함.
- 德望(덕망) 유덕한 인망.
- 道德(도덕) 인간이 지켜야 할 도리.

필순: 亻仏仏仝伶伶儉 / 彳彳彳㥁德德德

激情 (격정)

- 激: 심할 격 (氵-13획)
- 情: 뜻 정 (忄-8획)

격정: 격해진 감정

- 激烈(격렬) 지극히 맹렬함.
- 感激(감격) 몹시 고맙게 느낌. 비 感動
- 情報(정보) 상황이나 정황의 보고.
- 情緖(정서) 사물을 보고 일어난 감정.

필순: 氵氵沪泊湾潋激 / 丶丨忄忄忄忤情情

堅固 (견고)

- 堅: 굳을 견 (土-8획)
- 固: 굳을 고 (口-5획)

견고: ① 굳고 튼튼함 ② 확실함

- 堅實(견실) 굳고 착실함.
- 堅忍(견인) 굳게 참고 견딤.
- 固有(고유) 본디부터 있음.
- 確固(확고) 확실하고 견고함.

필순: 一ㄱㅋ臣臤臤堅 / 门冂冂周周固

肩	章	` ｀ ｰ 宀 戶 戶 肩 肩
어깨 견 月-4획	글 장 立-6획	肩章
견장 제복의 어깨에 붙이는 표장 肩骨(견골) 어깨뼈. 比肩(비견) 어깨를 나란히 함. 印章(인장) 도장. 勳章(훈장) 나라에 공이 있는 이에게 내리는 휘장.		ｰ 亠 立 咅 音 音 章 章

絹	織	＜ ㄠ 幺 糸 糽 絹 絹
비단 견 糸-7획	짤 직 糸-12획	絹織
견직 명주실로 짠 피륙 絹絲(견사) 비단을 짜는 명주실. 絹布(견포) 비단으로 짠 포목. 織造(직조) 틀로 피륙을 짜는 일. 組織(조직) 단체를 구성하는 것.		＜ 糸 糽 紗 織 織 織

決	裁	` ｀ ｽ 氵 沪 決 決
정할 결 氵-4획	결단할 재 衣-6획	決裁
결재 처리 안건을 승인함 決裂(결렬) 갈가리 찢어짐. 解決(해결) 얽힌 일을 풀어서 처리함. 裁量(재량) 헤아려 처리함. 裁判(재판) 옳고 그름을 살펴 판단함.		十 士 耂 耒 壵 裁 裁

缺	陷	` ㅗ 午 缶 缶 缺 缺
이 빠질 결 缶-4획	빠질 함 阝-8획	缺陷
결함 갖추지 못한 것 🗐缺點 缺勤(결근) 출근하지 않고 빠짐. 缺損(결손) 축이 남. 陷穽(함정) 남을 속이려고 꾸며 놓은 꾀. 陷落(함락) 적의 요지를 쳐서 빼앗음.		｀ ３ 阝 阝 阷 陷 陷

謙	讓	ｰ 言 訢 訡 誠 謙 謙
겸손할 겸 言-10획	사양할 양 言-17획	謙讓
겸양 겸손한 태도로 사양함 謙遜(겸손) 남을 높이고 자기를 낮춤. 謙虛(겸허) 겸손하여 거짓이 없음. 讓步(양보) 사양하여 남에게 넘김. 讓渡(양도) 물건을 남에게 넘겨 줌.		言 訁 訡 諶 譁 譁 讓

兼	職	八 兯 今 争 争 争 兼
겸할 겸 八-8획	직분 직, 벼슬 직 耳-12획	兼職
겸직 직무를 겸함 兼備(겸비) 여러 가지가 갖춰져 있음. 兼愛(겸애) 모든 사람을 똑같이 사랑함. 職務(직무) 담당해 맡은 사무. 職責(직책) 직무상의 책임.		Ｆ 耳 耵 聢 聢 職 職

頃	刻	ｰ 匕 匕 比 比 畑 頃 頃
잠깐 경, 이랑 경 頁-2획	시각 각, 새길 각 刂-6획	頃刻
경각 극히 짧은 시간 🗐霎時(삽시) 萬頃(만경) 아주 너른 것. 예~蒼波 食頃(식경) 한 끼를 먹을 만한 시간. 刻骨(각골) 고마움을 마음속 깊이 새김. 刻薄(각박) 모나고 인정이 없음.		ｰ 亠 宀 亥 亥 刻 刻

景	概	口 日 旦 昺 昺 景 景
경치 경 日-8획	풍치 개, 절개 개 木-11획	景概
경개 경치 🗐風景 光景(광경) 형편과 모양. 예情景 絶景(절경) 뛰어난 경치. 氣槪(기개) 씩씩한 기상과 꿋꿋한 절개. 節槪(절개) 절의와 절개.		十 木 朾 桁 桁 椕 概

警句 (경구)
警 경계할 경, 깨우칠 경 / 言-13획
句 구절 구 / 口-2획

획순: 一 ´´ 芍 苟 敬 䜌 警
획순: ´ 勹 勹 句 句

경구: 경계하는 내용이 담긴 짧은 글
- 警戒(경계) 타일러 주의시킴.
- 警護(경호) 경계하여 호위함.
- 句節(구절) 한 토막의 말이나 글.
- 句點(구점) 구절에 찍는 점.

輕罰 (경벌)
輕 가벼울 경 / 車-7획
罰 벌줄 벌 / 罒-9획

획순: ㄇ 日 旦 車 車 輕 輕
획순: ㄇ 罒 罒 罒 罰 罰 罰

경벌: 가벼운 벌
- 輕率(경솔) 행동이 진중하지 못함.
- 輕快(경쾌) 빠르고 상쾌함.
- 懲罰(징벌) 부당한 행위에 대해 제재를 가함.
- 刑罰(형벌) 죄지은 사람에게 주는 벌.

傾斜 (경사)
傾 기울 경 / 亻-11획
斜 비낄 사 / 斗-7획

획순: 亻 亻 亻 佰 佰 傾 傾
획순: 丷 亼 亽 余 余 斜 斜

경사: 비스듬히 한쪽으로 기움
- 傾聽(경청) 귀를 기울여 들음.
- 傾向(경향) 마음이 한쪽으로 쏠림.
- 斜視(사시) 곁눈질로 흘기어 봄.
- 斜線(사선) 비스듬히 비끼어 그은 줄.

境遇 (경우)
境 지경 경 / 土-11획
遇 만날 우, 대접할 우 / 辶-9획

획순: 十 土 圹 圹 培 培 境
획순: 日 禺 禺 遇 遇 遇 遇

경우: 부닥친 형편이나 사정
- 環境(환경) 주위의 사물. 예 周圍
- 心境(심경) 마음의 상태.
- 待遇(대우) 예의를 갖추어 대함.
- 不遇(불우) 좋은 때를 못 만남.

經緯 (경위)
經 날 경 / 糸-7획
緯 씨 위 / 糸-9획

획순: ´ 幺 幺 糸 糸 經 經 經
획순: 幺 糸 糸 紉 紋 緯 緯 緯

경위: ① 날과 씨 ② 일의 경로
- 經過(경과) 때가 지나감.
- 經歷(경력) 겪어온 여러 가지 일들.
- 經由(경유) 거치어 지나감.
- 緯度(위도) 지구를 남북으로 재는 좌표.

驚異 (경이)
驚 놀랄 경 / 馬-13획
異 다를 이 / 田-6획

획순: ´´ 芍 苟 敬 䜌 驚 驚
획순: 丨 口 田 田 畀 畀 異

경이: 놀라서 이상히 여김
- 驚愕(경악) 깜짝 놀람.
- 敬歎(경탄) 몹시 감탄함.
- 異常(이상) 보통과 다름. 예 正常
- 奇異(기이) 기괴하고 이상함.

庚壬 (경임)
庚 천간 경 / 广-5획
壬 천간 임 / 士-1획

획순: 亠 广 庐 庐 庐 庚 庚
획순: ´ 二 千 壬

경임: 천간이 '庚'과 '壬'인 해
- 庚時(경시) 24시의 열여덟째시.
- 庚午(경오) 육십갑자의 일곱째.
- 壬戌(임술) 육십갑자의 쉰아홉째.
- 壬辰(임진) 육십갑자의 스물아홉째.

更張 (경장)
更 고칠 경, 다시 갱 / 日-3획
張 고칠 장, 베풀 장 / 弓-8획

획순: 一 ㄇ 厅 厅 百 更 更
획순: ㄱ 弓 弘 弘 張 張 張

경장: 부패한 제도를 개혁함
- 更新(경신) 옛 것을 고쳐 새롭게 함.
- 變更(변경) 바꾸어서 고침.
- 主張(주장) 자기 의견을 내세움.
- 誇張(과장) 사실보다 지나치게 떠벌려 나타냄.

競走 (경주)

競 다툴 경 — 立-15획
走 달릴 주 — 走-0획

필순: 丶二立辛音竞竞競競 / 十土卡±走走

경주: 동시에 달려 빠름을 다툼
- 競馬(경마) 말 달리기 경주.
- 競爭(경쟁) 같은 목적을 놓고 서로 겨루어 다툼.
- 走力(주력) 달리는 힘.
- 奔走(분주) 몹시 바쁨. 반 閑暇

慶祝 (경축)

慶 경사 경 — 心-11획
祝 빌 축 — 示-5획

필순: 亠广庐庐廉廖慶 / 二丁亓齐祀祀祝

경축: 경사를 축하함
- 慶賀(경하) 경사스러운 일을 치하함.
- 慶弔(경조) 경사스런 일과 궂은 일.
- 祝福(축복) 앞으로의 행복을 빎.
- 祝電(축전) 축하의 전보.

京鄕 (경향)

京 서울 경 — 亠-6획
鄕 시골 향 — 阝-10획

필순: 丶亠亠古亨京 / 丶乡乡彳乡鄕鄕

경향: 서울과 시골
- 京仁(경인) 서울과 인천. 예 ~線
- 上京(상경) 시골에서 서울로 올라옴.
- 鄕里(향리) 나서 자라난 고향 마을.
- 鄕土(향토) 시골. 고향 땅. 예 ~愛

硬化 (경화)

硬 굳을 경 — 石-7획
化 될 화 — 匕-2획

필순: 一丁石石研研硬 / ノ亻化化

경화: 단단하게 굳어짐
- 硬骨(경골) 척추동물의 견고한 결체 조직.
- 硬性(경성) 단단한 성질. 반 軟性
- 變化(변화) 사물의 형상·성질 등이 변함.
- 惡化(악화) 나쁘게 변함.

桂冠 (계관)

桂 계수나무 계 — 木-6획
冠 갓 관 — 冖-7획

필순: 十才木杧桂桂桂 / 一二冖元完冠冠

계관: 월계수로 만든 관
- 桂皮(계피) 계수나무의 껍질.
- 冠網(관망) 갓과 망건.
- 冠婚(관혼) 관례와 혼례. 예 ~喪祭
- 衣冠(의관) 옷차림.

階段 (계단)

階 섬돌 계, 차례 계 — 阝-9획
段 층계 단, 수단 단 — 殳-5획

필순: 阝阝阝阝階階階 / 亻亻亻亻丯段段

계단: ① 층층대 ② 일의 과정
- 階層(계층) 사회를 형성하는 여러 층.
- 階級(계급) 지위·관직 등의 등급.
- 段落(단락) 일이 다 된 끝.
- 手段(수단) 일을 처리해 나가는 솜씨.

鷄鳴 (계명)

鷄 닭 계 — 鳥-10획
鳴 울 명 — 鳥-3획

필순: 爫爫䍩雞雞鷄鷄 / 丨口叭叩鸣鳴鳴

계명: 닭의 울음
- 鷄卵(계란) 달걀. 예 ~有骨
- 養鷄(양계) 닭을 침.
- 鳴鐘(명종) 종소리.
- 悲鳴(비명) 위태로울 때 지르는 외마디 소리.

啓蒙 (계몽)

啓 가르칠 계, 열 계 — 口-8획
蒙 어릴 몽, 입을 몽 — 艹-10획

필순: 丶彐户户户啟啟啓 / 艹艹艹莒夢蒙蒙

계몽: 어리석은 사람을 깨우쳐 줌
- 啓發(계발) 슬기와 재능을 널리 열어 줌.
- 啓示(계시) 열어 보임.
- 蒙昧(몽매) 어리석고 어두움.
- 蒙恩(몽은) 은덕을 입음.

癸巳

천간 계	뱀 사
癶-4획	巳-0획

필순: ㄱ ㅋ ㅅ 癶 癶 癸 癸

계사 육십갑자의 서른 번째

- 癸未(계미) 육십갑자의 스무째.
- 癸時(계시) 24시의 둘째.
- 巳時(사시) 24시의 열한째.
- 巳生(사생) 뱀의 해에 난 사람.

필순: ㄱ ㄱ 巳

繼承

이을 계	이을 승
糸-14획	手-4획

필순: ㄠ 幺 糸 糸 絲 絲 繼 繼

계승 뒤를 이어받음

- 繼續(계속) 끊이지 않고 이어 나감.
- 後繼(후계) 뒤를 이음.
- 承諾(승낙) 청하는 바를 들어줌.
- 承認(승인) 사실을 인정함. ⓥ 否認

필순: 了 了 手 承 承 承

契約

맺을 계	약속할 약
大-6획	糸-3획

필순: 三 丰 刧 刧 刧 契 契

계약 지킬 의무에 대한 약속

- 契機(계기) 본질적인 사태나 요소.
- 默契(묵계) 말없는 가운데 우연히 뜻이 맞음.
- 儉約(검약) 비용을 적게 함.
- 約束(약속) 할 일에 대해 서로 정함.

필순: ㄠ 幺 糸 糸 糸 約 約

計策

셈할 계	꾀 책
言-2획	竹-6획

필순: 亠 亠 宀 言 言 言 計

계책 용한 꾀와 방책

- 計略(계략) 꾀. 모략.
- 設計(설계) 계획을 세움.
- 對策(대책) 상대방에 응하는 방책.
- 失策(실책) 잘못된 계책.

필순: 亠 亠 竹 竹 竹 笻 笻 策

系統

이을 계, 혈통 계	계통 통, 거느릴 통
糸-1획	糸-5획

필순: 丿 ㄠ 幺 玄 系 系 系

계통 조직적인 체계나 순서

- 系譜(계보) 집안의 역사를 적은 책.
- 直系(직계) 직접 계통을 이어받음.
- 統率(통솔) 온통 몰아서 거느림.
- 統制(통제) 규칙에 따라 제한함.

필순: ㄠ 幺 糸 糸 紌 紌 統

季夏

끝 계, 철 계	여름 하
子-6획	夂-7획

필순: 二 千 禾 禾 季 季

계하 음력 6월, 곧 늦여름

- 季刊(계간) 1년에 네 번 발간함.
- 冬季(동계) 겨울철. ⓥ 夏季
- 夏期(하기) 여름의 시기. 예 ~放學
- 夏服(하복) 여름철 의복. ⓥ 冬服

필순: 一 丆 丌 百 夏 夏 夏

考古

상고할 고	옛 고
耂-2획	口-2획

필순: 一 十 土 耂 耂 考

고고 고대의 역사적 사실을 연구함

- 考慮(고려) 생각하여 봄.
- 參考(참고) 살펴서 생각함. ⓥ 參酌
- 古今(고금) 옛적과 지금.
- 古來(고래) 옛날부터 지금까지.

필순: 一 十 十 古 古

苦待

괴로울 고	기다릴 대, 대할 대
++-5획	彳-6획

필순: 艹 艹 艹 苫 苫 苦 苦

고대 몹시 기다림

- 苦惱(고뇌) 괴로워하고 번뇌함.
- 苦樂(고락) 괴로움과 즐거움.
- 待望(대망) 바라고 기다림.
- 接待(접대) 손님을 맞아 대접함.

필순: 彳 彳 彳 彳 待 待 待

故障 (고장)

- 故 사고 고, 옛 고 — 攵-5획
- 障 막을 장 — 阝-11획

필순: 十 十 古 古 甘 故 故
필순: 阝 阝' 阝广 阡 陪 陪 障

고장: 정상적 작용에 지장을 주는 것

- 故意(고의) 일부러 함.
- 事故(사고) 평시에 없는 뜻밖의 사건.
- 障碍(장애) 막아서 거치적거림.
- 障害(장해) 거리껴서 해가 됨.

高低 (고저)

- 高 높을 고 — 高-0획
- 低 낮을 저 — 亻-5획

필순: 丶 亠 吉 吉 高 高 高
필순: 丿 亻 亻' 仁 仟 低 低

고저: 높낮이

- 高貴(고귀) 지위가 높고 귀함.
- 高溫(고온) 높은 온도. 반 低溫
- 低空(저공) 낮은 하늘.
- 低能(저능) 뇌의 발육이 나빠 보통보다 낮음.

孤舟 (고주)

- 孤 외로울 고 — 子-5획
- 舟 배 주 — 舟-0획

필순: 丁 孑 孒 孤 孤 孤
필순: 丿 丬 力 月 月 舟

고주: 외로이 떠 있는 작은 배

- 孤獨(고독) 외로움.
- 孤立(고립) 혼자 외롭게 있음.
- 舟遊(주유) 뱃놀이.
- 一葉片舟(일엽편주) 한 조각의 조그마한 조각배.

鼓吹 (고취)

- 鼓 북돋을 고, 북 고 — 鼓-0획
- 吹 불 취 — 口-4획

필순: 一 十 吉 壴 壴 鼓 鼓
필순: 丨 口 口 口' 吹 吹 吹

고취: 용기와 기운을 북돋아 일으킴

- 鼓動(고동) 민심을 격동시킴.
- 鼓舞(고무) 격려하여 기세를 돋움.
- 吹奏(취주) 피리·나발(나팔) 등을 연주함.
- 吹入(취입) 소리를 불어 넣음.

哭泣 (곡읍)

- 哭 울 곡 — 口-7획
- 泣 울 읍 — 氵-5획

필순: 丨 口 吅 吅 哭 哭 哭
필순: 丶 氵 氵 汁 汁 汸 泣

곡읍: 소리를 내어 서럽게 욺

- 哭聲(곡성) 슬피 우는 소리.
- 痛哭(통곡) 소리를 높여 슬피 욺.
- 泣訴(읍소) 눈물로써 하소연함.
- 泣請(읍청) 울면서 간청함.

曲直 (곡직)

- 曲 굽을 곡 — 曰-2획
- 直 곧을 직 — 目-3획

필순: 丨 冂 曰 冉 曲 曲
필순: 十 十 古 古 首 直

곡직: 사리의 옳고 그름

- 曲調(곡조) 음악이나 가사의 가락.
- 懇曲(간곡) 간절하고 곡진함.
- 直通(직통) 두 지점이 장애 없이 바로 통함.
- 正直(정직) 거짓이 없이 마음이 곧음.

恭敬 (공경)

- 恭 공손할 공 — 心-6획
- 敬 공경할 경 — 攵-9획

필순: 一 艹 艹 共 共 恭 恭
필순: 一 艹 艹 芍 苟 敬 敬

공경: 삼가고 존경함

- 恭遜(공손) 공경하고 겸손함. 반 謙遜
- 恭待(공대) 공손히 대우함. 반 下待
- 敬愛(경애) 공경하고 사랑함.
- 尊敬(존경) 높여 공경함. 반 賤待

功過 (공과)

- 功 공 공 — 力-3획
- 過 허물 과, 지날 과 — 辶-9획

필순: 一 丁 工 功 功
필순: 冂 冂 冏 咼 咼 過 過

공과: 공로와 과실

- 功德(공덕) 공로와 인덕.
- 成功(성공) 목적을 이룸. 반 失敗
- 過誤(과오) 잘못. 그릇됨. 비 過失
- 通過(통과) 통하여 지나가거나 오다.

恐懼 (공구)
- 두려울 **공** 心-6획
- 두려워할 **구** ↑-18획
- 필순: 一丁丑丑巩恐恐 / 忄忄忄忄悍愕懼懼

공구: 몹시 두려워함
- 恐喝(공갈) 윽박지르고 을러댐.
- 恐怖(공포) 무서움과 두려움.
- 危懼(위구) 두려워함. 또는 그런 느낌.
- 疑懼(의구) 의심하고 두려워함.

空欄 (공란)
- 빌 **공**, 하늘 **공** 穴-3획
- 테두리 **란**, 난간 **란** 木-17획
- 필순: 丶宀宀宊空空空 / 木栌柙欄欄欄欄

공란: 지면에 글자 없이 비워 둠
- 空想(공상) 헛된 상상.
- 空虛(공허) 속이 텅 빔.
- 欄干(난간) 층계의 가장자리를 막아 세운 것.
- 樓欄(누란) 누각의 난간.

孔孟 (공맹)
- 성 **공**, 구멍 **공** 子-1획
- 성 **맹**, 맹랑할 **맹** 子-5획
- 필순: 了了子孔 / 了子子舌孟孟

공맹: 공자와 맹자
- 孔穴(공혈) 구멍.
- 眼孔(안공) 눈동자에 있는 구멍.
- 孟秋(맹추) 초가을.
- 孟母(맹모) 맹자의 어머니.

共犯 (공범)
- 함께 **공** 八-4획
- 범할 **범** 犭-2획
- 필순: 一十卄丗共共 / 丿丶犭犭犯

공범: 여럿이 공모하여 죄를 범함
- 共榮(공영) 서로 함께 번영함.
- 共存(공존) 둘 이상의 사물이 함께 있음.
- 犯罪(범죄) 죄를 범함.
- 犯則(범칙) 규칙을 어김.

攻勢 (공세)
- 칠 **공** 攵-3획
- 기세 **세** 力-11획
- 필순: 一丁工丣玏攻 / 土去坴刲執執勢

공세: 공격하는 태세, 또는 세력
- 攻擊(공격) 적을 침. ↔ 守備
- 侵攻(침공) 침범하여 공격함.
- 勢力(세력) 권세의 힘.
- 氣勢(기세) 의기가 강한 형세.

公認 (공인)
- 공변될 **공** 八-2획
- 인정할 **인** 言-7획
- 필순: 丿八公公 / 亠言訂訒認認

공인: 어떤 행위에 대해 인정함
- 公益(공익) 사회 공중의 이익.
- 公開(공개) 여러 사람에게 개방함.
- 認可(인가) 인정하여 허락함.
- 默認(묵인) 모른 체하며 슬며시 승인함.

貢獻 (공헌)
- 바칠 **공** 貝-3획
- 드릴 **헌** 犬-16획
- 필순: 一工干干青貢 / 广庐庐虐虐虖獻

공헌: 이바지함 🔵 寄與
- 貢納(공납) 공물을 바침.
- 獻金(헌금) 돈을 바침. 또 그 돈.
- 獻身(헌신) 몸을 바쳐 있는 힘을 다함.
- 獻花(헌화) 꽃을 바침.

瓜年 (과년)
- 오이 **과** 瓜-0획
- 나이 **년**, 해 **년** 干-3획
- 필순: 一厂厂瓜瓜 / 丿𠂉𠂉𠂉年年

과년: 혼기가 찬 여자 나이
- 瓜田(과전) 오이 밭.
- 瓜期(과기) 기한이 참.
- 年年(연년) 해마다. 매년.
- 年賀(연하) 새해의 복을 축하함.

誇示

誇 자랑할 과 / 言-6획
示 보일 시 / 示-0획

획순: 亠 言 言 誇 誇
획순: 一 二 丁 亍 示

과시
자랑하여 보임

- 誇張(과장) 사실보다 지나치게 떠벌려 나타냄.
- 示範(시범) 모범을 보임.
- 示威(시위) 기세를 드러내 보임.
- 指示(지시) 가리켜 보임. 일러서 시킴

課程

課 과목 과, 부과할 과 / 言-8획
程 한도 정 / 禾-7획

획순: 丶 言 訁 評 課 課
획순: 千 禾 利 和 程 程 程

과정
과업의 정도

- 課題(과제) ① 부과된 문제. ② 제목.
- 課稅(과세) 세금을 부과함.
- 程度(정도) 얼마의 분량.
- 規程(규정) 조목을 나누어 정해 놓은 표준.

關係

關 관계할 관, 빗장 관 / 門-11획
係 관계할 계 / 亻-7획

획순: 門 門 門 関 關 關
획순: 亻 亻 佢 伍 係 係 係

관계
둘 이상이 서로 걸림

- 關心(관심) 마음이 끌림. ⓓ 注意
- 聯關(연관) 서로 걸려 얽힘.
- 係員(계원) 계(係) 단위 부서에서 일하는 사람.
- 係長(계장) 계(係) 단위 부서의 책임자.

慣習

慣 익숙할 관 / 忄-11획
習 익힐 습 / 羽-5획

획순: 忄 忄 忄 惛 惛 慣 慣
획순: 刁 ヲ 키 羽 習 習 習

관습
① 습관 ② 관례적인 사회 풍습

- 慣例(관례) 관습이 된 전례.
- 慣用(관용) 늘 씀.
- 習性(습성) 버릇이 되어 버린 성질.
- 練習(연습) 되풀이하여 익힘.

管掌

管 주관할 관, 대롱 관 / 竹-8획
掌 맡을 장, 손바닥 장 / 手-8획

획순: 丿 ⺮ 笁 竺 管 管
획순: 丷 止 严 告 堂 堂 掌

관장
맡아서 주관함

- 管轄(관할) 권한에 의해 지배함.
- 保管(보관) 맡긴 물건을 잘 관리함.
- 掌握(장악) 손 안에 잡아 쥠.
- 合掌(합장) 두 손바닥을 마주 합침.

貫徹

貫 꿰뚫을 관 / 貝-4획
徹 뚫을 철 / 彳-12획

획순: 乚 口 皿 毌 貫 貫 貫
획순: 彳 彳 徉 徇 徇 徹 徹

관철
어려움을 뚫고 나아가 목적을 이룸

- 貫通(관통) 꿰뚫음.
- 一貫(일관) 한 이치로 모든 것을 꿰뚫음.
- 徹底(철저) 속 깊이 투철함.
- 透徹(투철) 사리가 밝고 확실함.

寬弘

寬 너그러울 관 / 宀-12획
弘 넓을 홍 / 弓-2획

획순: 丶 宀 宀 官 宵 寬 寬
획순: 기 弓 弘 弘

관홍
대하는 태도가 관대함

- 寬貸(관대) 지은 죄를 너그럽게 용서함.
- 弘文(홍문) 문학을 넓힘.
- 弘報(홍보) 널리 알림.
- 弘益(홍익) 널리 이롭게 함. ⓓ ~人間

廣義

廣 넓을 광 / 广-12획
義 뜻 의, 옳을 의 / 羊-7획

획순: 亠 广 广 庐 庐 廣 廣
획순: 丷 羊 羊 羔 義 義 義

광의
넓은 의미

- 廣告(광고) 널리 알림.
- 廣野(광야) 너른 들.
- 義務(의무) 맡은 직분. ⓓ 權利
- 意義(의의) ① 의미. ② 가치

光輝 (광휘)

光 빛 광 / 儿-4획
輝 빛날 휘 / 車-8획

아름답게 빛나는 빛

- 光彩(광채) 찬란한 빛, 빛의 무늬.
- 觀光(관광) 다른 지방이나 나라의 풍물 풍속을 구경함.
- 榮光(영광) 빛나는 영예.
- 輝煌(휘황) 광채가 빛나 눈이 부심.

掛鐘 (괘종)

掛 걸 괘 / 扌-8획
鐘 쇠북 종 / 金-12획

벽에 걸게 된 자명종

- 掛圖(괘도) 벽에 걸게 된 그림 지도.
- 掛意(괘의) 마음에 두고 잊지 아니함.
- 鐘閣(종각) 큰 종을 달아 두는 누각.
- 警鐘(경종) 위험을 알리는 종.

橋脚 (교각)

橋 다리 교 / 木-12획
脚 다리 각 / 月-7획

교체橋體를 받치는 기둥

- 橋梁(교량) 다리.
- 鐵橋(철교) 철을 주재료로 하여 놓은 다리.
- 健脚(건각) 튼튼한 다리.
- 失脚(실각) 처지·지위를 잃음.

郊外 (교외)

郊 들 교 / 阝-6획
外 바깥 외 / 夕-2획

시가지에서 떨어진 곳

- 近郊(근교) 도시의 변두리 밖.
- 遠郊(원교) 도회에서 떨어진 시골.
- 外廓(외곽) 바깥 테두리.
- 外患(외환) 외부에서 받는 걱정.

校庭 (교정)

校 학교 교 / 木-6획
庭 뜰 정 / 广-7획

학교의 마당이나 운동장

- 校則(교칙) 학교의 규칙.
- 登校(등교) 학교에 나감.
- 庭園(정원) 집 안의 뜰.
- 宮庭(궁정) 대궐 안의 마당.

巧拙 (교졸)

巧 교묘할 교 / 工-2획
拙 못날 졸 / 扌-5획

교묘함과 졸렬함

- 巧妙(교묘) 썩 잘되고 묘함. ↔ 拙劣
- 奇巧(기교) 기이하고 공교함.
- 拙速(졸속) 서투르지만 빠름.
- 拙作(졸작) 졸렬한 작품.

矯弊 (교폐)

矯 바로잡을 교 / 矢-12획
弊 폐단 폐 / 廾-12획

악폐를 바로 잡음

- 矯正(교정) 틀어진 것을 바로잡음.
- 弊端(폐단) 좋지 못하고 해로운 점.
- 弊習(폐습) 나쁜 버릇.
- 疲弊(피폐) 지치고 쇠약해짐.

交換 (교환)

交 바꿀 교, 사귈 교 / 亠-4획
換 바꿀 환 / 扌-9획

이것과 저것을 서로 바꿈

- 交際(교제) 서로 사귐.
- 交叉(교차) 종횡으로 엇갈림.
- 換氣(환기) 공기를 바꿔 넣음.
- 轉換(전환) 이리저리 바뀜.

九卿
- 아홉 **구** 乙-1획
- 벼슬 **경** ㄗ-10획

구경: 조선 때의 아홉 대신을 일컬음

- 九空(구공) 아득히 먼 하늘.
- 九重(구중) 아홉 겹. 웹 ~宮闕
- 九天(구천) 가장 높은 하늘.
- 卿等(경등) 임금이 신하를 부르는 말.

狗盜
- 개 **구** 犭-5획
- 도둑 **도** 皿-7획

구도: 좀도둑

- 海狗(해구) 물개.
- 盜掘(도굴) 고분 같은 것을 허가 없이 파내는 일.
- 盜難(도난) 도둑맞은 재난.
- 强盜(강도) 폭행으로 남의 재물을 뺏는 도둑.

丘陵
- 언덕 **구** 一-4획
- 언덕 **릉**, 능 **릉** ㄗ-8획

구릉: 언덕

- 丘山(구산) ① 언덕과 산. ② 물건이 많이 쌓인 모양.
- 丘垤(구질) 작은 언덕.
- 丘園(구원) 언덕에 있는 과수원이나 화원.
- 王陵(왕릉) 임금의 무덤.

驅迫
- 몰 **구**, 달릴 **구** 馬-11획
- 핍박할 **박** 辶-5획

구박: 못 견디게 굴며 박대함

- 驅逐(구축) 몰아 쫓아냄.
- 驅使(구사) 자유자재로 다루어 씀.
- 切迫(절박) 매우 가까이 닥침.
- 壓迫(압박) 내리 누름. 웹 束縛

具備
- 갖출 **구** 八-6획
- 갖출 **비** 亻-10획

구비: 빠짐없이 모두 갖춤

- 具現(구현) 구체적으로 나타냄.
- 器具(기구) 그릇·연장 등의 총칭.
- 備置(비치) 갖추어 둠.
- 準備(준비) 미리 마련하여 갖춤.

拘束
- 잡을 **구**, 거리낄 **구** 扌-5획
- 묶을 **속**, 약속할 **속** 木-3획

구속: 행동의 자유를 제한함

- 拘禁(구금) 신체의 자유를 구속 유치시킴.
- 拘留(구류) 잡아 가둠.
- 束縛(속박) 얽어매어 자유를 구속함.
- 團束(단속) 경계를 단단히 함.

區域
- 구역 **구**, 나눌 **구** ㄷ-9획
- 지경 **역** 土-8획

구역: 일정하게 구분된 지역

- 區別(구별) ① 분류함. ② 차별함.
- 地區(지구) 땅의 한 구역.
- 領域(영역) 미치는 범위.
- 流域(유역) 하천이 흐르는 언저리의 지역.

救濟
- 구원할 **구** 攵-7획
- 구제할 **제** 氵-14획

구제: 구하여 도와 줌

- 救貧(구빈) 가난한 자를 구제함.
- 救護(구호) 구조하여 보호함.
- 共濟(공제) 힘을 합쳐서 서로 도움.
- 辨濟(변제) 빚을 갚음. 웹 辨償

構造

構	造
얽을 구, 꾀할 구 木-10획	지을 조 辶-7획

획순: 木 朾 朾 栉 構 構 構
획순: 丿 生 告 告 浩 浩 造

구조 ① 꾸며서 만듦 ② 꾸밈새

構想(구상) 생각을 얽어 놓음.
構築(구축) 얽어 만들어 쌓아 올림.
造林(조림) 나무를 심어 숲을 만듦.
改造(개조) 고쳐 다시 만듦.

俱存

俱	存
갖출 구, 함께 구 亻-8획	있을 존 子-3획

획순: 亻 亻 們 俱 俱 俱
획순: 一 ナ 才 存 存

구존 양친이 다 살아 계심

俱沒(구몰) 양친이 다 돌아가심.
存立(존립) 생존하여 자립함.
存續(존속) 존재하여 영속함.
存在(존재) 현실에 있음.

苟且

苟	且
구차할 구 艹-5획	구차할 차 一-4획

획순: 艹 艹 艿 芍 苟 苟
획순: 丨 冂 日 且

구차 군색하고 구구함

苟免(구면) 겨우 액을 벗어남.
苟安(구안) 한때의 편안함을 꾀함.
苟合(구합) 겨우 합치함.
且置(차치) 내버려두고 들추지 않음.

鷗鶴

鷗	鶴
갈매기 구 鳥-11획	두루미 학 鳥-10획

획순: 冂 品 區 區 鷗 鷗 鷗
획순: 一 ナ 才 隺 雀 鶴 鶴 鶴

구학 갈매기와 두루미

鷗盟(구맹) 은거하여 갈매기와 벗이 됨.
白鷗(백구) 흰 갈매기.
鶴望(학망) 간절히 바람.
鶴首苦待(학수고대) 몹시 기다림.

國旗

國	旗
나라 국 囗-8획	기 기 方-10획

획순: 冂 冋 同 國 國 國 國
획순: 亠 ゥ 方 疒 旅 旗 旗

국기 나라를 상징하는 기

國防(국방) 외적에 대한 국가의 방위.
愛國(애국) 자기 나라를 사랑함.
反旗(반기) 반대의 뜻을 나타낸 표시.
太極旗(태극기) 우리나라의 국기.

局限

局	限
판국, 관청 국 尸-4획	한정 한 阝-6획

획순: フ ㄱ 尸 月 局 局 局
획순: ㄱ 阝 阝 阝 阴 限 限

국한 어떤 부분에 한정함

當局(당국) 정무를 맡아보는 관청.
對局(대국) 어떤 국면을 당면함.
限度(한도) 일정하게 정한 정도.
制限(제한) 정해진 한계.

群衆

群	衆
무리 군 羊-7획	무리 중 血-6획

획순: フ ヨ 尹 君 君 群 群
획순: ノ 白 血 血 윱 衆 衆

군중 한 곳에 떼지어 있는 사람들

群集(군집) 떼를 지어 모임.
拔群(발군) 여럿 속에서 뛰어남.
公衆(공중) 사회의 여러 사람.
觀衆(관중) 구경꾼들.

軍港

軍	港
군사 군 車-2획	항구 항 氵-9획

획순: 冖 宀 冝 冒 宣 軍
획순: 氵 氵 洪 洪 洪 港 港

군항 군사적 목적으로 설비한 항구

軍縮(군축) 군비 축소.
進軍(진군) 군대를 내어보냄.
港口(항구) 배를 정박하게 시설한 곳.
空港(공항) 항공기가 발착하는 지상.

屈伸 (굴신)
- 屈 굽을 굴, 尸-5획
- 伸 펼 신, 亻-5획
- 굴신: 굽힘과 폄
- 필순: ㄱㄱ尸尺屈屈屈 / ノ亻亻伂但伸
- 屈服(굴복) 굽히어 복종함.
- 卑屈(비굴) 용기가 없고 마음이 비겁함.
- 伸長(신장) 길게 뻗어나감.
- 伸縮(신축) 펴짐과 오그라짐.

窮谷 (궁곡)
- 窮 막힐 궁, 穴-10획
- 谷 골짜기 곡, 谷-0획
- 궁곡: 깊은 산골짜기
- 필순: 宀宂宊窄窜窮窮 / ノ八夂夂谷谷
- 窮地(궁지) 매우 어려운 지경.
- 窮乏(궁핍) 빈곤함.
- 溪谷(계곡) 물이 흐르는 골짜기.
- 深谷(심곡) 깊은 골짜기.

弓矢 (궁시)
- 弓 활 궁, 弓-0획
- 矢 화살 시, 矢-0획
- 궁시: 활과 화살
- 필순: ㄱㄱ弓 / ㇀一ㅗ矢矢
- 弓手(궁수) 활을 쏘는 사람.
- 弓術(궁술) 활을 쏘는 기술.
- 流矢(유시) 빗나간 화살.
- 雨矢(우시) 빗발같이 쏟아지는 화살.

宮廷 (궁정)
- 宮 궁궐 궁, 宀-7획
- 廷 조정 정, 廴-4획
- 궁정: 임금이 거처하는 곳
- 필순: 丶宀宂宮宮宮宮 / ノ亻千壬任廷廷
- 東宮(동궁) 황태자. 왕세자.
- 迷宮(미궁) 빠져 나오기 힘든 곳.
- 還宮(환궁) 임금이 대궐로 돌아감.
- 朝廷(조정) 정치를 의논하던 곳.

勸奬 (권장)
- 勸 권할 권, 力-18획
- 奬 권면할 장, 大-11획
- 권장: 권하여 장려함
- 필순: 艹艹䒑萑藋藋勸勸 / 丬爿爿ㅵ將將奬
- 勸告(권고) 타일러 말함. 挽留
- 强勸(강권) 억지로 권함.
- 奬勵(장려) 권하여 힘쓰게 함.
- 奬學(장학) 학문을 장려함.

權座 (권좌)
- 權 권세 권, 木-18획
- 座 자리 좌, 广-7획
- 권좌: 통치권을 가진 자리
- 필순: 木朩橯楉榷權權 / 丶广广庂应座座
- 權利(권리) 권세와 이익.
- 棄權(기권) 권리를 버리고 행사하지 않음.
- 座談(좌담) 앉아서 하는 담화.
- 講座(강좌) 강습회나 강의록.

拳鬪 (권투)
- 拳 주먹 권, 手-6획
- 鬪 싸울 투, 門-10획
- 권투: 주먹을 쓰는 운동 경기
- 필순: 丶丷爫兲夅夅拳 / 丨丨丨丨丨鬥鬥鬪鬪
- 空拳(공권) 맨주먹.
- 鬪爭(투쟁) 싸워서 다툼.
- 決鬪(결투) 쌍방이 힘에 의해 승부함.
- 苦鬪(고투) 몹시 힘들게 싸우거나 일함. 苦戰

厥者 (궐자)
- 厥 그 궐, 厂-10획
- 者 놈 자, 耂-5획
- 궐자: '그 사람' 또는 '그'를 가벼이 쓰는 말
- 필순: 厂厂厈屏屏厥厥 / 十土耂耂者者
- 厥女(궐녀) 그 여자.
- 仁者(인자) 마음이 어진 사람.
- 前者(전자) 그 앞의 것. 後者
- 患者(환자) 병자. 아픈 사람.

龜鑑 (귀감)

- 龜: 본받을 귀, 거북 귀 / 龜-0획
- 鑑: 거울 감, 살필 감 / 金-14획

귀감: 거울로 삼아 본받을 만한 모범

- 龜船(귀선) 거북선.
- 鑑別(감별) 감정하여 분별함.
- 鑑識(감식) 감정하여 식별함.
- 鑑定(감정) 사물의 진부를 감별해 결정함.

貴賤 (귀천)

- 貴: 귀할 귀 / 貝-5획
- 賤: 천할 천 / 貝-8획

귀천: 귀함과 천함

- 貴賓(귀빈) 귀한 손님.
- 尊貴(존귀) 지위가 높고 귀함.
- 賤待(천대) 업신여겨 푸대접함.
- 貧賤(빈천) 가난하고 천함. 반 富貴

歸還 (귀환)

- 歸: 돌아올 귀 / 止-14획
- 還: 돌아올 환 / 辶-13획

귀환: 제자리로 다시 돌아옴

- 歸鄕(귀향) 고향으로 돌아감.
- 復歸(복귀) 본디의 상태로 돌아감.
- 還元(환원) 근본으로 돌아감.
- 償還(상환) 채무를 변상함.

閨門 (규문)

- 閨: 안방 규 / 門-6획
- 門: 집안 문, 문 문 / 門-0획

규문: 부녀자의 처소, 규중

- 閨秀(규수) 처녀. 색시.
- 門閥(문벌) 대대로 내려오는 가문의 지체.
- 門前(문전) 문 앞. 예 ~乞食
- 城門(성문) 성의 출입구에 만든 문.

規範 (규범)

- 規: 법 규 / 見-4획
- 範: 법 범 / 竹-9획

규범: 본보기, 모범

- 規格(규격) 일정한 표준.
- 規制(규제) 규율을 세워 제한함.
- 範例(범례) 예시하여 모범으로 삼는 것.
- 模範(모범) 본받아 배울 만함.

均適 (균적)

- 均: 고를 균 / 土-4획
- 適: 알맞을 적 / 辶-11획

균적: 고르게 알맞음

- 均衡(균형) 어느 한쪽으로 치우침 없이 고름.
- 平均(평균) 많고 적음이 없이 균일함.
- 適應(적응) 걸맞아 서로 어울림.
- 快適(쾌적) 심신에 적합해 기분이 좋음.

克己 (극기)

- 克: 이길 극 / 儿-5획
- 己: 몸 기 / 己-0획

극기: 사욕을 의지로써 눌러 이김

- 克服(극복) 곤란을 이겨냄.
- 超克(초극) 난관을 넘어 극복함.
- 自己(자기) 그 사람 자신.
- 知己(지기) 마음이 통함. 예 ~之友

根幹 (근간)

- 根: 뿌리 근, 근본 근 / 木-6획
- 幹: 줄기 간, 맡을 간 / 干-10획

근간: 뿌리와 줄기 비 根本

- 根源(근원) 사물이 생겨나는 본바탕.
- 禍根(화근) 재앙의 근원.
- 才幹(재간) 재주와 간능.
- 主幹(주간) 일을 주장해 맡아서 처리함.

僅少 (근소)

僅 겨우 근 / 亻-11획
少 적을 소, 젊을 소 / 小-1획

亻 亻' 亻'' 借 借 借 僅 僅
丿 小 小 少

근소: 아주 적어 얼마 되지 않음

- 僅僅(근근) 겨우. 예)~得生
- 少量(소량) 적은 분량.
- 老少(노소) 늙은이와 젊은이.
- 最少(최소) ① 가장 짧음. ② 가장 젊음.

謹愼 (근신)

謹 삼갈 근 / 言-11획
愼 삼갈 신 / 忄-10획

冫 言 言 誹 誹 謹 謹
忄 忄' 忄'' 愃 愃 愼 愼

근신: 언행을 삼가고 조심함

- 謹嚴(근엄) 점잖고 엄함.
- 謹賀(근하) 삼가 축하함. 예)~新年
- 敬謹(경근) 공경하고 삼감.
- 愼重(신중) 매우 조심스러움.

勤怠 (근태)

勤 부지런할 근 / 力-11획
怠 게으를 태 / 心-5획

一 艹 艹 苔 荁 菫 勤 勤
ㄥ ㄥ ㄥ 台 台 怠 怠

근태: 부지런함과 게으름

- 勤勉(근면) 부지런히 힘씀. 예)懶怠
- 勤勞(근로) 일에 부지런함.
- 怠慢(태만) 게으르고 느림.
- 倦怠(권태) 싫증을 느껴 게을러짐.

金塊 (금괴)

金 쇠 금, 성 김 / 金-0획
塊 덩어리 괴 / 土-10획

丿 人 스 仝 今 余 金
土 圠 坩 坤 塊 塊

금괴: 금 덩어리

- 金貨(금화) 금으로 만든 돈.
- 罰金(벌금) 못된 짓에 대한 징계로서 내는 돈.
- 塊石(괴석) 돌멩이.
- 土塊(토괴) 흙덩이.

禽獸 (금수)

禽 날짐승 금 / 禸-8획
獸 길짐승 수 / 犬-15획

人 스 今 今 仒 禽 禽 禽
罒 罒 畾 畾 嘼 獸 獸

금수: 날짐승과 길짐승

- 禽鳥(금조) 날짐승. 새.
- 獸醫(수의) 가축의 병을 진찰·치료하는 의사.
- 猛獸(맹수) 사나운 짐승.
- 野獸(야수) 야생의 짐승. 예)家畜

禁慾 (금욕)

禁 금할 금 / 示-8획
慾 욕심 욕 / 心-11획

一 十 才 林 埜 埜 禁 禁
ㄥ ㄥ 夂 谷 谷 欲 慾 慾

금욕: 욕망을 억제하고 금함

- 禁止(금지) 말려서 못하게 함.
- 監禁(감금) 몸을 가두어 자유를 구속함.
- 慾望(욕망) 누리고자 탐함.
- 食慾(식욕) 음식을 먹고 싶어 하는 욕정.

錦貝 (금패)

錦 비단 금 / 金-8획
貝 조개 패, 재물 패 / 貝-0획

丿 ㅗ 今 金 鈩 鉭 錦 錦
丨 冂 目 貝

금패: 빛깔이 누르고 투명한 호박의 하나

- 錦衣(금의) 비단옷.
- 貝殼(패각) 조가비.
- 貝類(패류) 조개의 종류.
- 貝物(패물) 산호·수정 등으로 만든 물건.

肯定 (긍정)

肯 수긍할 긍 / 月-4획
定 정할 정 / 宀-5획

丨 止 丬 肯 肯 肯
丶 宀 宀 宇 定 定

긍정: 그렇다고 인정 또는 승인함

- 首肯(수긍) 옳다고 승낙함.
- 定期(정기) 정한 기간 또는 기한.
- 決定(결정) 결단하여 정함.
- 旣定(기정) 이미 정함. 미리 작정함.

棄却 (기각)
- 棄: 버릴 기, 木-8획
- 却: 물리칠 각, 卩-5획
- **기각**: 처리 안건 등을 도로 물림
- 棄權(기권) 권리를 버리고 쓰지 않음.
- 廢棄(폐기) 못 쓸 것을 버림.
- 賣却(매각) 물건을 팔아 버림.
- 消却(소각) 없애 버림.

豈敢 (기감)
- 豈: 어찌 기, 豆-3획
- 敢: 감히 감, 攵-8획
- **기감**: 어찌 감히
- 敢行(감행) 과감하게 행함.
- 果敢(과감) 과단성 있고 용감함.
- 不敢(불감) 감히 하지 못함. 예 ~生心
- 勇敢(용감) 용기가 있어 과감함.

紀綱 (기강)
- 紀: 벼리 기, 해 기, 糸-3획
- 綱: 벼리 강, 대강 강, 糸-8획
- **기강**: 규율과 질서
- 紀元(기원) 나라를 세운 첫 해.
- 紀律(기율) 질서 유지를 위한 행동 규정.
- 綱領(강령) 일의 으뜸되는 줄거리.
- 要綱(요강) 중요한 강령.

機械 (기계)
- 機: 기계 기, 기틀 기, 木-12획
- 械: 기계 계, 木-7획
- **기계**: 일정한 작업을 하는 장치
- 機能(기능) 어떠한 기관의 활동 능력.
- 機動(기동) 조직적이고 기민한 행동.
- 機敏(기민) 날쌔고 재빠름.
- 機密(기밀) 함부로 드러내지 못하는 일.

奇怪 (기괴)
- 奇: 기이할 기, 大-5획
- 怪: 괴이할 괴, 忄-5획
- **기괴**: 이상하고 야릇함
- 奇岩(기암) 기이한 바위. 예 ~怪石
- 珍奇(진기) 보배롭고 기이함.
- 怪常(괴상) 괴이하고 이상함.
- 怪物(괴물) 괴상한 물체.

祈求 (기구)
- 祈: 빌 기, 示-4획
- 求: 구할 구, 水-2획
- **기구**: 신에게 빎 (비) 祈禱
- 祈雨(기우) 비 오기를 빎. 예 ~祭
- 祈願(기원) 바라는 일이 이루어지길 빎.
- 求乞(구걸) 남에게 달라고 청함.
- 探求(탐구) 더듬어 구함.

企圖 (기도)
- 企: 꾀할 기, 人-4획
- 圖: 꾀할 도, 口-11획
- **기도**: 일을 꾸며 계획을 세움
- 企業(기업) 사업을 계획함. 또는 그 사업.
- 企劃(기획) 일을 계획함.
- 圖謀(도모) 일을 이루려고 꾀함.
- 略圖(약도) 간략히 대충 그린 도면.

其島 (기도)
- 其: 그 기, 八-6획
- 島: 섬 도, 山-7획
- **기도**: 그 섬
- 其間(기간) 그 사이. 그 동안.
- 其他(기타) 그 밖의 또 다른 것.
- 島嶼(도서) 크고 작은 섬들.
- 無人島(무인도) 사람이 살지 않는 섬.

騎馬 (기마)
- 말탈 기 (馬-8획)
- 말 마 (馬-0획)
- 획순: ㅣ ㄷ 馬 馬 馬* 騎 騎
- ㅣ ㄷ 馬 馬

기마: 말을 탐, 또 그 말
- 騎士(기사) 말을 탄 무사.
- 單騎(단기) 혼자 말을 타고 감.
- 馬賊(마적) 말을 탄 도둑.
- 乘馬(승마) 말을 탐.

起伏 (기복)
- 일어날 기 (走-3획)
- 엎드릴 복 (亻-4획)
- 획순: 一 十 キ 走 起 起 起
- ノ 亻 亻 什 伏 伏

기복: ① 성쇠盛衰 ② 변동
- 起床(기상) 잠자리에서 일어남.
- 蜂起(봉기) 떼 지어 일어남.
- 屈伏(굴복) 힘에 굴하여 복종함.
- 降伏(항복) 힘이 다하여 적에게 굽힘.

飢餓 (기아)
- 굶을 기 (食-2획)
- 굶을 아 (食-7획)
- 획순: ノ ト ト 今 今 食 食 飢
- ノ 今 食 食 飣 飣 餓 餓

기아: 굶주림
- 飢饉(기근) 흉년으로 굶주림.
- 虛飢(허기) 굶어서 몹시 배고픈 증세.
- 餓鬼(아귀) 염치없이 먹을 것을 탐하는 사람.
- 餓死(아사) 굶주려 죽음.

技藝 (기예)
- 재주 기 (扌-4획)
- 재주 예 (艹-15획)
- 획순: 一 十 扌 扌 扌 抆 技
- 艹 艹 艹 艿 蓺 蓺 藝 藝

기예: 기술상의 솜씨와 재주
- 技能(기능) 기술상의 재능.
- 妙技(묘기) 교묘한 기술과 재주.
- 藝能(예능) 예술과 기능.
- 園藝(원예) 채소·화채 등을 심어 가꾸는 일.

記載 (기재)
- 적을 기 (言-3획)
- 실을 재 (車-6획)
- 획순: 一 二 言 言 訁 訁 訁 記 記
- 十 十 吉 車 載 載 載

기재: 적어서 실음
- 記憶(기억) 잊지 않고 마음에 새겨둠.
- 暗記(암기) 머릿속에 외고 잊지 않음.
- 揭載(게재) 글을 신문·잡지 등에 실음.
- 積載(적재) 물건을 쌓아 실음.

寄贈 (기증)
- 줄 기, 붙여살 기 (宀-8획)
- 줄 증 (貝-12획)
- 획순: ` 宀 宀 宏 宇 寄 寄 寄
- ㅣ 冂 目 貝 貝 贈 贈 贈

기증: 물품을 보내어 증정함
- 寄別(기별) 알림. 통지함.
- 寄與(기여) 이바지함. 공헌함.
- 贈與(증여) 물건을 선사로 줌.
- 贈呈(증정) 남에게 물건을 드림.

基礎 (기초)
- 터 기 (土-8획)
- 주춧돌 초 (石-13획)
- 획순: 一 十 廿 甘 其 其 其 基
- 厂 石 砂 砂 砓 砓 礎 礎

기초: 기본이 되는 토대
- 基準(기준) 기본이 되는 표준.
- 基盤(기반) 기초가 되는 터전.
- 礎石(초석) 주춧돌. 머릿돌.
- 定礎(정초) 주춧돌을 놓음.

忌避 (기피)
- 꺼릴 기 (心-3획)
- 피할 피 (辶-13획)
- 획순: ㄱ ㄱ 己 忌 忌
- 尸 P 圧 腔 辟 辟 避 避 避

기피: 꺼리어 피함
- 忌憚(기탄) 어렵게 여겨서 꺼림.
- 猜忌(시기) 샘하여 미워함.
- 避暑(피서) 더위를 피해 시원한 곳으로 감.
- 逃避(도피) 도망하여 몸을 피함.

畿湖

경기 기	호수 호
田-10획	氵-9획

기호
경기도·충청도 부근의 지역

京畿(경기) 경기도 지역.
近畿(근기) 서울에서 가까운 지방.
湖畔(호반) 호수가.
江湖(강호) 강과 호수.

필순: 畿
필순: 湖

旣婚

이미 기	혼인할 혼
无-7획	女-8획

기혼
이미 혼인함

旣決(기결) 이미 결정됨. 반 未決
旣得(기득) 이미 얻음. 이미 취득함.
婚姻(혼인) 결혼.
新婚(신혼) 새로 혼인함. 반 再婚

필순: 旣
필순: 婚

緊縮

움츠릴 긴, 줄 긴	줄 축
糸-8획	糸-11획

긴축
바짝 줄임

緊密(긴밀) 매우 밀접함.
要緊(요긴) 중요하고도 꼭 필요함.
收縮(수축) 물체의 부피가 줄어듦.
伸縮(신축) 늘이고 줄임.

필순: 緊
필순: 縮

吉地

길할 길	땅 지, 자리 지
口-3획	土-3획

길지
지덕이 좋은 집터나 묏자리

吉凶(길흉) 길함과 흉함.
吉兆(길조) 상서로운 일이 생길 조짐.
地形(지형) 땅이 생긴 형상.
綠地(녹지) 초목이 무성한 땅.

필순: 吉
필순: 地

那邊

어찌 나	가 변
阝-4획	辶-15획

나변
① 그 곳 ② 어디

邊方(변방) 가장자리가 되는 방면.
路邊(노변) 길가.
身邊(신변) 몸과 몸의 주위.
海邊(해변) 바닷가. 또는 그 지방.

필순: 那
필순: 邊

難忘

어려울 난	잊을 망
隹-11획	心-3획

난망
잊기 어려움, 잊지 못함

難堪(난감) 견디기 어려움.
難處(난처) 처치하기 곤란함.
忘却(망각) 잊어버림. 비 忘失
健忘(건망) 잘 잊어버림.

필순: 難
필순: 忘

男女

사내 남	여자 녀
田-2획	女-0획

남녀
남자와 여자

男性(남성) 남자의 성질 또는 체질.
快男(쾌남) 시원하고 쾌활한 남자.
女傑(여걸) 여자 호걸.
淑女(숙녀) 교양을 갖춘 얌전한 여자.

필순: 男
필순: 女

內野

안 내	들 야, 분야 야
入-2획	里-4획

내야
야구에서 홈·1·2·3루 구역 안

內面(내면) 물건의 안쪽.
內通(내통) 정식으로 알리기 전에 몰래 알림.
野營(야영) 들에 진을 침.
曠野(광야) 아득하게 너른 벌판.

필순: 內
필순: 野

乃至 (내지)
이에 내 ノ-1획 / **이를 지, 지극할 지** 至-0획
얼마에서 얼마까지

획순: ノ 乃 / 一 乙 云 至 至 至

- 乃兄(내형) 그이의 형.
- 至當(지당) 이치에 맞고 지극히 당연함.
- 至毒(지독) 매우 독함.
- 至誠(지성) 지극한 정성. 예 ~感天

奈何 (내하)
어찌 내 大-5획 / **어찌 하** 亻-5획
어떠함, 어떠하랴

획순: 一 ナ 大 太 奈 奈 奈 / ノ 亻 亻 亻 何 何 何

- 何暇(하가) 어느 때. 어느 겨를.
- 何故(하고) 무슨 까닭.
- 何必(하필) 어찌 반드시.
- 如何(여하) 어떠함.

努力 (노력)
힘쓸 노 力-5획 / **힘 력** 力-0획
애를 쓰고 힘을 들임

획순: 乙 乂 女 如 奴 努 努 / 丁 力

- 力量(역량) 어떤 일을 해낼 수 있는 힘.
- 力走(역주) 힘껏 달림.
- 速力(속력) 빠른 힘. 빠르기.
- 魔力(마력) 괴상한 힘. 매혹하는 힘.

奴婢 (노비)
사내종 노 女-2획 / **계집종 비** 女-8획
사내종과 계집종의 총칭

획순: 乙 乂 女 如 奴 / 乙 乂 女 女 奴 奴 婢 婢

- 奴隷(노예) 종. 예 ~解放
- 守錢奴(수전노) 돈만 아는 사람의 비칭.
- 婢僕(비복) 사내종과 계집종.
- 婢妾(비첩) 종으로 첩이 된 여자.

怒號 (노호)
성낼 노 心-5획 / **부르짖을 호** 虍-7획
성내어 소리 지름

획순: 乙 乂 女 如 奴 怒 怒 / 口 口 号 号 号 號 號

- 怒氣(노기) 성이 난 얼굴빛.
- 震怒(진노) 존엄한 사람의 분노.
- 口號(구호) 외치는 짤막한 문구.
- 暗號(암호) 은밀한 신호나 부호.

農耕 (농경)
농사 농 辰-6획 / **밭갈 경** 耒-4획
논밭을 갈아 농사를 지음

획순: 口 曰 曲 芦 農 農 農 / 一 三 未 未 耕 耕

- 農業(농업) 농사짓는 직업.
- 農繁期(농번기) 농사에 바쁜 시기.
- 勸農(권농) 농사를 장려함.
- 耕耘(경운) 논밭을 갈고 김을 맴.

濃淡 (농담)
짙을 농 氵-13획 / **묽을 담** 氵-8획
짙음과 묽음

획순: 氵 氵 泗 浬 浬 濃 濃 / 丶 氵 氵 氵 汾 淡 淡

- 濃度(농도) 용액 속에 있는 각 성분 비율.
- 濃霧(농무) 짙은 안개.
- 淡白(담백) 맛이나 빛이 산뜻함.
- 冷淡(냉담) 사물을 대하는 태도가 참.

腦炎 (뇌염)
뇌 뇌 月-9획 / **염증 염, 불꽃 염** 火-4획
뇌에 염증이 생기는 병

획순: 月 月 肝 肸 腦 腦 腦 / 丶 丷 火 犬 炎

- 腦裏(뇌리) ① 뇌 안 ② 마음속.
- 頭腦(두뇌) ① 뇌 ② 사물을 판단하는 슬기.
- 炎凉(염량) 더위와 서늘함.
- 狂炎(광염) 미친듯이 타오르는 불길.

能率 (능률)

能 능할 능 / 月-6획
率 비율 률, 거느릴 솔 / 玄-6획

필순: 厶 ㄙ 台 台 育 能 能 能
필순: 亠 玄 玆 宓 宓 率 率

능률: 일정한 시간에 해낼 수 있는 일

- 能熟(능숙) 능하고 익숙함.
- 能通(능통) 사물에 환히 통달함.
- 率先(솔선) 남보다 앞장서서 함.
- 統率(통솔) 온통 몰아서 거느림.

泥巖 (니암)

泥 진흙 니 / 氵-5획
巖 바위 암 / 山-20획

필순: 丶 氵 沪 沪 沪 泥
필순: 山 屵 屵 岸 岸 巖

니암: 진흙이 쌓여서 된 암석

- 泥沼(이소) 진흙의 수렁.
- 雲泥之差(운니지차) 심한 차이를 이르는 말.
- 巖壁(암벽) 벽 모양으로 깎아지른 듯 높이 솟은 바위.
- 巖石(암석) 바위.

多寡 (다과)

多 많을 다 / 夕-3획
寡 적을 과 / 宀-11획

필순: 丿 ク タ タ 多 多
필순: 宀 宀 宭 宣 寡 寡 寡

다과: 수효의 많음과 적음

- 多樣(다양) 모양이 여러 가지임.
- 許多(허다) 몹시 많음. 수두룩함.
- 寡默(과묵) 침착하고 말이 적음.
- 寡婦(과부) 남편이 죽어 홀로 된 여자.

茶房 (다방)

茶 차 다 / 艹-6획
房 방 방 / 戶-4획

필순: 艹 卄 艼 莁 苓 茶
필순: 亠 ㄱ 户 户 户 房 房

다방: 차를 마시며 쉴 수 있는 곳

- 茶菓(다과) 차와 과자.
- 紅茶(홍차) 차나무 잎을 발효시켜 말린 것.
- 暖房(난방) 방을 덥게 함.
- 獨房(독방) 혼자서 거처하는 방.

端緖 (단서)

端 실마리 단, 바를 단 / 立-9획
緖 실마리 서 / 糸-9획

필순: 丶 立 立 立 山 山 端
필순: 幺 糸 紗 紗 紳 緒 緖

단서: 일의 처음이나 실마리

- 極端(극단) 맨 끄트머리.
- 發端(발단) 일의 첫머리가 처음으로 일어남.
- 頭緖(두서) 일의 단서.
- 情緖(정서) 사물에 부딪쳐 일어나는 온갖 감정.

旦夕 (단석)

旦 아침 단 / 日-1획
夕 저녁 석 / 夕-0획

필순: 丨 冂 日 日 旦
필순: 丿 ク 夕

단석: 아침과 저녁 비 旦暮

- 旦明(단명) 새벽. 해뜰녘.
- 元旦(원단) 설날 아침.
- 夕刊(석간) 저녁 때 발행하는 신문.
- 夕陽(석양) 저녁 때의 해.

斷續 (단속)

斷 끊을 단 / 斤-14획
續 이을 속 / 糸-15획

필순: 幺 丝 丝 继 斷 斷 斷
필순: 幺 糸 紅 續 續 續 續

단속: 끊어졌다 이어졌다 함

- 斷絶(단절) 관계를 끊음.
- 勇斷(용단) 용기를 가지고 결단함.
- 續出(속출) 계속하여 나옴.
- 連續(연속) 끊이지 않고 죽 이음.

丹粧 (단장)

丹 붉을 단 / 丶-3획
粧 단장할 장 / 米-6획

필순: 丿 几 月 丹
필순: 丶 二 米 籵 籵 粧 粧

단장: 얼굴·머리를 곱게 꾸밈

- 丹心(단심) 정성스런 마음.
- 朱丹(주단) 곱고 붉은 빛. 또는 칠.
- 粧飾(장식) 겉을 매만져 꾸밈.
- 新粧(신장) 새로 단장함. 예 ~開業

但只

但 다만 단 亻-5획
只 다만 지 口-2획

획순: 丿 亻 亻 伃 但 但 但
획순: 丨 口 口 尸 只

단지
① 다만 ② 겨우

- 但是(단시) 다만 이.
- 非但(비단) 다만. 부정의 경우에 씀.
- 只今(지금) 이제. 시방.
- 只要(지요) 더없이 종요로움.

短針

短 짧을 단 矢-7획
針 바늘 침 金-2획

획순: 丿 匕 矢 矢 短 短 短
획순: 丿 亼 亼 余 金 金 針

단침
시계의 짧은 바늘, 시침

- 短點(단점) 낮고 모자라는 점. 예 缺點
- 短縮(단축) 짧게 줄어듦.
- 縫針(봉침) 바늘.
- 指針(지침) 사물의 방침.

擔當

擔 멜 담 扌-13획
當 일 담당할 당, 마땅할 당 田-8획

획순: 扌 扌 扩 护 护 擔 擔
획순: 丨 ⺌ 些 当 当 常 當

담당
어떤 일을 넘겨 맡음

- 擔保(담보) 맡아서 보증함.
- 負擔(부담) 어떤 일을 맡아서 책임을 짐.
- 當然(당연) 마땅히 그러함.
- 堪當(감당) 일을 맡아 능히 해냄.

踏査

踏 밟을 답 足-8획
査 조사할 사 木-5획

획순: 口 ⺤ 正 跙 跙 跻 踏
획순: 十 木 朩 杏 杏 査 査

답사
실제 가서보고 조사함

- 踏襲(답습) 선인의 행적을 따라 행함.
- 踏破(답파) 먼 길을 끝까지 걸어 나감.
- 搜査(수사) 찾아서 조사함.
- 審査(심사) 자세히 조사함.

糖類

糖 사탕 당 米-10획
類 무리 류, 닮을 류 頁-10획

획순: 丷 半 米 米 糟 糖 糖
획순: 丷 半 米 类 类 類 類

당류
단맛이 있는 탄수화물 종류

- 糖分(당분) 설탕의 성분.
- 製糖(제당) 사탕을 만듦.
- 類例(유례) 비슷한 전례(前例).
- 種類(종류) 사물의 부분을 나누는 갈래.

唐詩

唐 당나라 당 口-7획
詩 시 시 言-6획

획순: 丶 广 庁 庐 庐 唐 唐
획순: 丶 亠 言 計 詩 詩 詩

당시
당나라 때의 시인이 지은 시

- 唐突(당돌) 올차고 다부짐.
- 荒唐(황당) 거칠고 허망함. 예 無稽
- 詩壇(시단) 시인들의 사회.
- 漢詩(한시) 한문으로 된 시.

代償

代 대신할 대 亻-3획
償 갚을 상 亻-15획

획순: 丿 亻 亻 仁 代 代
획순: 亻 亻' 俨 僧 償 償 償

대상
남을 대신하여 갚아 줌

- 代替(대체) 다른 것으로 바꿈.
- 代代(대대) 거듭된 세대. 예 ~孫孫
- 辨償(변상) 빚을 갚음. 예 辨濟
- 補償(보상) 남에게 끼친 재산상의 손해를 금전으로 갚음.

大暑

大 큰 대 大-0획
暑 더위 서 日-9획

획순: 一 ナ 大
획순: 口 日 旦 昇 昇 暑 暑

대서
심한 더위

- 大器(대기) 큰 그릇. 큰 인물. 예 ~晩成
- 擴大(확대) 늘여 크게 함. 반 縮小
- 避暑(피서) 더위를 피하는 일.
- 寒暑(한서) 추위와 더위.

對酌 (대작)
對 대할 대, 짝 대 — 寸-11획
酌 따를 작, 짐작할 작 — 酉-3획

필순: 丬 爿 业 业 丵 對 對
필순: 一 丆 襾 酉 酌 酌 酌

대작: 마주 대하여 술을 마심

- 對等(대등) 양쪽이 비슷함.
- 應對(응대) 상대하여 응접함.
- 酌定(작정) 일을 짐작하여 결정함.
- 參酌(참작) 이리저리 알맞게 헤아림.

貸借 (대차)
貸 빌릴 대 — 貝-5획
借 빌릴 차 — 亻-8획

필순: 丿 亻 代 代 岱 岱 貸
필순: 丿 亻 亻 世 借 借 借

대차: 꾸어 줌과 꾸어 옴

- 寬貸(관대) 너그럽게 용서함.
- 賃貸(임대) 임금을 받고 사용하게 함.
- 借用(차용) 빌거나 꾸어 씀.
- 租借(조차) 집이나 땅을 빌어 씀.

陶工 (도공)
陶 질그릇 도, 즐길 도 — 阝-8획
工 장인 공 — 工-0획

필순: 丿 ㇇ 阝 阡 阣 陶 陶
필순: 一 丁 工

도공: 옹기를 만드는 사람

- 陶器(도기) 질그릇. 오지그릇.
- 陶醉(도취) 흥취가 있게 술이 취함.
- 工程(공정) 작업의 정도.
- 細工(세공) 작은 물건을 만드는 수공품.

到達 (도달)
到 이를 도 — 刂-6획
達 이를 달 — 辶-9획

필순: 一 工 云 至 至 到
필순: 十 土 ㄎ 查 幸 達 達

도달: 목적한 곳에 다다름

- 到着(도착) 목적지에 다다름.
- 精到(정도) 아주 정묘한 경지까지 이름.
- 達觀(달관) 사물에 대한 통달한 관찰.
- 速達(속달) 속히 배달함.

跳梁 (도량)
跳 뛸 도 — 足-6획
梁 뛸 량, 들보 량 — 木-7획

필순: 료 趴 趴 趴 跳
필순: 氵 汀 刃 汈 汃 梁 梁

도량: 거리낌 없이 함부로 날뜀

- 跳躍(도약) 뛰어오름.
- 高跳(고도) 높이 뜀. 높이뛰기.
- 梁上君子(양상군자) 도둑.
- 棟梁(동량) 마룻대와 들보.

桃李 (도리)
桃 복숭아 도 — 木-6획
李 오얏 리 — 木-3획

필순: 十 才 木 材 札 桃 桃
필순: 一 十 才 木 本 李 李

도리: 복숭아와 오얏

- 桃園(도원) 복숭아나무가 많은 정원.
- 桃花(도화) 복숭아꽃.
- 李花(이화) 오얏꽃.
- 李杜(이두) 이백과 두보의 명칭.

逃亡 (도망)
逃 달아날 도 — 辶-6획
亡 도망할 망 — 亠-1획

필순: 丿 兀 兆 兆 兆 挑 逃
필순: 丶 亠 亡

도망: 피하거나 쫓기어 달아남

- 逃走(도주) 달아남.
- 逃避(도피) 도망하여 몸을 피함.
- 亡命(망명) 남의 나라로 몸을 피함.
- 滅亡(멸망) 망하여 없어짐.

渡涉 (도섭)
渡 건널 도 — 氵-9획
涉 건널 섭, 관계할 섭 — 氵-7획

필순: 氵 氵 沪 沪 沪 渡 渡
필순: 氵 氵 沙 沙 沙 涉 涉

도섭: 물을 건넘

- 渡美(도미) 미국으로 건너감.
- 渡津(도진) 나루.
- 交涉(교섭) 어떤 일을 이루기 위해 의논함.
- 干涉(간섭) 남의 일에 참견함.

稻雲 (도운)
稻 벼 도 / 禾-10획
雲 구름 운 / 雨-4획

筆順: 二 禾 禾 秆 秆 稻 稻
ノ 币 币 雨 雪 雲 雲

도운: 넓은 들판을 뒤덮은 벼

- 稻作(도작) 벼농사.
- 稻花(도화) 벼의 꽃.
- 雲集(운집) 구름처럼 많이 모임.
- 浮雲(부운) 뜬구름. 덧없는 인생.

挑戰 (도전)
挑 돋울 도 / 扌-6획
戰 싸움 전 / 戈-12획

筆順: 扌 扌 扌 扌 挑 挑 挑
口 吅 𠷋 單 單 戰 戰

도전: 싸움을 걸거나 돋움

- 挑發(도발) 집적거려 일을 일으킴.
- 戰歿(전몰) 전쟁에서 싸우다 죽음.
- 決戰(결전) 승부를 일거에 결하는 싸움.
- 接戰(접전) 어울려 싸움.

毒蛇 (독사)
毒 해칠 독, 독할 독 / 毋-4획
蛇 뱀 사 / 虫-5획

筆順: 一 二 圭 丰 毒 毒 毒
口 中 虫 虫 虸 蚦 蛇

독사: 이빨에 독이 있는 뱀

- 消毒(소독) 병균·병독을 죽임.
- 旅毒(여독) 여행에 의한 피로.
- 解毒(해독) 독기를 풀어 없앰.
- 蛇紋(사문) 뱀 껍질 모양의 무늬.

獨創 (독창)
獨 홀로 독 / 犭-13획
創 비롯할 창 / 刂-10획

筆順: ノ 犭 犭 犭 𤝖 獨 獨
ノ 亼 今 今 倉 倉 創

독창: 혼자의 힘으로 창조함

- 獨特(독특) 특별하게 다름.
- 單獨(단독) 단 하나. 혼자.
- 創立(창립) 처음으로 세움. 回 創建
- 創造(창조) 처음으로 만듦.

督促 (독촉)
督 재촉할 독, 감독할 독 / 目-8획
促 재촉할 촉 / 亻-7획

筆順: 丨 圭 未 叔 叔 督 督
ノ 亻 亻 𠆢 𠆢 促 促

독촉: 독려하여 재촉함

- 督勵(독려) 감독하여 장려함.
- 總督(총독) 관할 구역을 통할하는 관직.
- 促迫(촉박) 기한이 바짝 박두하여 있음.
- 促進(촉진) 빨리 나아가게 함.

豚犬 (돈견)
豚 돼지 돈 / 豕-4획
犬 개 견 / 犬-0획

筆順: ノ 𠂊 月 肌 肵 肵 豚
一 ナ 大 犬

돈견: 돼지와 개

- 豚舍(돈사) 돼지우리.
- 養豚(양돈) 돼지를 먹여 기름.
- 猛犬(맹견) 사나운 개.
- 鬪犬(투견) 개끼리 싸움을 붙임. 또 그 개.

敦篤 (돈독)
敦 도타울 돈 / 攵-8획
篤 도타울 독, 병심할 독 / 竹-10획

筆順: 一 ナ 古 亨 享 𠭖 敦
ノ 𥫗 𥫗 竺 笁 竺 篤 篤

돈독: 인정이 두터움 回 敦厚

- 篤實(독실) 열성 있고 성실함.
- 敦睦(돈목) 정이 두텁고 화목함.
- 篤行(독행) 독실한 행실.
- 危篤(위독) 병세가 중하며 생명이 위태함.

凍結 (동결)
凍 얼 동 / 冫-8획
結 엉길 결, 맺을 결 / 糸-6획

筆順: ヽ 冫 冫 沪 沔 沖 凍
𠃋 纟 糸 𠁽 紂 紝 結

동결: 얼어붙음 回 氷結

- 凍傷(동상) 추위에 얼어 피부가 상함.
- 冷凍(냉동) 냉각시켜서 얼림.
- 結託(결탁) 마음을 합하여 서로 의탁함.
- 結束(결속) 덩이가 되게 묶음.

冬嶺

겨울 동 冫-3획
재령 山-14획

동령
겨울철 산봉우리

嚴冬(엄동) 몹시 추운 겨울.
越冬(월동) 겨울을 남.
嶺西(영서) 강원도의 대관령 서쪽 땅.
嶺雲(영운) 산마루 위에 뜬구름.

필순: 丿夂冬冬冬
필순: 山广产岩岑嶺嶺

洞里

고을 동, 통할 통 冫-6획
마을 리, 이수 리 里-0획

동리
마을

洞窟(동굴) 깊고 넓은 굴. 예 洞穴
洞長(동장) 한 동네의 우두머리.
里程(이정) 길의 거리 단위.
鄕里(향리) 나서 자라난 고향 마을.

필순: 丶氵汈洞洞洞
필순: 丨口日日旦里里

東西

동녘 동 木-4획
서녘 서 西-0획

동서
동쪽과 서쪽

東邦(동방) ①우리나라. ②동쪽에 있는 나라.
東亞(동아) 동쪽 아시아.
西端(서단) 서쪽 끝.
西洋(서양) 유럽과 아메리카 주의 여러 나라.

필순: 一一一一一一一 東
필순: 一一一一一 西西西

銅錢

구리 동 金-6획
돈 전 金-8획

동전
구리로 만든 돈

銅像(동상) 구리로 만든 사람의 형상.
靑銅(청동) 구리와 주석의 합금.
口錢(구전) 흥정을 붙여주고 받는 돈.
金錢(금전) 돈. 예 金貨

필순: 丿𠂉𠂉𠂉金釒釘銅
필순: 丿𠂉金釒錢錢錢

動靜

움직일 동 力-9획
고요할 정 靑-8획

동정
사태가 벌어져 가는 낌새

動搖(동요) 흔들어 움직임.
發動(발동) 움직이기 시작함.
靜寂(정적) 고요함.
鎭靜(진정) 가라앉아 조용해짐.

필순: 丿一一一一一 重動動
필순: 一一靑靑靑靜靜

同胞

한가지 동 口-3획
동포 포, 세포 포 月-5획

동포
① 형제자매 ② 같은 겨레

同席(동석) 자리를 같이함.
同僚(동료) 같은 곳에서 같은 일을 하는 사람.
胞胎(포태) 임신. 잉태.
細胞(세포) 생물체의 기본 구성단위.

필순: 丨冂冂同同同
필순: 丿丿月𠂉胞胞胞

童話

아이 동 立-7획
이야기 화 言-6획

동화
어린이를 위해서 지은 이야기

童心(동심) 어린이의 마음.
神童(신동) 재주와 슬기가 뛰어난 아이.
話題(화제) 이야깃거리.
秘話(비화) 드러나지 않은 이야기.

필순: 一立音音音童童
필순: 一一言言言話話

豆太

팥 두, 콩 두 豆-0획
콩 태, 클 태 大-1획

두태
팥과 콩

豆類(두류) 콩·팥·녹두 등의 총칭.
豆腐(두부) 불린 콩을 갈아 제조한 식품.
太古(태고) 아주 오랜 옛날.
太平(태평) 나라가 평안함.

필순: 一一一一一豆豆
필순: 一ナ大太

得失 (득실)

得 얻을 득 彳-8획
失 잃을 실 大-2획

획순: ⼃⼁⼃⼃⼃得得得 / ⼃⼁⼂⽜失

득실 얻음과 잃음

- 所得(소득) 일의 결과로 생긴 이익.
- 拾得(습득) 주워서 얻음. (반)紛失
- 失墜(실추) 떨어뜨려 잃음.
- 消失(소실) 사라져 없어짐.

等級 (등급)

等 등급 등 竹-6획
級 등급 급 糸-4획

획순: ⼃⼁⺮⺮笁等等 / ⼂⼃糸紅紀級級

등급 높낮이의 차례

- 等閑(등한) 마음에 두지 아니함.
- 吾等(오등) 우리들.
- 同級(동급) 같은 등급.
- 昇級(승급) 등급이 오름.

登庸 (등용)

登 올릴 등 癶-7획
庸 쓸 용, 떳떳할 용 广-8획

획순: ⼃⺈癶癶登登登 / ⼂广户户肩肩庸

등용 인재를 골라 뽑아 씀

- 登錄(등록) 문서에 올림.
- 登攀(등반) 높은 곳에 오름.
- 庸將(용장) 용렬한 장수.
- 中庸(중용) 어느 쪽도 치우침이 없이 중정함.

羅列 (나열)

羅 벌일 라 罒-14획
列 벌일 렬 刂-4획

획순: ⼞⼞罒罒罨羅羅 / ⼀⼁歹歹列列

나(라)열 죽 벌여 놓음

- 網羅(망라) 통틀어 얽음.
- 修羅(수라) 야단스럽고 뒤범벅인 광경.
- 排列(배열) 죽 벌여서 열을 지음.
- 整列(정렬) 가지런히 벌여 섬.

洛花 (낙화)

洛 물락 氵-6획
花 꽃 화 艹-4획

획순: ⼃⼁氵氵氵洛洛 / ⼀⼁艹艹艹花花

낙(락)화 모란의 별칭

- 上洛(상락) 시골에서 서울로 올라옴.
- 花紋(화문) 꽃무늬.
- 花信(화신) 꽃이 피는 소식.
- 花草(화초) 꽃이 피는 풀과 나무.

爛漫 (난만)

爛 난만할 란 火-17획
漫 찰 만 氵-11획

획순: ⼃⽕炉炉燜爛爛 / ⼂氵氵沪温湯漫

난(란)만 꽃이 만발하여 화려함

- 爛發(난발) 꽃이 한창 만발함.
- 燦爛(찬란) 영롱하고 현란함.
- 漫然(만연) 맺힘이 없이 풀어진 모양.
- 散漫(산만) 어수선하게 퍼져 있음.

濫用 (남용)

濫 함부로 람, 넘칠 람 氵-14획
用 쓸 용 用-0획

획순: ⼂氵氵沪沪澔澔濫 / ⼃⼁月月用

남(람)용 함부로 마구 씀

- 濫伐(남벌) 나무를 함부로 벰.
- 氾濫(범람) 물이 넘쳐 흐름.
- 服用(복용) 약을 먹음.
- 適用(적용) 어디에 맞추어 씀.

郎君 (낭군)

郎 남편 랑, 사내 랑 阝-7획
君 남편 군, 임금 군 口-4획

획순: ⼃⼁良良良郎郎 / ⼃⼁⼃尹尹君君

낭(랑)군 아내가 남편을 일컫는 말

- 新郎(신랑) 갓 결혼한 남자.
- 令郎(영랑) 남의 아들의 경칭. (비)令息
- 君臣(군신) 임금과 신하.
- 聖君(성군) 덕이 뛰어난 어진 임금.

朗報

밝을 **랑**	알릴보 갚을보
月-7획	土-9획

낭(랑)보
밝고 즐거운 소식

朗誦(낭송) 소리를 내어 글을 읽음.
明朗(명랑) 밝고 쾌활함.
報復(보복) 앙갚음.
報恩(보은) 은혜를 갚음. 凹背恩

필순: 丶self 自 自 良 良 朗 朗
필순: 土 幸 幸 幸 郣 郣 報 報

掠奪

노략질할 **략**	빼앗을 **탈**
扌-8획	大-11획

약(략)탈
폭력을 써서 빼앗음

擄掠(노략) 떼를 지어 재물을 빼앗음.
侵掠(침략) 침노하여 약탈함.
奪取(탈취) 빼앗아 가짐.
爭奪(쟁탈) 다투어 빼앗음.

필순: 扌 扌 扩 拧 捛 捛 掠
필순: 一 ナ 夲 夳 奞 奪 奪

糧穀

양식 **량**	곡식 **곡**
米-12획	禾-10획

양(량)곡
양식으로 쓰는 곡식

食糧(식량) 식용인 곡식.
穀類(곡류) 쌀·보리 등의 곡식.
穀倉(곡창) 곡식을 쌓아두는 곳.
五穀(오곡) 쌀·보리·콩·조·기장.

필순: ˙ ㅛ 米 粐 桾 糧 糧
필순: 土 声 幸 幸 彀 穀

兩班

두 **량**	나눌 **반**
入-6획	王-6획

양(량)반
지체나 신분이 높은 사람

兩立(양립) 둘이 함께 맞섬.
兩分(양분) 둘로 나눔.
班常(반상) 양반과 상사람.
班長(반장) 반의 우두머리.

필순: 一 厂 币 币 雨 雨 兩
필순: 王 王 玊 班 珏 班

諒察

살필 **량**	살필 **찰**
言-8획	宀-11획

양(량)찰
생각하여 미루어 살핌

諒知(양지) 살피어 앎.
諒解(양해) 사정을 참작하여 잘 이해함.
考察(고찰) 상고하여 살피어 봄.
診察(진찰) 병의 유무·질병 등을 살핌.

필순: 一 言 訁 訁 詣 諒 諒
필순: 宀 宀 宀 灾 究 寥 察

旅館

나그네 **려**	집 **관**
方-6획	食-8획

여(려)관
나그네를 묵게 하는 집

旅裝(여장) 길 떠날 차림.
行旅(행려) 나그네가 되어 다님. 또 그 나그네.
公館(공관) 공용 건물.
別館(별관) 본관 밖에 설치한 관.

필순: 一 亠 方 扩 斿 旅
필순: ′ 今 倉 飠 飠 館 館

曆法

책력 **력**	법 **법**
日-12획	氵-5획

역(력)법
책력에 관한 여러 가지 법칙

曆學(역학) 책력에 관한 학문.
法規(법규) 법률의 규정·규칙·규범.
法令(법령) 법률과 명령의 총칭.
法則(법칙) 꼭 지켜야 할 규범.

필순: 一 厂 厂 厤 麻 曆 曆
필순: 丶 氵 氵 汁 法 法

連絡

짝지을 **련**	이을 **락**
辶-7획	糸-6획

연(련)락
서로 관련을 가짐

連結(연결) 잇대어 맺음.
連帶(연대) 2인 이상이 연합하여 책임을 짐.
連續(연속) 끊이지 않고 죽 이음.
籠絡(농락) 교묘한 꾀로 남을 놀림.

필순: 一 亻 曰 亘 車 連 連
필순: ′ 幺 糸 糽 絞 絡 絡

聯盟

연할 련 耳-11획
맹세할 맹 皿-8획

丁 耳 聯 聯 聯 聯

연(련)맹
공동 목적을 가진 조직체

冂 日 明 明 盟 盟

聯合(연합) 둘 이상이 서로 합동함.
關聯(관련) 서로 걸려 얽힘.
盟誓(맹서) 다짐하여 약속함.
同盟(동맹) 맹세하여 맺은 약속이나 언약.

戀慕

사모할 련 心-19획
사모할 모 忄-11획

亠 言 結 結 戀 戀 戀

연(련)모
사랑하여 그리워함

艹 苩 莫 莫 慕 慕

戀愛(연애) 남녀간에 사랑하는 일.
失戀(실연) 연애에 실패함.
思慕(사모) 정들어 애틋하게 그리워함.
追慕(추모) 죽은 사람을 사모함.

鍊武

단련할 련 金-9획
날랠 무 止-4획

ノ 金 釘 釦 鈩 鍊 鍊

연(련)무
무예를 단련함

一 丁 于 𫝀 正 武 武

鍛鍊(단련) 배운 것을 익숙하게 익힘.
修鍊(수련) 마음과 힘을 닦아 단련함.
武功(무공) 전쟁에서 세운 공.
武力(무력) 군사상의 힘.

憐憫

가련할 련 忄-12획
가련할 민 忄-12획

丶 忄 忙 怽 憐 憐 憐

연(련)민
불쌍하고 가련히 여김

忄 忄 忄 忄 憫 憫 憫

可憐(가련) 신세가 가엾고 딱함.
哀憐(애련) 가엾고 애처롭게 여김.
憫惘(민망) 답답하고 딱해 걱정스러움.
憫迫(민박) 아주 절박함.

蓮葉

연꽃 련 艹-11획
잎사귀 엽, 성 섭 艹-9획

艹 艹 艹 苩 萑 蓮 蓮

연(련)엽
연 잎사귀

艹 艹 苹 莘 苹 華 葉

蓮池(연지) 연못.
葉肥(엽비) 나뭇잎 등을 썩혀 만든 거름.
葉狀(엽상) 잎처럼 생긴 모양.
落葉(낙엽) 떨어진 나뭇잎.

烈士

절개굳을 렬 灬-6획
선비 사 士-0획

一 丆 歹 歹 列 列 烈

열(렬)사
절개가 굳은 사람

一 十 士

壯烈(장렬) 용장하고 의열함.
熾烈(치열) 세력이 불길같이 맹렬함.
騎士(기사) 말을 탄 무사.
義士(의사) 의협심이 있는 사람.

廉恥

청렴할 렴, 값쌀 렴 广-10획
부끄러울 치 心-6획

亠 广 产 序 庨 廉 廉

염(렴)치
청렴하여 수치를 아는 마음

丁 F 耳 耳 耳 恥 恥

廉探(염탐) 비밀히 살펴 조사함.
淸廉(청렴) 성품이 고결하고 탐욕이 없음.
恥辱(치욕) 수치와 모욕.
羞恥(수치) 부끄러움.

零細

작을 령 雨-5획
가늘 세 糹-5획

一 雨 零 零 零 零 零

영(령)세
썩 작고 변변하지 못함

丶 幺 糸 紅 紺 細 細

零碎(영쇄) 자질구레한 일.
零敗(영패) 조금도 득점 없이 패함.
細密(세밀) 세세하고 조밀함.
微細(미세) 가늘고 작음.

靈魂

靈 신령 령, 영혼 령 雨-16획
魂 넋 혼 鬼-4획

영(령)혼
넋 비 魂魄

- 靈感(영감) 신불의 영묘한 감응.
- 靈妙(영묘) 신령스럽고 기묘함.
- 鎭魂(진혼) 망혼을 가라앉힘.
- 忠魂(충혼) 충의를 위해 죽은 사람의 넋.

禮儀

禮 예도 례 示-13획
儀 거동 의 亻-13획

예(례)의
예절과 몸가짐

- 答禮(답례) 남에게 받은 예를 도로 갚는 일.
- 婚禮(혼례) 혼인의 예절.
- 儀容(의용) 몸을 가지는 태도.
- 祝儀(축의) 축하하는 의식.

老娘

老 늙을 로 老-0획
娘 어머니 낭, 각시 낭 女-7획

노(로)낭
① 부인 ② 산파

- 老鍊(노련) 아주 익숙함.
- 老妄(노망) 늙어서 망령을 부림.
- 老衰(노쇠) 늙어서 쇠함.
- 娘子(낭자) 소녀.

勞賃

勞 수고로울 로 力-10획
賃 품팔이 임, 세낼 임 貝-6획

노(로)임
품삯

- 勞動(노동) 마음과 몸을 써서 일을 함.
- 慰勞(위로) 수고나 괴로움을 어루만짐.
- 賃借(임차) 임금을 주고 비는 일.
- 運賃(운임) 운송에 대한 삯.

樓閣

樓 다락 루 木-11획
閣 누각 각, 내각 각 門-6획

누(루)각
사방이 보이게 높이 지은 집

- 望樓(망루) 망보는 높은 대.
- 城樓(성루) 성문 위에 세운 누각.
- 閣僚(각료) 장관 자리에 있는 관료.
- 殿閣(전각) 왕이 거처하는 궁정.

累卵

累 여러 루 糸-5획
卵 알 란 卩-5획

누(루)란
쌓아 놓은 새 알

- 累土(누토) 쌓아올린 흙.
- 累積(누적) 포개어 쌓임.
- 卵生(난생) 알을 낳아 새끼를 까는 일.
- 卵黃(난황) 노른자위.

漏電

漏 샐 루 氵-11획
電 전기 전 雨-5획

누(루)전
절연이 잘못되어 전기가 새나감

- 漏泄(누설) 비밀이 샘.
- 漏落(누락) 적어 넣은 명단에서 빠짐.
- 電話(전화) 전화기로 말을 통함.
- 停電(정전) 송전이 한때 그침.

屢條

屢 여러 루 尸-11획
條 조목 조 木-7획

누(루)조
여러 가지 조목

- 屢次(누차) 여러 번.
- 條件(조건) 규정한 항목.
- 條目(조목) 낱낱이 들어 벌인 일의 가닥.
- 條約(조약) 조목을 세워 약정한 언약.

六洲

六	洲
여섯 륙 八-2획	대륙 주 氵-6획

`丶 一 六 六`

`丶 氵 汐 沙 洲 洲 洲`

육(륙)주
여섯 대륙, 전 세계

- 六旬(육순) 예순 살.
- 六親(육친) 부·모·형·제·처·자.
- 亞洲(아주) 아세아주.
- 五大洲(오대주) 지구상의 다섯 대륙.

栗梨

栗	梨
밤 률 木-6획	배 리 木-7획

`一 一 一 两 西 西 亜 栗`

`一 二 千 禾 利 利 梨 梨`

율(률)리
밤과 배

- 生栗(생률) 생밤. 날밤.
- 梨落(이락) 배가 떨어짐. 예 烏飛~
- 梨色(이색) 노인 얼굴에 생긴 검버섯.
- 梨花(이화) 배나무꽃.

隆替

隆	替
성할 륭, 높을 륭 阝-9획	쇠퇴할 체, 바꿀 체 日-8획

`彡 阝 阶 陔 隆 隆 隆`

`一 夫 扌 扶 替 替 替`

융(륭)체
성함과 쇠함

- 隆盛(융성) 번창함.
- 隆昌(융창) 크게 번창함.
- 代替(대체) 다른 것을 바꿈.
- 交替(교체) 서로 번갈아 대신함.

吏屬

吏	屬
아전 리, 관리 리 口-3획	무리 속, 붙을 속 尸-18획

`一 一 戸 戸 甫 吏`

`尸 屍 屬 屬 屬 屬 屬`

이(리)속
아전의 무리

- 吏道(이도) 관리로서 마땅히 지켜야 할 도리.
- 官吏(관리) 관직에 있는 사람.
- 屬性(속성) 사물의 특징·성질.
- 專屬(전속) 오직 한 곳에만 속함.

隣郡

隣	郡
이웃 린 阝-12획	고을 군 阝-7획

`彡 阝 阝 阼 陜 隊 隣 隣`

`ㄱ ㅋ 尹 君 君 君 郡 郡`

인(린)군
이웃 고을

- 隣接(인접) 이웃해 있음.
- 善隣(선린) 이웃과 사이좋게 지냄.
- 郡縣(군현) 군과 읍.
- 郡守(군수) 한 군의 우두머리.

莫上

莫	上
없을 막 艹-7획	위 상 一-2획

`一 艹 艹 甘 莫 莫 莫`

`丨 卜 上`

막상
더 위는 없음

- 莫强(막강) 매우 강함.
- 索莫(삭막) 황폐하여 쓸쓸함.
- 上陸(상륙) 배에서 육지로 오름.
- 上申(상신) 윗사람에게 사정을 여쭘.

蠻勇

蠻	勇
오랑캐 만 虫-19획	날랠 용 刀-7획

`言 結 結 緣 絲 戀 蠻 蠻`

`フ ア 丙 冇 面 甬 勇`

만용
주책없이 날뛰는 용맹

- 蠻行(만행) 야만스러운 행동.
- 野蠻(야만) 문화가 미개한 상태 또는 종족.
- 勇敢(용감) 씩씩하고 과단성 있음.
- 勇猛(용맹) 용감하고 사나움.

滿潮

滿	潮
찰 만 氵-11획	조수 조 氵-12획

`氵 汁 汁 浩 浩 滿 滿 滿`

`氵 氵 沽 洁 潼 潮 潮`

만조
꽉 차게 들어왔을 때의 밀물

- 滿足(만족) 마음이 흡족함.
- 充滿(충만) 가득하게 참.
- 潮水(조수) 바닷물, 밀물·썰물.
- 思潮(사조) 사상의 흐름.

罔極 (망극)

- 罔: 없을 망, 그물 망 / 网-3획
- 極: 지극할 극, 끝 극 / 木-9획

망극: 은혜나 슬픔이 그지없음

필순
丨 冂 冂 冈 冈 冈 罔
十 オ 木 朾 朽 極 極 極

- 欺罔(기망) 남을 그럴듯하게 속임.
- 極烈(극렬) 극히 맹렬함. ⑪ ~分子(분자)
- 極致(극치) 더할 수 없는 풍치.
- 窮極(궁극) 극도에 달함. 마지막.

妄言 (망언)

- 妄: 망령될 망 / 女-3획
- 言: 말씀 언 / 言-0획

망언: 망령된 말

필순
丶 亠 亡 亡 妄 妄
丶 亠 亠 言 言 言 言

- 妄想(망상) 허황된 공상.
- 妖妄(요망) 요사스럽고 망령됨.
- 言及(언급) 어떤 일에 대해서 말함.
- 言質(언질) 말의 꼬투리.

梅蘭 (매란)

- 梅: 매화 매 / 木-7획
- 蘭: 난초 란 / ++-17획

매란: 매화와 난초

필순
一 十 オ 木 朾 柏 梅 梅
艹 芦 芦 菛 蕑 蘭 蘭 蘭

- 梅實(매실) 매화나무의 열매.
- 黃梅(황매) 익어서 누렇게 된 매화 열매.
- 蘭交(난교) 뜻이 맞아 친밀한 사람들의 사귐.
- 木蘭(목란) 목련.

賣買 (매매)

- 賣: 팔 매 / 貝-8획
- 買: 살 매 / 貝-5획

매매: 물건을 팔고 사고 함

필순
一 土 吉 吉 吉 青 壹 賣
丶 罒 罒 四 胃 胃 買 買

- 賣渡(매도) 물건을 팔아 넘김.
- 賣盡(매진) 남김없이 다 팔림.
- 都賣(도매) 물건을 온통 몰아서 팖.
- 買收(매수) 물건을 사들임. ⑪ 購買

每樣 (매양)

- 每: 매양 매 / 母-2획
- 樣: 모양 양 / 木-11획

매양: 번번이, 언제든지, 늘

필순
一 仁 与 每 每 每
木 栏 样 样 样 樣 樣

- 每事(매사) 일마다. 모든 일.
- 每回(매회) 한 회마다. ⑪ ~公演(공연)
- 樣式(양식) 일정한 격식과 모양.
- 紋樣(문양) 무늬와 모양.

埋葬 (매장)

- 埋: 묻을 매 / 土-7획
- 葬: 장사 장 / ++-9획

매장: 죽은 사람을 땅에 묻음

필순
十 土 圯 圼 坦 坦 埋 埋
一 艹 艹 莽 萍 葬 葬

- 埋沒(매몰) 파묻음.
- 埋伏(매복) 몰래 숨음.
- 移葬(이장) 무덤을 옮김.
- 合葬(합장) 부부를 한 무덤에 장사함.

猛襲 (맹습)

- 猛: 사나울 맹 / 犭-8획
- 襲: 엄습할 습 / 衣-16획

맹습: 맹렬한 습격

필순
丿 犭 犭 犭 犯 狎 猛 猛
亠 育 龍 龍 龍 襲 襲

- 猛威(맹위) 사나운 위세.
- 猛虎(맹호) 사나운 범.
- 襲擊(습격) 갑자기 적을 덮쳐 공격함.
- 踏襲(답습) 선인의 행적을 따라 행함.

盲信 (맹신)

- 盲: 몽매할 맹 / 目-3획
- 信: 믿을 신 / 亻-7획

맹신: 덮어놓고 믿음

필순
丶 亠 亡 亡 盲 盲 盲 盲
丿 亻 亻 仁 信 信 信

- 盲啞(맹아) 장님과 벙어리.
- 盲從(맹종) 덮어놓고 시키는 대로 따름.
- 信念(신념) 굳게 믿는 마음.
- 背信(배신) 신의를 저버림.

勉勵

勉	勵
힘쓸 면 力-7획	힘쓸 려 力-15획

필순: 勉 — 丿 ㄣ 仾 仒 免 免 勉
필순: 勵 — 厂 厃 屒 屟 屬 屬 勵

면려 — 스스로 힘씀

勉學(면학) 배움에 힘씀.
勸勉(권면) 알아듣도록 타일러 힘쓰게 함.
激勵(격려) 기운을 북돋우어 장려함.
獎勵(장려) 권하여 북돋아 줌.

綿延

綿	延
잇닿을 면, 솜 면 糸-8획	이을 연, 끌 연 廴-4획

필순: 綿 — 丿 糸 糸 糽 紵 綿 綿
필순: 延 — 丿 𠂉 正 正 延 延 延

면연 — 끊임없이 이어 늘임

綿密(면밀) 자세하여 빈틈이 없음.
綿織(면직) 무명실로 짠 피륙의 총칭.
延期(연기) 기한을 물려서 늘림.
延命(연명) 목숨을 이어감.

冥鬼

冥	鬼
저승 명 冖-8획	귀신 귀 鬼-0획

필순: 冥 — 冖 冖 冖 宆 宆 冝 冥
필순: 鬼 — 丿 ㄅ 白 由 甶 鬼 鬼 鬼

명귀 — 저승에 있다고 하는 귀신

冥想(명상) 눈을 감고 고요히 생각함.
冥福(명복) 사후(死後)의 행복.
鬼神(귀신) 죽은 사람의 혼령.
鬼才(귀재) 세상에서 드문 재능가.

名譽

名	譽
이름 명 口-3획	기릴 예 言-14획

필순: 名 — 丿 ク 夕 夕 名 名
필순: 譽 — 臼 𦥑 𦥯 與 與 舉 譽

명예 — 사람의 사회적인 평가 또는 가치

名望(명망) 명성과 인망.
匿名(익명) 본이름을 숨김.
榮譽(영예) 영광스러운 명예.
毁譽(훼예) 남의 비방과 칭찬.

謀叛

謀	叛
꾀할 모 言-9획	배반할 반 又-7획

필순: 謀 — 丶 亠 言 計 計 謀 謀
필순: 叛 — 丶 丷 半 𠂇 𠂈 叛 叛

모반 — 배반하여 역모함

謀免(모면) 꾀를 써서 벗어남.
權謀(권모) 임기의 모략.
叛亂(반란) 배반하여 일으킨 난.
背叛(배반) 믿음과 의리를 저버림.

模倣

模	倣
본뜰 모 木-11획	본받을 방 亻-8획

필순: 模 — 十 木 木 朴 模 模 模 模
필순: 倣 — 亻 亻 仫 仿 仿 倣 倣

모방 — 본뜨거나 본받음

模範(모범) 배워서 본받을 만함.
規模(규모) ① 본보기. ② 물건의 짜임새.
倣古(방고) 옛것을 모방함.
倣似(방사) 아주 비슷함.

募兵

募	兵
모을 모 力-11획	군사 병 八-5획

필순: 募 — 丶 艹 芇 苜 莫 募 募
필순: 兵 — 丶 厂 斤 斤 兵 兵 兵

모병 — 병정을 모집함

募集(모집) 널리 뽑아 모음.
應募(응모) 모집에 응함.
兵役(병역) 군무에 봉사하는 일.
步兵(보병) 도보로 전투하는 군대.

矛盾

矛	盾
창 모 矛-0획	방패 순 目-4획

필순: 矛 — 丶 フ ㄱ 予 予 矛
필순: 盾 — 厂 厂 斤 斤 盾 盾 盾

모순 — 말이나 행동의 앞뒤가 맞지 않음

矛戈(모과) 창.
矛戟(모극) 창날의 끝이 두 갈래로 된 창.
矛楯(모순) 창과 방패.
盾鼻(순비) 방패의 손잡이.

沐浴 (목욕)

沐 머리감을 목 (氵-4획)
浴 목욕할 욕 (氵-7획)

획순: 丶 丶 冫 氵 汁 汴 沐
획순: 丶 氵 氵 浴 浴 浴 浴

목욕: 머리를 감고 몸을 씻는 일

- 沐雨(목우) 비를 흠뻑 맞음.
- 沐恩(목은) 은혜를 입음.
- 浴室(욕실) 목욕탕.
- 海水浴(해수욕) 바닷물에서 수영하는 일.

木材 (목재)

木 나무 목 (木-0획)
材 재목 재, 재능 재 (木-3획)

획순: 一 十 才 木
획순: 一 十 才 木 村 材

목재: 건축에 쓰이는 나무의 재료

- 木刻(목각) 나무에 새김.
- 古木(고목) 오래된 나무.
- 材料(재료) 물건을 만드는 감.
- 人材(인재) 학식·능력이 뛰어난 이.

牧笛 (목적)

牧 목동 목, 다스릴 목 (牛-4획)
笛 피리 적 (竹-5획)

획순: 丿 丆 牜 牛 牧 牧
획순: 丿 丶 竹 竹 笛 笛

목적: 목자나 목동이 부는 피리

- 牧童(목동) 가축에 풀을 뜯기는 아이.
- 放牧(방목) 가축을 놓아 기름.
- 汽笛(기적) 기관차의 고동.
- 胡笛(호적) 호인의 피리. 태평소.

沒我 (몰아)

沒 빠질 몰, 죽을 몰 (氵-4획)
我 나 아 (戈-3획)

획순: 丶 丶 氵 氵 沪 汐 沒
획순: 丿 二 于 手 我 我 我

몰아: 자기를 몰각한 상태

- 沒頭(몰두) 어떤 한 가지 일에 열중함.
- 沈沒(침몰) 물에 빠져 잠김.
- 我執(아집) 자기의 뜻을 내세워 버팀.
- 無我(무아) 자기를 잊고 생각 않음.

卯酉 (묘유)

卯 토끼 묘 (卩-3획)
酉 닭 유 (酉-0획)

획순: 丶 卩 日 卯 卯
획순: 一 丆 丌 丙 酉 酉 酉

묘유: 地支가 '卯'와 '酉'인 해

- 卯飯(묘반) 아침밥.
- 卯時(묘시) 12시의 넷째 시각.
- 酉時(유시) 하오 5시에서 7시까지.
- 乙酉(을유) 육십갑자의 스물두째.

茂盛 (무성)

茂 무성할 무 (艹-5획)
盛 성할 성 (皿-7획)

획순: 一 艹 艹 芧 茂 茂 茂
획순: 厂 厂 成 成 成 盛 盛

무성: 풀이나 나무가 우거짐

- 成業(성업) 사업이 번창함.
- 盛壯(성장) 혈기가 왕성함.
- 盛況(성황) 성대한 상황.
- 全盛(전성) 가장 성함.

戊戌 (무술)

戊 천간 무 (戈-1획)
戌 개 술 (戈-2획)

획순: 丿 厂 尤 戊 戊
획순: 丿 厂 戊 戌 戌 戌

무술: 육십갑자의 서른다섯 번째

- 戊午(무오) 육십갑자의 쉰다섯째.
- 戊辰(무진) 육십갑자의 다섯째.
- 戌時(술시) 오후 7시부터 9시 사이.
- 庚戌(경술) 육십갑자의 마흔일곱째.

貿易 (무역)

貿 무역할 무 (貝-5획)
易 바꿀 역, 쉬울 이 (日-4획)

획순: 丶 卩 卯 卯 留 留 貿
획순: 冂 冂 日 月 易 易 易

무역: 외국과 상품을 교환·거래함

- 易行(이행) 행하기 쉬움.
- 簡易(간이) 간단하고 쉬움.
- 容易(용이) 아주 쉬움. ⑪困難
- 改易(개역) 고쳐 딴 것으로 바꿈.

默念

默	念	口日日里黑默默
말없을 묵 黑-4획	생각 념 心-4획	默念

묵념 — 묵묵히 생각에 잠김

ノ人人今今念念

默讀(묵독) 소리 없이 글을 읽음.
默認(묵인) 모르는 체하고 슬며시 승인함.
念頭(염두) 마음속.
餘念(여념) 딴 생각. 예 他念

問答

問	答	丨卩卩門門問問
물을 문 口-8획	대답할 답 竹-6획	問答

문답 — 물음과 대답

⺮⺮竺竺答答

問安(문안) 웃어른께 안부를 여쭘.
問題(문제) 해답을 필요로 하는 물음.
答辯(답변) 물음에 대한 변명.
答狀(답장) 회답편지.

聞音

聞	音	卩卩門門問問聞
들을 문 耳-8획	소리 음 音-0획	聞音

문음 — 소리를 들음

亠亠立产产音音

見聞(견문) 보고 들음. 예 ~一致
風聞(풍문) 퍼져 돌아다니는 소문.
音響(음향) 소리의 울림.
發音(발음) 소리를 냄.

勿論

勿	論	ノ勹勹勿
말 물 勹-2획	논의할 론 言-8획	勿論

물론 — 더 말할 것도 없이

亠言言 訟論論論

勿施(물시) 하려던 것을 그만둠.
論理(논리) 생각하여 분별하는 이치.
論說(논설) 사물의 이치를 풀어 말함.
議論(의논) 서로 일을 상의함.

微妙

微	妙	彳彳샤徉微微微
묘할 미, 작을 미 彳-10획	묘할 묘, 젊을 묘 女-4획	微妙

미묘 — 야릇해서 잘 알 수 없음

ㄑ夂女奵妙妙妙

微細(미세) 가늘고 작음.
微笑(미소) 소리내지 않고 빙긋 웃음.
妙味(묘미) 미묘한 취미나 맛.
奧妙(오묘) 심오하고 미묘함.

眉壽

眉	壽	𠃍𠃍尸尸眉眉
눈썹 미 目-4획	목숨 수 士-11획	眉壽

미수 — 눈썹이 세도록 오래 삶

十𠃍吉壴壴壽壽

眉間(미간) 눈썹과 눈썹 사이.
眉毛(미모) 눈썹.
壽宴(수연) 장수를 축하하는 잔치.
長壽(장수) 목숨이 긺. 오래 삶.

美醜

美	醜	丷丷羊羊羊美美
아름다울 미 羊-3획	추할 추 酉-10획	美醜

미추 — 아름다움과 추함

丆西酉酌醜醜

美觀(미관) 아름다운 광경·경치.
美德(미덕) 아름답고 갸륵한 덕행.
醜雜(추잡) 언행이 더럽고 지저분함.
醜態(추태) 수치스런 몰골.

迷惑

迷	惑	丶丷丷半米迷迷
미혹할 미 辶-6획	미혹할 혹 心-8획	迷惑

미혹 — 홀려서 정신을 못 차림

一冖豆或或惑惑

迷路(미로) 방향을 잡을 수 없는 길.
昏迷(혼미) 마음이 어두워 흐리멍덩함.
誘惑(유혹) 나쁜 길로 꾐.
疑惑(의혹) 의심하여 분별에 당혹함.

拍手

拍	手	一 扌 扌' 扌' 扚 拍 拍
손뼉칠 박, 장단 박 扌-5획	손 수 手-0획	拍手

박수
손뼉을 침 예 ~喝采

一 二 三 手

拍掌(박장) 손바닥을 침. 예 ~大笑
拍子(박자) 곡조의 진행 단위
手腕(수완) 일을 꾸미고 치러 나가는 재간.
敵手(적수) 재주나 힘이 맞서는 사람.

返納

返	納	一 厂 厂 反 反 返 返
돌이킬 반 辶-4획	들일 납 糸-4획	返納

반납
꾼 것을 다시 돌려 줌

` 幺 幺 糸 糸 紉 納

返送(반송) 도로 돌려보냄. 예 返還
返信(반신) 회답하는 통신. 예 回信
納稅(납세) 조세를 관청에 바침.
出納(출납) 내어 줌과 받아들임.

盤石

盤	石	丿 月 舟 舟 般 般 盤
큰 돌 반, 받침 반 皿-10획	돌 석 石-0획	盤石

반석
넓고 편편하게 된 큰 돌

一 丆 ア 石 石

礎盤(초반) 주춧돌.
石壁(석벽) 돌로 쌓는 벽.
石造(석조) 돌로 물건을 만드는 일.
寶石(보석) 보배로운 옥돌.

飯湯

飯	湯	人 今 今 食 飣 飣 飯
밥 반 食-4획	끓일 탕 氵-9획	飯湯

반탕
승늉

丶 氵 沪 沪 沪 湯 湯

飯店(반점) 식당.
飯床(반상) 밥상 차리는 한 벌의 그릇.
藥湯(약탕) 약을 넣어 끓인 물.
溫湯(온탕) 온천의 뜨거운 물.

反響

反	響	一 厂 厂 反
돌이킬 반, 반대할 반 又-2획	울릴 향 音-13획	反響

반향
반사되어 다시 들리는 현상

乡 纩 绵 鄉 鄉 響 響

反感(반감) 노여워하는 감정.
違反(위반) 어기어 배반함. 예 違背
反抗(반항) 순종하지 않고 저항함.
影響(영향) 다른 것에 힘이 미침.

發着

發	着	乛 癶 癶 癶 登 發 發
떠날 발 癶-7획	붙을 착 目-6획	發着

발착
출발과 도착

丷 뜨 쏘 差 着 着 着

發覺(발각) 숨겼던 일이 드러남.
發信(발신) 소식이나 우편 전신을 보냄.
着席(착석) 자리에 앉음.
逢着(봉착) 어떤 처지나 상태에 부닥침.

傍觀

傍	觀	亻 亻' 伫 俟 倅 傍 傍
곁 방 亻-10획	볼 관 見-18획	傍觀

방관
곁에서 보고만 있음

卝 荁 萑 雚 覲 觀 觀

傍聽(방청) 옆에서 들음.
近傍(근방) 가까운 곳.
觀光(관광) 그 지방·나라의 풍속을 시찰함.
樂觀(낙관) 모든 형편을 좋게 봄.

放恣

放	恣	一 亠 方 方 放 放 放
놓을 방 攵-4획	방자할 자 心-6획	放恣

방자
태도가 제멋대로 교만함

丶 冫 冫 次 次 恣 恣

放浪(방랑) 정처 없이 떠돌아다님.
放任(방임) 되는 대로 내버려 둠.
恣行(자행) 방자하게 함. 그 행동.
縱恣(종자) 제멋대로 함.

芳草 (방초)

芳 꽃다울 방 (艹-4획) / **草** 풀 초 (艹-6획)

필순: 艹 艹 艹 艹 芳 芳 / 艹 艹 艹 苗 苩 草

방초: 향기롭고 꽃다운 풀
- 芳年(방년) 여자의 꽃다운 나이.
- 草露(초로) 풀에 맺힌 이슬. 예 ~人生
- 草原(초원) 풀이 난 들.
- 雜草(잡초) 저절로 나서 자라는 여러 가지 풀.

方寸 (방촌)

方 방위 방 (方-0획) / **寸** 치 촌, 마디 촌 (寸-0획)

필순: ` 亠 亍 方 / 一 十 寸

방촌: ① 사방 한 치 ② 마음
- 方案(방안) 방법에 관한 고안.
- 向方(향방) 향하는 곳.
- 寸刻(촌각) 썩 짧은 시간. 예 寸陰
- 寸劇(촌극) 아주 짧은 단편적인 연극.

妨害 (방해)

妨 방해할 방 (女-4획) / **害** 해칠 해 (宀-7획)

필순: 丿 夕 女 女 妒 妨 妨 / ` 宀 宀 宇 宝 害 害 害

방해: 남의 일에 훼방을 놓음
- 無妨(무방) 방해될 것이 없음.
- 加害(가해) 남에게 해를 줌.
- 損害(손해) 해를 봄. 예 利益
- 被害(피해) 손해를 입음. 예 ~妄想

倍加 (배가)

倍 곱 배, 더할 배 (亻-8획) / **加** 더할 가 (力-3획)

필순: 丿 亻 亻 亻 伫 倍 倍 / 丁 力 加 加 加

배가: 갑절로 늘임
- 倍數(배수) 갑절이 되는 수.
- 加擔(가담) 거들어 도와줌. 예 幫助
- 附加(부가) 덧붙임. 예 ~價値稅
- 添加(첨가) 덧붙임. 더 넣음.

背泳 (배영)

背 등 배, 어길 배 (月-5획) / **泳** 헤엄칠 영 (氵-5획)

필순: 一 丬 丬 北 背 背 背 / ` 冫 氵 汀 汋 泳 泳

배영: 위를 향해 누워서 치는 헤엄
- 背景(배경) 뒤 경치.
- 背信(배신) 신의를 저버림.
- 違背(위배) 약속한 바를 어김.
- 水泳(수영) 헤엄.

排斥 (배척)

排 물리칠 배 (扌-8획) / **斥** 물리칠 척, 망볼 척 (斤-1획)

필순: 一 扌 扌 扌 扌 扌 排 排 / ` 厂 斤 斥 斥

배척: 반대하여 물리침
- 排擊(배격) 남의 의견 따위를 물리침.
- 排除(배제) 물리쳐서 치워냄.
- 斥兵(척병) 적병을 염탐하는 군사.
- 斥和(척화) 화의를 물리침.

配匹 (배필)

配 짝 배, 나눌 배 (酉-3획) / **匹** 짝 필 (匚-2획)

필순: 一 厂 丙 酉 酉 酉 配 / 一 厂 兀 匹

배필: 부부로 되는 짝
- 配達(배달) 물건을 가져다 돌라 줌.
- 配慮(배려) 이리저리 마음을 씀.
- 匹夫(필부) 한 사람의 남자.
- 匹敵(필적) 걸맞아서 견줄 만함.

白髮 (백발)

白 흰 백 (白-0획) / **髮** 머리털 발 (髟-5획)

필순: 丿 亻 白 白 白 / 一 토 툰 髟 髟 髮 髮

백발: 하얗게 센 머리카락
- 白晝(백주) 대낮.
- 白民(백민) 아무 벼슬이 없는 백성.
- 短髮(단발) 머리를 짧게 깎음.
- 削髮(삭발) 머리털을 깎음.

百姓
일백 **백** / 백성 **성**
白-1획 / 女-5획

백성
일반 국민의 예스러운 말

百年(백년) 오랜 세월. 예 ~偕老
百方(백방) 여러 방향. 또 방면.
姓名(성명) 성과 이름.
稀姓(희성) 드문 성(姓).

伯氏
맏 **백** / 성씨 **씨**
亻-5획 / 氏-0획

백씨
남의 맏형의 존댓말

伯仲(백중) 서로 팽팽히 맞섬.
畫伯(화백) 화가의 경칭.
氏譜(씨보) 씨족의 계보. 예 族譜
氏族(씨족) 겨레. 종족.

煩惱
번민할 번, 번거로울 번 / 번뇌할 **뇌**
火-9획 / 忄-9획

번뇌
마음이 시달려서 괴로움

煩悶(번민) 마음이 번거로워 답답함.
煩雜(번잡) 번거롭고 혼잡함.
惱殺(뇌쇄) 애가 타도록 몹시 괴롭힘.
苦惱(고뇌) 괴로워하고 번뇌함.

飜譯
번역할 **번** / 번역할 **역**
飛-12획 / 言-13획

번역
글을 다른 나라말로 옮김

飜覆(번복) 이리저리 뒤쳐 고침.
譯述(역술) 번역하여 기술함.
譯者(역자) 번역한 저자.
對譯(대역) 원문과 대조하며 번역함.

繁昌
번성할 **번** / 창성할 **창**
糸-11획 / 日-4획

번창
번화하고 창성함 비 繁榮

繁殖(번식) 붙고 늘어서 많이 퍼짐.
繁華(번화) 번성하고 화려함.
昌盛(창성) 성하여 잘 되어감.
隆昌(융창) 기운차게 높이 일어남.

汎愛
넓을 **범** / 사랑 **애**
氵-3획 / 心-9획

범애
모든 이를 차별 없이 사랑함

汎濫(범람) 물이 넘쳐흐름.
愛好(애호) 사랑하고 즐김.
敬愛(경애) 공경하고 사랑함.
寵愛(총애) 남달리 귀엽게 여겨 사랑함.

碧溪
푸를 **벽** / 시내 **계**
石-9획 / 氵-10획

벽계
물빛이 푸르고 맑은 시내

碧空(벽공) 푸른 하늘.
碧海(벽해) 깊고 푸른 바다. 예 ~桑田
溪谷(계곡) 산골짜기.
溪川(계천) 시내와 내.

辨理
분별할 **변** / 다스릴 리, 도리 리
辛-9획 / 玉-7획

변리
일을 맡아 분별 있게 처리함

辨明(변명) 사리를 따져 밝힘.
辨濟(변제) 빚을 갚음. 예 辨償
整理(정리) 가지런히 바로잡음.
處理(처리) 일을 다스려 갈무리함.

變貌 (변모)
- 變 변할 변 / 言-16획
- 貌 모양 모 / 豸-7획
- **변모**: 모습이 변함, 또 그 모습
- 變更(변경) 바꾸어 고침.
- 異變(이변) 괴이한 변고.
- 貌樣(모양) 사물의 겉에 나타난 꼴.
- 容貌(용모) 얼굴 모습.

辯才 (변재)
- 辯 말잘할 변 / 辛-14획
- 才 재주 재 / 才-0획
- **변재**: 말을 잘하는 재주
- 辯論(변론) 사리를 밝혀 옳고 그름을 말함.
- 雄辯(웅변) 기세 좋게 거침이 없는 변설.
- 才能(재능) 재주와 능력.
- 才弄(재롱) 어린 아이의 귀여운 짓.

病菌 (병균)
- 病 병 병 / 疒-5획
- 菌 곰팡이 균 / 艹-8획
- **병균**: 병을 일으키는 세균
- 臥病(와병) 병으로 자리에 누움.
- 疾病(질병) 신체의 온갖 기능 장애.
- 殺菌(살균) 약품·햇볕에 의해 세균을 죽임.
- 細菌(세균) 미세한 균.

竝立 (병립)
- 竝 나란히 병 / 立-5획
- 立 설 립 / 立-0획
- **병립**: 나란히 함께 섬
- 竝列(병렬) 나란히 늘어섬. 예 直列
- 竝行(병행) 나란히 같이 감.
- 立證(입증) 증거를 세움. 예 論證
- 孤立(고립) 외롭게 섬. 예 ~主義

丙寅 (병인)
- 丙 천간 병 / 一-4획
- 寅 지지 인 / 宀-8획
- **병인**: 육십갑자의 셋째
- 丙亂(병란) 병자년에 일어난 난리.
- 丙戌(병술) 육십갑자의 스물셋째.
- 寅時(인시) 12시의 셋째 시.
- 甲寅(갑인) 육십갑자의 쉰 번째.

屛風 (병풍)
- 屛 병풍 병 / 尸-8획
- 風 바람 풍, 풍속 풍 / 風-0획
- **병풍**: 방안에 둘러치는 물건
- 枕屛(침병) 머리병풍.
- 風浪(풍랑) 바람과 물결.
- 風采(풍채) 드러나 보이는 사람의 겉모양.
- 暴風(폭풍) 몹시 세게 부는 바람.

寶劍 (보검)
- 寶 보배 보 / 宀-17획
- 劍 칼 검 / 刂-13획
- **보검**: 보배로운 칼
- 寶貨(보화) 보배로운 물건.
- 家寶(가보) 한 집안의 보배.
- 劍術(검술) 검을 쓰는 기술.
- 短劍(단검) 짧은 칼. 예 短刀

普及 (보급)
- 普 널리 보 / 日-8획
- 及 미칠 급 / 又-2획
- **보급**: 세상에 널리 퍼지게 함
- 普通(보통) 널리 일반에게 통함.
- 普遍(보편) 두루 널리 미침.
- 及第(급제) 과거에 합격됨. 예 落榜
- 言及(언급) 어떤 일에 대해 말함.

保衛 (보위)
지킬 보 亻-7획
지킬 위 行-10획

필순: 亻 亻 仁 仁 仨 俚 保 / 彳 衎 徨 徫 徫 衛

보전하여 지킴
- 保障(보장) 장애가 없도록 보증함.
- 確保(확보) 확실히 보존함.
- 守衛(수위) ① 지킴. ② 경비를 맡아보는 이.
- 護衛(호위) 보호하여 지킴.

補佐 (보좌)
도울 보 衤-7획
도울 좌 亻-5획

필순: 丶 衤 衤 衤 衦 桶 補 / 丿 亻 亻 佁 佐 佐 佐

상관을 도와 일을 처리함
- 補缺(보결) 비어 모자라는 자리를 채움.
- 補修(보수) 낡은 것을 수선함.
- 補充(보충) 모자람을 보태어 채움.
- 少佐(소좌) 옛 일본군의 '소령'.

復舊 (복구)
회복할 복, 다시 부 彳-9획
옛 구 臼-12획

필순: 丿 亻 彳 彳 彳 復 復 / 艹 芢 莑 雈 舊 舊 舊

본래의 상태로 회복함
- 復歸(복귀) 본디의 자리·상태로 돌아감.
- 報復(보복) 앙갚음.
- 舊面(구면) 안 지 오래된 얼굴.
- 舊態(구태) 옛 모양. 예 ~依然

卜術 (복술)
점 복 卜-0획
재주 술, 꾀 술 行-5획

필순: 丨 卜 / 丿 亻 彳 彳 徜 術 術

점을 치는 술법
- 卜債(복채) 점을 쳐준 값으로 주는 돈.
- 術策(술책) 일을 도모하는 계책.
- 呪術(주술) 초자연의 힘을 빌어 점을 치는 것.
- 話術(화술) 말재주.

複雜 (복잡)
겹칠 복 衤-9획
섞일 잡 隹-10획

필순: 丶 衤 衤 衤 衦 褚 複 / 亠 产 亲 剃 新 雑 雜

여러 내용이 뒤얽혀 있어 어수선함
- 複寫(복사) 다시 베낌.
- 重複(중복) 거듭함. 겹침.
- 雜念(잡념) 갖가지 바르지 않은 생각.
- 粗雜(조잡) 잡스러워 품위가 없음.

峯頭 (봉두)
봉우리 봉 山-7획
머리 두 頁-7획

필순: 丨 屮 山 业 峚 峯 峯 / 一 厂 豆 豆 頭 頭 頭

산봉우리의 맨 꼭대기
- 頭角(두각) 뛰어난 학식·재능·기예.
- 竿頭(간두) 막다른 위험에 빠짐. 예 百尺~
- 埠頭(부두) 배를 대는 선창.
- 出頭(출두) 어떤 곳에 몸소 나감.

蜂蜜 (봉밀)
벌 봉 虫-7획
꿀 밀 虫-8획

필순: 口 虫 虫 虾 蚁 蜂 蜂 / 宀 宀 宓 密 宷 蜜 蜜

꿀벌의 밀, 꿀
- 蜂起(봉기) 떼지어 벌떼처럼 일어남.
- 蜂蝶(봉접) 벌과 나비.
- 密接(밀접) 서로 가까운 관계에 놓임.
- 蜜月(밀월) 결혼 초의 달콤한 동안.

逢別 (봉별)
만날 봉 辶-7획
헤어질 별, 다를 별 刂-5획

필순: 夂 夂 冬 冬 夆 逢 逢 / 丨 口 口 另 另 別 別

만남과 헤어짐
- 逢着(봉착) 맞닥뜨림.
- 相逢(상봉) 서로 만남.
- 別途(별도) 딴 방면.
- 告別(고별) 작별을 고함. 예 送別

封墳

封 쌓을 봉, 봉할 봉 / 寸-6획
墳 무덤 분 / 土-12획

十土吉圭封封
土圹坩塘墳墳

봉분
흙을 쌓아 올려 무덤을 만듦

- 封鎖(봉쇄) 봉하여 잠금.
- 開封(개봉) 봉한 것을 떼어 엶.
- 同封(동봉) 같이 넣어 함께 봉함.
- 墳墓(분묘) 무덤.

奉仕

奉 받들 봉 / 大-5획
仕 섬길 사 / 亻-3획

二三声夫表表奉
ノ亻仁什仕

봉사
사회를 위하여 헌신적으로 일함

- 奉養(봉양) 부모를 받듦.
- 信奉(신봉) 옳은 줄로 믿고 받듦.
- 仕路(사로) 벼슬길.
- 給仕(급사) 관공서 등에서 심부름하는 아이.

鳳枕

鳳 봉황 봉 / 鳥-3획
枕 베개 침 / 木-4획

ノ几凡凤凰鳳鳳
十才木朾枕枕

봉침
봉황의 형상을 수놓은 베개

- 鳳凰(봉황) 상상의 상서로운 새.
- 鳳德(봉덕) 성인의 덕. 훌륭한 덕.
- 枕上(침상) 베갯머리. 머리맡.
- 木枕(목침) 나무토막으로 만든 베개.

副官

副 도울 부, 버금 부 / 刂-9획
官 벼슬 관, 기관 관 / 宀-5획

一一一戶戶高副副
丶丶宀宀宁宁官

부관
지휘관을 돕는 참모

- 副業(부업) 본업 외에 갖는 직업.
- 副應(부응) 무엇에 좇아서 응함.
- 官僚(관료) 관리. 벼슬아치.
- 官營(관영) 정부가 하는 사업 경영.

父母

父 아버지 부 / 父-0획
母 어머니 모 / 母-0획

ノ八分父
乚口口母母

부모
아버지와 어머니 (비) 兩親

- 父女(부녀) 아버지와 딸.
- 母國(모국) 자기가 출생한 나라.
- 母情(모정) 어머니가 자식을 기르는 정.
- 母體(모체) 어머니의 신체.

夫婦

夫 남편 부, 사내 부 / 大-1획
婦 아내 부, 며느리 부 / 女-8획

一二丰夫
乄女女妇妇婦婦

부부
남편과 아내 (비) 夫妻

- 夫人(부인) 남의 아내를 높인 말.
- 丈夫(장부) 장성한 남자. 예 大~
- 婦德(부덕) 부녀가 지켜야할 덕의.
- 主婦(주부) 한 집안 주인의 아내.

府使

府 고을 부, 관청 부 / 广-5획
使 벼슬이름 사 / 亻-6획

一广广广庐府府
亻亻亻厅佢伊使

부사
고려와 조선 때의 지방 관직

- 政府(정부) 국가 기관.
- 使用(사용) 물건을 씀.
- 使命(사명) 주어진 임무.
- 使臣(사신) 임금의 명을 받아 외국에 가는 신하.

部署

部 나눌 부, 거느릴 부 / 阝-8획
署 관청 서, 쓸 서 / 罒-9획

一立辛咅音部部
罒罒罒罢署署

부서
근무상 나누어진 부분

- 部隊(부대) 한 단위의 군대.
- 部類(부류) 종류에 따라 나눈 갈래.
- 署理(서리) 직무를 대신함. 또 그 사람.
- 署名(서명) 성명을 써 넣음.

賦役 (부역)

거둘 **부**, 줄 부 / 貝-8획
부릴 **역**, 일 역 / 彳-4획

부역: 국민에게 의무적으로 지우는 노역

- 賦與(부여) 나눠줌.
- 天賦(천부) 선천적으로 가지고 있음.
- 苦役(고역) 몹시 힘들고 괴로운 일.
- 兵役(병역) 군무에 봉사하는 일.

필순: 冂 目 貝 貯 貯 賦 賦
필순: ノ ク 彳 彳 役 役 役

赴任 (부임)

다다를 **부** / 走-2획
맡길 **임** / 亻-4획

부임: 임명을 받아 임지로 감

- 任務(임무) 맡은 사무·업무.
- 委任(위임) 타인에게 맡김.
- 責任(책임) 도맡아 해야 할 임무.
- 解任(해임) 직임을 내놓음.

필순: 十 土 キ 丰 走 赴 赴
필순: ノ 亻 亻 仁 仟 任

符籍 (부적)

부적 **부** / 竹-5획
문서 **적** / 竹-14획

부적: 악귀·재앙을 쫓기 위한 물건

- 符合(부합) 둘이 꼭 들어맞음.
- 符號(부호) 어떤 뜻을 나타내는 기호.
- 國籍(국적) 국가의 구성원이 되는 자격.
- 除籍(제적) 소속에서 빼 버림.

필순: 𠆢 𠆢 𠂉 竹 竹 符 符 符
필순: 𠆢 𠆢 𠂉 竹 笪 籍 籍 籍

扶助 (부조)

도울 **부** / 扌-4획
도울 **조** / 力-5획

부조: 남을 물질적으로 도와 줌

- 扶養(부양) 생활 능력이 없는 사람을 돌봄.
- 助成(조성) 도와 이루게 함.
- 救助(구조) 곤경에 빠진 자를 건져줌.
- 援助(원조) 도와줌.

필순: 一 十 扌 扌 扌 扶 扶
필순: 冂 冂 且 且 助 助

付紙 (부지)

붙일 **부**, 줄 부 / 亻-3획
종이 **지** / 糸-4획

부지: 얇은 종이를 겹으로 붙인 종이

- 付託(부탁) 일을 당부해 맡김.
- 交付(교부) 내어 줌.
- 紙幣(지폐) 종이에 인쇄해 만든 화폐.
- 表紙(표지) 책뚜껑.

필순: ノ 亻 亻 付 付
필순: ノ 幺 乡 糸 紅 紙 紙

浮沈 (부침)

뜰 **부** / 氵-7획
잠길 **침**, 성 심 / 氵-4획

부침: 떠오름과 잠김

- 浮上(부상) 표면으로 떠오름.
- 浮揚(부양) 표면으로 떠오름. 또는 떠오르게 함.
- 沈默(침묵) 아무 말 없이 잠잠히 있음.
- 沈滯(침체) 일이 잘 진전되지 않음.

필순: 丶 氵 氵 汀 浮 浮 浮
필순: 丶 氵 氵 汀 沈 沈

分裂 (분열)

나눌 **분** / 刀-2획
흩어질 **렬** / 衣-6획

분열: 갈라져 나뉨

- 分擔(분담) 일을 나누어서 맡음.
- 分明(분명) 밝고 똑똑함.
- 本分(본분) 마땅히 지켜야 할 직분.
- 破裂(파열) 터져 갈라짐.

필순: ノ 八 今 分
필순: 一 歹 歹 列 列 裂 裂

粉末 (분말)

가루 **분** / 米-4획
가루 **말**, 끝 말 / 木-1획

분말: 가루

- 粉碎(분쇄) 가루처럼 잘게 부스러뜨림.
- 鉛粉(연분) 얼굴 화장에 바르는 흰 가루.
- 末端(말단) 맨 끄트머리.
- 終末(종말) 맨 나중의 끝.

필순: 丶 丷 半 米 粉 粉 粉
필순: 一 二 十 才 末

奔忙 (분망)
분주할 분 大-6획 / 바쁠 망 忄-3획
분망: 매우 부산하고 바쁨
- 奔放(분방) 제멋대로. 예 自由~
- 狂奔(광분) 미친듯이 날뜀.
- 忙中閑(망중한) 바쁜 가운데의 한가로움.
- 多忙(다망) 매우 바쁨. 예 多事~

필순: 一ナ大本本奔奔 / 丶忄忄忙

紛爭 (분쟁)
어지러울 분 糸-4획 / 다툴 쟁 爫-4획
분쟁: 복잡하게 엉킨 다툼질
- 紛失(분실) 잃어버림.
- 紛錯(분착) 뒤섞이어 혼란함.
- 爭奪(쟁탈) 다투어 빼앗음.
- 競爭(경쟁) 서로 겨루어 다툼.

필순: 乙幺幺糸紛紛紛 / 乊乊爫乌乌争

不敏 (불민)
아니 불 一-3획 / 민첩할 민 攵-7획
불민: 어리석고 둔해 민첩하지 못함
- 不變(불변) 고치지 않음.
- 不況(불황) 경기가 좋지 못함. 반 好況
- 敏捷(민첩) 활동하는 힘이 재빠름.
- 銳敏(예민) 행동·감각 등이 민첩함.

필순: 一ブ不不 / 一匕勹每每每敏

佛寺 (불사)
부처 불 亻-5획 / 절 사, 내시 시 寸-3획
불사: 절 비 寺刹
- 佛供(불공) 부처 앞에 공양하는 일.
- 佛陀(불타) 부처.
- 寺院(사원) 절이나 암자.
- 山寺(산사) 산 속에 있는 절.

필순: 丿亻亻伂佛佛佛 / 一十土丰寺寺

崩壞 (붕괴)
무너질 붕 山-8획 / 무너질 괴 土-16획
붕괴: 허물어져 무너짐
- 崩落(붕락) 무너져서 떨어짐.
- 壞滅(괴멸) 파괴되어 멸망함.
- 壞變(괴변) 붕괴하여 변형함.
- 破壞(파괴) 때려부수거나 헐어버림.

필순: ㄴ屮屮片崩崩崩 / 土圹圹堙堙壞壞

朋友 (붕우)
벗 붕 月-4획 / 벗 우 又-2획
붕우: 벗 예 ~有信
- 朋輩(붕배) 지위나 나이가 비슷한 벗.
- 友邦(우방) 서로 친교가 있는 나라.
- 友好(우호) 벗으로서 사이가 좋은 일.
- 友情(우정) 벗 사이의 정. 비 友誼

필순: 丿冂月月朋朋朋 / 一ナ方友

比較 (비교)
견줄 비 比-0획 / 견줄 교 車-6획
비교: 둘을 서로 견주어 봄
- 比等(비등) 서로 비슷함.
- 比例(비례) 예를 들어 비교함.
- 櫛比(즐비) 빗살처럼 빽빽이 늘어섬.
- 較差(교차) 최고와 최저와의 차.

필순: 一匕比比 / 一百目車軒軒較

肥料 (비료)
거름 비, 살찔 비 月-4획 / 감료, 헤아릴 료 斗-6획
비료: 토질 향상을 위해 주는 영양 물질
- 肥滿(비만) 몸이 뚱뚱함.
- 肥沃(비옥) 땅이 걸고 기름짐.
- 料理(요리) 음식을 조리함.
- 資料(자료) 바탕이 되는 재료.

필순: 丿月月月'肥肥肥 / 丶丷斗米米料料

碑銘 (비명)

碑 비석 비 / 石-8획
銘 새긴글 명 / 金-6획

비석에 새긴 글

필순: 丁石 矿 矿 碑 碑 碑
필순: ノ 𠂉 金 釤 釤 銘 銘

- 碑石(비석) 석조로 된 비.
- 墓碑(묘비) 무덤 앞에 세운 비석.
- 銘心(명심) 마음에 새겨 둠. ⑫ 忘却
- 銘誌(명지) 묘비에 적는 글.

秘密 (비밀)

祕 비밀할 비 / 示-5획
密 비밀할 밀, 빽빽할 밀 / 宀-8획

숨기어 알리지 않은 일

필순: 二 禾 利 秋 秘 祕 祕
필순: 宀 宀 宓 宓 宓 密 密

- 祕訣(비결) 숨겨두고 혼자 쓰는 좋은 방법.
- 神祕(신비) 보통을 초월한 일.
- 密告(밀고) 남에게 넌지시 일러바침.
- 密集(밀집) 빽빽이 모임.

悲愁 (비수)

悲 슬플 비 / 心-8획
愁 근심 수 / 心-9획

슬픔과 근심

필순: ノ ヲ 非 非 非 悲 悲
필순: ノ 千 禾 利 秋 愁 愁

- 悲慘(비참) 슬프고도 끔찍함.
- 喜悲(희비) 기쁨과 슬픔.
- 憂愁(우수) 우울과 수심. 근심.
- 鄕愁(향수) 고향이 그리워 느끼는 슬픔.

鼻祖 (비조)

鼻 처음 비, 코 비 / 鼻-0획
祖 할아비 조 / 示-5획

시조始祖. 원조

필순: ノ 自 鳥 島 鳥 鼻 鼻
필순: 二 丁 示 利 祠 祖 祖

- 鼻笑(비소) 코웃음.
- 高祖(고조) 할아버지의 할아버지.
- 先祖(선조) 먼 대의 조상.
- 太祖(태조) 한 왕조의 첫 대의 임금.

批評 (비평)

批 비평할 비 / 扌-4획
評 평론할 평 / 言-5획

사물의 시비·장단을 논하는 일

필순: 一 十 扌 扌 扌 扌 批
필순: 亠 言 言 訂 訂 評 評

- 批判(비판) 비평. 판단함.
- 評價(평가) 가치를 측정함.
- 論評(논평) 논술해 비평함.
- 定評(정평) 일반에게 퍼진 좋은 평판.

飛火 (비화)

飛 날 비 / 飛-0획
火 불 화 / 火-0획

뛰어 박히는 불똥

필순: 乙 乙 飞 飞 飛 飛 飛
필순: 、 ソ 少 火

- 飛躍(비약) 높이 뛰어오름.
- 雄飛(웅비) 힘차고 씩씩하게 뻗어 나감.
- 火傷(화상) 열에 덴 상해.
- 燈火(등화) 등잔불. ⑩ ~管制

貧富 (빈부)

貧 가난할 빈 / 貝-4획
富 넉넉할 부 / 宀-9획

가난함과 넉넉함

필순: ノ 八 分 分 谷 貧 貧
필순: 宀 宀 宜 宜 富 富 富

- 貧賤(빈천) 가난하고 천함. ⑫ 富貴
- 淸貧(청빈) 청백하여 가난함.
- 富裕(부유) 재산이 넉넉함. ⑫ 貧困
- 富豪(부호) 큰 부자.

頻數 (빈삭)

頻 자주 빈 / 頁-7획
數 자주 삭, 셀 수 / 攵-11획

매우 잦음

필순: 卜 止 业 步 妢 頻 頻
필순: 曰 吕 婁 婁 婁 數 數

- 頻繁(빈번) 도수가 잦아 복잡함.
- 頻度(빈도) 반복되는 도수. 잦은 도수.
- 數數(삭삭) 자주. 여러 번.
- 倍數(배수) 갑절이 되는 수.

氷炭 (빙탄)

氷 얼음 빙 / 水-1획
炭 숯 탄 / 火-5획

氷: 丿 丬 氺 氷
炭: 一 屵 屵 岸 炭 炭

빙탄 — 얼음과 숯, 부조화

- 氷板(빙판) 얼음이 깔린 길바닥.
- 結氷(결빙) 물이 얼어 얼음이 됨.
- 炭鑛(탄광) 석탄을 파내는 광산.
- 塗炭(도탄) 몹시 곤궁함.

事件 (사건)

事 일 사 / 亅-7획
件 사건 건 / 亻-4획

事: 一 亓 写 写 写 写 事
件: 丿 亻 亻 仁 仵 件

사건 — 뜻밖에 일어난 일

- 事理(사리) 일의 이치.
- 事緣(사연) 사정과 연유.
- 行事(행사) 어떤 일을 행함.
- 條件(조건) 무슨 일을 어떻게 규정한 항목.

邪見 (사견)

邪 간사할 사, 어조사 야 / 阝-4획
見 볼 견, 뵈올 현 / 見-0획

邪: 一 丆 牙 牙 邦 邪
見: 丨 冂 冂 冃 目 見 見

사견 — 요사스럽고 바르지 못한 의견

- 妖邪(요사) 요망하고 간사함.
- 見解(견해) 자기 의견과 해석.
- 所見(소견) 살펴 인식하는 생각.
- 豫見(예견) 일이 있기 전에 미리 앎.

斯界 (사계)

斯 이 사 / 斤-8획
界 지경 계 / 田-4획

斯: 一 井 其 其 斯 斯 斯
界: 冂 田 田 罒 罘 界 界

사계 — 이 분야

- 斯道(사도) 유교의 도덕.
- 境界(경계) 서로 맞닿는 자리.
- 政界(정계) 정치 또는 정치가의 사회.
- 限界(한계) 사물이 정하여 놓은 범위.

詐欺 (사기)

詐 속일 사 / 言-5획
欺 속일 기 / 欠-8획

詐: 一 言 言 訂 許 詐
欺: 一 井 其 其 欺 欺

사기 — 나쁜 꾀로 남을 속임

- 詐取(사취) 금품을 속여 빼앗음.
- 詐稱(사칭) 성명·직함 등을 속여서 일컬음.
- 欺瞞(기만) 남을 속임.
- 欺人(기인) 사람을 속임.

沙漠 (사막)

沙 모래 사 / 氵-4획
漠 사막 막, 아득할 막 / 氵-11획

沙: 丶 氵 氵 沙 沙 沙
漠: 氵 汁 汁 洪 渒 漠

사막 — 까마득하게 크고 넓은 모래벌판

- 沙工(사공) 뱃사공.
- 白沙(백사) 흰 모래.
- 漠然(막연) 똑똑하지 못하고 어렴풋함.
- 索漠(삭막) 황폐하여 쓸쓸함.

私腹 (사복)

私 사사 사 / 禾-2획
腹 배 복 / 月-9획

私: 一 二 千 禾 禾 私 私
腹: 月 月 肝 胪 胪 脂 腹

사복 — 사리만을 차리는 뱃속

- 私有(사유) 개인의 소유. (반) 公有
- 私益(사익) 개인의 이익. (관) 私利
- 腹痛(복통) 복부의 통증.
- 空腹(공복) 아무것도 먹지 아니한 배.

寫本 (사본)

寫 베낄 사 / 宀-12획
本 책 본, 근본 본 / 木-1획

寫: 丶 宀 宁 宁 宵 寫 寫
本: 一 十 才 木 本

사본 — 원본을 그대로 베낌

- 寫眞(사진) 사진기로 찍은 형상.
- 描寫(묘사) 사물을 있는 그대로 그려냄.
- 本質(본질) 본바탕.
- 標本(표본) 본보기가 되는 물건.

賜宴 (사연)
줄 사 / 잔치 연
貝-8획 / 宀-7획
나라에서 잔치를 내려 줌
筆順: 冂 目 貝 卽 賜 賜 賜
宀 宀 宁 宇 宴 宴

- 下賜(하사) 왕이 신하에게 물건을 줌.
- 宴會(연회) 많은 사람이 즐기는 잔치.
- 送別宴(송별연) 떠나는 이를 위한 잔치.
- 饗宴(향연) 남을 대접하는 잔치.

絲雨 (사우)
실 사 / 비 우
糸-6획 / 雨-0획
실같이 가늘게 내리는 비
筆順: 幺 糸 紅 絲 絲 絲
一 厂 冂 雨 雨 雨

- 綿絲(면사) 방직에 쓰는 무명실.
- 降雨(강우) 비가 내림. 내린 비.
- 暴雨(폭우) 갑자기 많이 쏟아지는 비.
- 豪雨(호우) 줄기차게 내리 퍼붓는 비.

社員 (사원)
단체 사 / 사람 원
示-3획 / 口-7획
회사에서 근무하는 사람
筆順: 二 丁 亍 示 示 社 社
口 目 尸 吊 員 員 員

- 公社(공사) 공공 기업체.
- 會社(회사) 영리를 목적으로 설립된 법인.
- 缺員(결원) 모자라는 인원.
- 滿員(만원) 정한 인원이 다 참.

思惟 (사유)
생각할 사 / 생각할 유, 오직 유
心-5획 / 忄-8획
생각함 [비] 思考

筆順: 冂 日 田 思 思 思
忄 忄 忄 忄 怖 惟 惟

- 思慮(사려) 여러 가지 일에 대한 생각.
- 焦思(초사) 애를 태우며 하는 생각.
- 惟獨(유독) 오직 홀로.
- 伏惟(복유) 삼가 생각하건대.

謝恩 (사은)
사례할 사 / 은혜 은
言-10획 / 心-6획
은혜를 감사히 여겨 사례함

筆順: 亠 言 訉 訃 詢 謝
冂 日 因 因 恩 恩

- 厚謝(후사) 후하게 사례함.
- 謝過(사과) 잘못에 대해 용서를 빎.
- 恩惠(은혜) 베풀어주는 혜택.
- 報恩(보은) 은혜를 갚음. [반] 背恩

史蹟 (사적)
역사 사 / 자취 적
口-2획 / 足-11획
역사에 남은 자취

筆順: 丨 口 口 史 史
口 曰 ᅟ 趾 踌 蹟 蹟

- 史書(사서) 역사에 관한 책.
- 野史(야사) 민간에서 지은 역사.
- 古蹟(고적) 남아 있는 옛것 물건.
- 遺蹟(유적) 유물이 남은 옛 터전.

射亭 (사정)
쏠 사 / 정자 정, 곧을 정
寸-7획 / 亠-7획
활터에 세운 정자

筆順: 丨 冂 白 身 身 射 射
亠 古 古 亨 亭 亭 亭

- 射手(사수) 총·활 등을 쏘는 사람.
- 亂射(난사) 총·활을 함부로 갈겨 쏨.
- 亭然(정연) 우뚝 솟은 모양.
- 亭子(정자) 경치 좋은 곳에 지은 집.

師弟 (사제)
스승 사, 군사 사 / 제자 제, 아우 제
巾-7획 / 弓-4획
스승과 제자

筆順: 丨 冂 冂 自 師 師
丶 丷 ᅩ 吕 弟 弟

- 師事(사사) 스승으로 삼고 가르침을 받음.
- 敎師(교사) 학술·기예를 가르치는 스승.
- 子弟(자제) 남의 아들의 존칭.
- 兄弟(형제) 형과 아우. [예] ~姉妹

四柱 (사주)
- 넉 사 口-2획
- 기둥 주 木-5획

필순: 一 冂 冂 四 四 / 一 十 才 木 朴 柱 柱

사주: 사람이 난 해·달·날·시
- 四輪(사륜) 네 개의 바퀴. 예~馬車
- 四節(사절) 춘하추동의 네 계절.
- 柱石(주석) ① 기둥과 주추. ② 가장 중요한 자리.
- 柱身(주신) 기둥의 몸.

死活 (사활)
- 죽을 사 歹-2획
- 살 활 氵-6획

필순: 一 ア 歹 歹 死 / 丶 氵 氵 汗 活 活

사활: 죽느냐 사느냐의 갈림
- 死滅(사멸) 죽어 없어짐.
- 客死(객사) 객지에서 죽음.
- 活氣(활기) 활발한 기운.
- 復活(부활) 죽었다가 다시 살아남.

司會 (사회)
- 맡을 사 口-2획
- 모일 회 日-9획

필순: 丁 ヌ 司 司 司 / 丿 入 스 侖 侖 會 會

사회: 회의나 예식의 진행자
- 上司(상사) 윗 등급의 기관이나 사람.
- 會談(회담) 한 곳에 모여 얘기함.
- 集會(집회) 모임. 회합.
- 總會(총회) 전체 인원의 회합.

山頂 (산정)
- 메 산 山-0획
- 정수리 정 頁-2획

필순: 丨 山 山 / 一 丁 丁 頂 頂 頂 頂

산정: 산꼭대기
- 山林(산림) 산에 있는 숲. 예~綠化
- 山積(산적) 물건이나 일이 산더미같이 쌓임.
- 頂上(정상) 꼭대기.
- 絶頂(절정) 사물의 치오른 극도.

森林 (삼림)
- 빽빽할 삼 木-8획
- 수풀 림 木-4획

필순: 一 十 木 木 森 森 森 / 十 才 木 木 朴 材 林

삼림: 나무가 우거진 숲
- 森羅(삼라) 숲처럼 많이 벌여 서 있음.
- 森嚴(삼엄) 질서가 바로 서고 매우 엄숙함.
- 林野(임야) 삼림과 벌판.
- 密林(밀림) 빽빽이 들어서 수풀.

三杯 (삼배)
- 석 삼 一-2획
- 잔 배 木-4획

필순: 一 二 三 / 十 才 木 木 朳 杯 杯

삼배: 석 잔
- 三權(삼권) 입법·사법·행정권의 셋.
- 三伏(삼복) 초복·중복·말복.
- 乾杯(건배) 서로 술잔을 높이 듦.
- 祝杯(축배) 축하하는 뜻으로 드는 술잔.

霜菊 (상국)
- 서리 상 雨-9획
- 국화 국 ++-8획

필순: 一 厂 雨 雨 雪 霜 霜 / 一 艹 苎 芍 菊 菊 菊

상국: 서리 올 때에 핀 국화
- 霜露(상로) 서리와 이슬.
- 霜害(상해) 때아닌 서리로 입는 농작물의 피해.
- 菊花(국화) 관상용 다년초.
- 黃菊(황국) 빛이 누른 국화.

桑麻 (상마)
- 뽕나무 상 木-6획
- 삼 마 麻-0획

필순: 又 多 叒 叒 桑 桑 / 一 广 广 床 庐 麻 麻

상마: 뽕나무와 삼
- 桑田(상전) 뽕나무 밭. 예~碧海
- 麻袋(마대) 거친 삼실로 짠 큰 자루.
- 麻風(마풍) 남쪽에서 불어오는 바람. 마파람.
- 麻皮(마피) 삼의 껍질.

祥夢 (상몽) - 상서로운 꿈
- 祥: 상서로울 상 (示-6획)
- 夢: 꿈 몽 (夕-11획)
- 嘉祥(가상): 경사로운 조짐.
- 發祥(발상): 기원(起源).
- 夢寐(몽매): 잠을 자며 꿈을 꿈.
- 夢想(몽상): 꿈속 같은 헛된 생각.

嘗味 (상미) - 맛을 봄
- 嘗: 맛볼 상 (口-11획)
- 味: 맛 미 (口-5획)
- 嘗膽(상담): 쓸개를 맛본다는 뜻.
- 味覺(미각): 혓바닥을 자극하는 맛의 감각.
- 珍味(진미): 썩 좋은 음식 맛.
- 香味(향미): 음식물의 향기로운 맛.

喪服 (상복) - 상중에 입는 예복
- 喪: 죽을 상, 잃을 상 (口-9획)
- 服: 옷 복, 복종할 복 (月-4획)
- 喪輿(상여): 시체를 운반하는 기구.
- 脫喪(탈상): 어버이의 3년 상을 마침.
- 服裝(복장): 옷차림. 예 ~端正
- 服從(복종): 남의 명령·의사에 따름.

相似 (상사) - 모양이 서로 비슷함
- 相: 서로 상 (目-4획)
- 似: 같을 사 (亻-5획)
- 相續(상속): 이어 받음.
- 相互(상호): 피차가 서로.
- 眞相(진상): 사물의 참된 모습.
- 類似(유사): 서로 비슷함.

象牙 (상아) - 코끼리의 어금니
- 象: 코끼리 상, 형상 상 (豕-5획)
- 牙: 어금니 아 (牙-0획)
- 象徵(상징): 추상적으로 특징을 표시함.
- 象形(상형): 물건의 형상을 시늉함.
- 印象(인상): 깊이 느껴 잊혀지지 않는 일. 예 感銘
- 牙齒(아치): 어금니.

賞狀 (상장) - 상 주는 뜻을 쓴 증서
- 賞: 상 상 (貝-8획)
- 狀: 문서 장, 형상 상 (犬-4획)
- 賞與(상여): 상으로 금품 등을 줌.
- 懸賞(현상): 모집·찾기 등에 상을 걺.
- 狀況(상황): 일이 되어 가는 형편.
- 形狀(형상): 물건의 형체와 생긴 모양.

商店 (상점) - 물건을 파는 가게
- 商: 장사 상 (口-8획)
- 店: 가게 점 (广-5획)
- 商街(상가): 가게가 죽 늘어선 거리.
- 通商(통상): 외국과 물품을 거래함.
- 店鋪(점포): 가게를 벌인 집.
- 支店(지점): 본점에 종속된 가게.

色彩 (색채) - 빛깔
- 色: 빛 색 (色-0획)
- 彩: 채색 채, 빛날 채 (彡-8획)
- 顔色(안색): 얼굴에 나타나는 기색.
- 染色(염색): 물을 들임.
- 彩度(채도): 빛의 선명도.
- 光彩(광채): 찬란한 빛. 빛의 무늬.

書架 (서가)

書 책 서, 글 서 日-6획	架 시렁 가 木-5획

서가 — 책을 얹어 두는 선반

書信(서신) 편지로 전하는 소식.
書畵(서화) 글씨와 그림. 예 ~展
架橋(가교) 다리를 놓음.
架設(가설) 건너질러 설치함.

庶幾 (서기)

庶 거의 서, 많은 백성 서 广-8획	幾 거의 기, 몇 기 幺-9획

서기 — 거의 예 ~之望

庶民(서민) 벼슬 없는 평민. 예 ~階級
庶母(서모) 아버지의 첩.
幾死(기사) 거의 다 죽게 됨.
幾何(기하) 얼마. 예 ~級數

徐步 (서보)

徐 천천할 서 彳-7획	步 걸음 보 止-3획

서보 — 천천히 걷는 걸음

徐行(서행) 천천히 감.
步道(보도) 사람만이 다니는 길. 예 人道
步行(보행) 타지 않고 걸어서 감.
散步(산보) 바람 쐬며 이리저리 거닒.

敍述 (서술)

敍 쓸 서 攵-7획	述 지을 술 辶-5획

서술 — 차례를 좇아 말함

敍情(서정) 자기의 감정을 나타내는 일.
自敍(자서) 제 일을 제가 진술함.
論述(논술) 논하여 의견을 진술함.
陳述(진술) 자세하게 말함.

恕之 (서지)

恕 용서할 서 心-6획	之 어조사 지 丿-3획

서지 — 용서하여 줌

恕免(서면) 죄를 용서하여 면하게 함.
容恕(용서) 관용을 베풀어 벌하지 않음.
忠恕(충서) 충실하고 인정 많음.
之次(지차) 다음. 버금.

惜敗 (석패)

惜 아까울 석 忄-8획	敗 패할 패, 썩을 패 攵-7획

석패 — 약간의 차로 아깝게 짐

惜別(석별) 이별하기를 섭섭하게 여김.
哀惜(애석) 슬프고 아깝게 여김.
勝敗(승패) 이김과 짐. 예 勝負
慘敗(참패) 비참한 패배 반 大勝

旋律 (선율)

旋 돌릴 선 方-7획	律 음률 률, 법률 彳-6획

선율 — 가락, 멜로디

凱旋(개선) 싸움에 이기고 돌아옴.
斡旋(알선) 남의 일을 주선하여 줌.
律動(율동) 규칙적인 동작.
規律(규율) 행동의 준칙이 되는 본보기.

鮮明 (선명)

鮮 고울 선 魚-6획	明 밝을 명 日-4획

선명 — 산뜻하고 밝음

生鮮(생선) 소금에 절이지 않은 물고기.
新鮮(신선) 새롭고 깨끗함.
明瞭(명료) 분명하고 똑똑함.
明確(명확) 아주 뚜렷하여 틀림이 없음.

先輩 (선배)

先 먼저 선 — 儿-4획
輩 무리 배 — 車-8획

선배: 같은 분야에서 앞선 이

- 先見(선견) 훗날의 일을 미리 앎.
- 先進(선진) 앞서 나아감. ⊕ 後進
- 年輩(연배) 서로 비슷한 나이.
- 後輩(후배) 경험·나이 등이 뒤진 사람.

필순: ノ 广 生 失 先
필순: ヨ 非 非 非 拜 輩 輩

船積 (선적)

船 배 선 — 舟-5획
積 쌓을 적 — 禾-11획

선적: 선박에 화물을 적재하는 일

- 乘船(승선) 배를 탐.
- 造船(조선) 선박을 건조함.
- 積雪(적설) 쌓인 눈.
- 累積(누적) 포개져서 쌓임.

필순: ノ 月 月 舟 舢 船 船
필순: 千 禾 私 秸 秸 積 積

宣布 (선포)

宣 펼 선 — 宀-6획
布 펼 포 — 巾-2획

선포: 세상에 널리 알림

- 宣誓(선서) 성실할 것을 맹세함.
- 宣揚(선양) 드러내어 널리 떨치게 함.
- 布告(포고) 일반에게 널리 알림.
- 分布(분포) 여러 곳으로 퍼져 있음.

필순: 宀 宁 宁 宁 宣 宣
필순: ノ ナ 十 才 右 布

城郭 (성곽)

城 재 성 — 土-7획
郭 외성 곽 — 阝-8획

성곽: 내성과 외성, 성

- 山城(산성) 산 위에 쌓은 성.
- 築城(축성) 성을 쌓음.
- 外郭(외곽) 바깥 테두리.
- 輪郭(윤곽) 사물의 대강의 테두리.

필순: 十 土 圠 圻 圻 城 城
필순: 一 亠 亨 享 享' 郭 郭

省墓 (성묘)

省 살필 성, 덜 생 — 目-4획
墓 무덤 묘 — 土-11획

성묘: 조상의 산소를 찾아 돌봄

- 歸省(귀성) 객지에서 고향으로 돌아감.
- 反省(반성) 자기 허물을 뉘우침.
- 墓所(묘소) 산소.
- 墓地(묘지) 무덤이 있는 땅의 구역.

필순: ノ 小 少 少 省 省 省
필순: 艹 芎 苩 莫 莫 墓 墓

聲調 (성조)

聲 소리 성 — 耳-11획
調 가락 조, 고를 조 — 言-8획

성조: 목소리의 가락

- 名聲(명성) 세상에 널리 떨친 이름.
- 音聲(음성) 목소리.
- 調達(조달) 자금·물자 등을 대어 줌.
- 格調(격조) 작품의 체재에 맞는 격.

필순: 士 吉 声 声 殸 聲 聲
필순: 一 亠 言 訂 訓 調 調

歲費 (세비)

歲 해 세 — 止-9획
費 쓸 비 — 貝-5획

세비: 일년 동안의 경비

- 歲暮(세모) 한 해의 마지막 때. 연말.
- 歲月(세월) 흘러가는 시간. ⊕ 光陰
- 經費(경비) 일하는 데 필요한 비용.
- 浪費(낭비) 재물을 헛되이 씀.

필순: 卜 止 芦 芦 浐 歲 歲
필순: 一 弓 弗 弗 昔 費 費

洗濯 (세탁)

洗 씻을 세 — 氵-6획
濯 빨래 할 탁 — 氵-14획

세탁: 빨래

- 洗鍊(세련) 취미가 고상하고 우아함.
- 洗面(세면) 얼굴을 씻음. ⊕ 洗手
- 洗車(세차) 차체의 먼지나 흙을 씻음.
- 洗滌(세척) 깨끗이 씻음.

필순: 丶 氵 氵 汁 汧 洸 洗
필순: 丶 氵 氵 沪 浬 濯 濯

騷客 (소객)
- 시끄러울 소, 시끄러울 소 馬-10획
- 나그네 객 宀-6획
- 시인과 문사

필순: 厂 馬 駅 駣 騒 騷

騷動(소동) 수선거리며 움직임.
騷擾(소요) 떠들어서 수선스러움.
旅客(여객) 여행하는 사람.
賀客(하객) 축하하는 손님.

필순: 宀 宀 宀 宀 客 客 客

所期 (소기)
- 바 소 戶-4획
- 기약할 기, 기간 기 月-8획
- 마음속으로 기대한 바

필순: ` ´ ´ ラ 戶 所 所 所

所得(소득) 일의 결과로 생긴 이익.
所望(소망) 바라는 바. 예 希望
期限(기한) 미리 한정한 시기.
延期(연기) 기한을 물려서 늘림.

필순: 一 卄 丱 苴 其 期 期 期

召命 (소명)
- 부를 소 口-2획
- 분부 명, 목숨 명 口-5획
- 신하를 부르는 임금의 명

필순: 丁 刀 刀 召 召

召集(소집) 불러서 모음.
召還(소환) 일을 마치기 전에 불러들임.
命中(명중) 겨냥한 곳에 바로 맞음.
運命(운명) 타고난 운수. 예 宿命

필순: 人 人 亼 合 合 合 命 命

素朴 (소박)
- 본디 소 糸-4획
- 순박할 박 木-2획
- 꾸밈이 없이 생긴 그대로

필순: 一 十 土 丰 未 素 素

素質(소질) 타고난 성질. 본바탕.
儉素(검소) 사치하지 않고 수수함.
平素(평소) 평상시.
淳朴(순박) 꾸밈없이 소박함. 예 素朴

필순: 一 十 才 木 朴 朴

昭詳 (소상)
- 밝을 소 日-5획
- 자세할 상 言-6획
- 분명하고 자세함

필순: 丨 冂 日 昭 昭 昭 昭

昭明(소명) 밝음.
詳細(상세) 속속들이 자세함.
未詳(미상) 알려지지 않음.
仔詳(자상) 자세하고 찬찬함.

필순: 亠 亠 言 言 言 訂 詳 詳

蘇生 (소생)
- 깨어날 소 艹-16획
- 살 생 生-0획
- 다시 일어남 예 回生

필순: 艹 艹 甘 甘 芦 蓙 蘇

蘇聯(소련) 소비에트 연방.
生涯(생애) 살아있는 동안. 예 生活
生捕(생포) 산 채로 잡음.
誕生(탄생) 사람이 태어남.

필순: 丿 ㅗ 亠 牛 生

訴訟 (소송)
- 송사할 소 言-5획
- 송사할 송 言-4획
- 재판을 걺

필순: 亠 亠 言 言 訂 訂 訴 訴

告訴(고소) 피해자가 피해 사실을 신고함.
起訴(기소) 소송을 일으킴.
訟事(송사) 분쟁의 판결을 법원이나 검찰에 의뢰함.
訟廷(송정) 재판정.

필순: 亠 亠 言 言 訟 訟 訟

消息 (소식)
- 다할 소, 끌 소 氵-7획
- 숨쉴 식, 자식 식 心-6획
- 안부나 새로운 사실의 기별

필순: ` ` ` ` ` 消 消 消

消滅(소멸) 사라져 없어짐.
消火(소화) 붙은 불을 끔.
窒息(질식) 숨이 막힘.
休息(휴식) 잠깐 쉼. 예 休憩

필순: 丿 冂 自 自 息 息 息

小臣 (소신)
작을 소 小-0획 / **신하 신** 臣-0획
ㅣ小小
一丆瓦臣臣臣

소신: 신하의 임금에 대한 자칭
- 弱小(약소) 약하고 작음. 딴 強大
- 縮小(축소) 줄여서 작아짐. 딴 擴大
- 功臣(공신) 국가에 공로가 있는 신하.
- 重臣(중신) 중직에 있는 신하.

掃除 (소제)
쓸 소 扌-8획 / **덜 제** 阝-7획
一扌扌扫扫掃掃
丨阝阝阝阞阾除除

소제: 털어 쓸고 닦아서 깨끗이 함
- 掃蕩(소탕) 휩쓸어 없애 버림.
- 淸掃(청소) 깨끗이 소제함.
- 除去(제거) 덜어 없앰.
- 排除(배제) 물리쳐서 치워냄.

疎忽 (소홀)
성길 소 疋-7획 / **소홀할 홀, 문득 홀** 心-4획
ㄱㄱ下疋距疎疎
ノ勹勿勿忽忽忽

소홀: 대수롭지 않고 예사임
- 疎外(소외) 물리쳐 멀리함.
- 疏通(소통) 막히지 않고 서로 통함.
- 忽微(홀미) 아주 가늘고 작음.
- 忽然(홀연) 느닷없이. 갑자기.

粟米 (속미)
조 속 米-6획 / **쌀 미** 米-0획
一亓西西栗粟粟
丶丷亠半米米

속미: 좁쌀
- 粟奴(속노) 조의 깜부기.
- 米穀(미곡) 쌀 등의 곡식.
- 精米(정미) 기계로 벼를 찧어 쌀을 만듦.
- 玄米(현미) 벼의 껍질만 벗긴 쌀.

損益 (손익)
잃을 손 扌-10획 / **더할 익, 이익 익** 皿-5획
一扌扌扌扌捐捐損
ノ八公公谷谷益

손익: 손해와 이익 예 ~計算
- 損傷(손상) 떨어지고 상함.
- 損害(손해) 해를 봄. 딴 利益
- 破損(파손) 깨어져 못 쓰게 됨.
- 有益(유익) 이익이 있음. 딴 無益

誦讀 (송독)
읽을 송 言-7획 / **읽을 독, 구절 두** 言-15획
ㅡ亠言言訊誦誦
言言言讀讀讀讀

송독: 소리내어 읽음
- 暗誦(암송) 책을 보지 않고 욈.
- 讀破(독파) 끝까지 다 읽음.
- 購讀(구독) 책이나 잡지 등을 사서 읽음.
- 朗讀(낭독) 소리내어 읽음.

松柏 (송백)
소나무 송 木-4획 / **잣나무 백** 木-5획
一十才木木松松松
一十才木木木柏柏

송백: 소나무와 잣나무
- 松林(송림) 소나무로 이룬 숲.
- 老松(노송) 늙은 소나무.
- 側柏(측백) 측백나무.
- 冬柏(동백) 동백나무의 열매.

送迎 (송영)
보낼 송 辶-6획 / **맞을 영** 辶-4획
ハ丷父关关送送
ノ亻卬卬卬迎迎

송영: 가는 이를 보내고 오는 이를 맞음
- 送年(송년) 한 해를 보냄.
- 送品(송품) 물건을 보냄.
- 迎接(영접) 손님을 맞아서 응접함.
- 歡迎(환영) 즐거운 뜻을 표해 맞음.

衰殘 (쇠잔)

衰 쇠할 쇠, 상복 최 — 衣-4획
殘 남을 잔, 모질 잔 — 歹-8획

획순: 亠亡产产声衰衰 / 一歹歹歹残残残

쇠잔: 쇠퇴하여 약해짐

- 衰弱(쇠약) 쇠하여 약하여짐.
- 盛衰(성쇠) 성함과 쇠퇴함.
- 殘額(잔액) 나머지 액수.
- 殘酷(잔혹) 잔인하고 가혹함.

需給 (수급)

需 구할 수 — 雨-6획
給 줄 급 — 糸-6획

획순: 一一千千兩兩需需 / ⼂⼆糸 糸'糸'給給

수급: 수요와 공급

- 需要(수요) 필요해서 얻고자 함.
- 必需(필수) 반드시 없으면 안됨.
- 供給(공급) 수요에 응해 물품을 제공함.
- 配給(배급) 나누어 줌.

修了 (수료)

修 닦을 수 — 亻-8획
了 마칠 료, 깨달을 료 — 亅-1획

획순: 亻亻亻攸攸修修 / 𠃌了

수료: 일정한 학과를 다 배움

- 修鍊(수련) 마음과 힘을 닦아 단련함.
- 修繕(수선) 낡은 것을 손봐 고침.
- 了解(요해) 깨달아 알아 냄.
- 完了(완료) 완전히 끝을 냄. 반 完決

誰某 (수모)

誰 누구 수 — 言-8획
某 아무 모 — 木-5획

획순: 二 言 討 計 詐 誰誰 / 一十廿甘甘某某

수모: 아무개

- 誰何(수하) 누구.
- 某年(모년) 어떤 해.
- 某日(모일) 어떤 날. 아무 날.
- 某處(모처) 어떤 곳. 아무 곳.

首尾 (수미)

首 머리 수 — 首-0획
尾 꼬리 미 — 尸-4획

획순: ⺍兯产产首首 / ⼀⼄尸尸尸尾尾

수미: 사물의 머리와 꼬리

- 首肯(수긍) 그렇다고 고개를 끄덕임.
- 首腦(수뇌) 중요한 자리에 있는 사람.
- 尾羽(미우) 새의 꽁지깃.
- 尾行(미행) 사람의 뒤를 따라 감.

隨想 (수상)

隨 따를 수 — 阝-13획
想 생각 상 — 心-9획

획순: 阝阝阼隋隋隨隨 / 十木相相想想想

수상: 그때 그때 떠오르는 생각

- 隨伴(수반) 함께 감.
- 想起(상기) 지난 일을 생각해 냄.
- 想念(상념) 마음속에 품은 여러 생각.
- 追想(추상) 지난 일을 돌이켜 생각함.

授受 (수수)

授 줄 수 — 扌-8획
受 받을 수 — 又-6획

획순: 扌扌扩护护授授 / 𠂉𠂉⺈⺈⺈受受

수수: 주고 받음

- 授與(수여) 상장이나 훈장 따위를 줌.
- 傳授(전수) 전하여 줌.
- 受諾(수락) 요구를 받아 들여 승낙함.
- 引受(인수) 물권·권리를 넘겨받음.

雖然 (수연)

雖 비록 수 — 隹-9획
然 그럴 연 — 灬-8획

획순: 口吕虽虽虽雖雖 / 夕夕夕然然然然

수연: 비록 그러하나

- 毅然(의연) 의지가 굳고 꿋꿋없음.
- 超然(초연) 범위 밖으로 뛰어난 모양.
- 隱然(은연) 모르게 모양이 드러남.
- 浩然(호연) 넓고 큰 모양.

收穫

거둘 수	거둘 확
攵-2획	禾-14획

丨 丬 丬 丬 收 收
二 禾 秅 秅 秐 穛 穫

수확
농작물을 거둬들임

- 收納(수납) 거둬들여서 바침.
- 未收(미수) 아직 다 거두지 못함.
- 回收(회수) 도로 거둬들임.
- 一攫千金(일확천금) 단번에 많은 재물을 얻음.

熟練

익숙할 숙	익힐 련
灬-11획	糸-9획

二 亠 亨 孰 孰 熟 熟
' 幺 糸 紅 細 紳 練

숙련
능숙하도록 익힘

- 熟考(숙고) 잘 생각함.
- 圓熟(원숙) 원만 숙달의 경지에 이름.
- 練習(연습) 연마하여 익힘.
- 訓練(훈련) 가르침을 받아 단련함.

宿昔

잘 숙, 별 수	옛 석
宀-8획	日-4획

' 宀 宀 宁 宿 宿 宿
一 卄 艹 昔 昔 昔 昔

숙석
머지 않은 옛날

- 宿命(숙명) 선천적으로 타고난 운명.
- 宿敵(숙적) 오래 전부터의 원수.
- 寄宿(기숙) 남의 집에 몸을 붙여 삶.
- 昔遊(석유) 이전에 놀았던 일.

孰哉

누구 숙	어조사 재
子-8획	口-6획

二 亠 亨 享 孰 孰 孰
十 土 吉 吉 哉 哉 哉

숙재
누구이겠느냐?

- 熟知(숙지) 누가 ~을 알 것인가?
- 哀哉(애재) '슬프도다'의 뜻.
- 快哉(쾌재) 일이 잘 되어 만족스럽게 여김.
- 嗚呼痛哉(오호통재) 아아 슬프도다.

叔姪

아재비 숙	조카 질
又-6획	女-6획

丨 上 于 未 未 叔 叔
ㄑ 女 女 奶 奶 姪 姪

숙질
아저씨와 조카

- 堂叔(당숙) 아버지의 사촌 형제.
- 伯叔(백숙) 네 형제 가운데 맏이와 셋째.
- 姪女(질녀) 조카딸.
- 甥姪(생질) 누이의 아들.

瞬間

눈깜짝할 순	사이 간
目-12획	門-4획

目 肝 睁 睁 瞬 瞬 瞬
「 「 門 門 門 問 間

순간
눈 깜짝할 사이 🔒 刹那

- 一瞬(일순) 지극히 짧은 시간. 🔒 霎時
- 間或(간혹) 이따금. 간간이.
- 空間(공간) 비어 있어 아무것도 없는 곳.
- 週間(주간) 한 주일 동안.

殉敎

바칠 순	종교 교, 가르칠 교
歹-6획	攵-7획

丆 歹 歹 殀 殉 殉 殉
' ㄨ 乂 耂 耂 孝 敎

순교
종교를 위해 목숨을 바침

- 殉職(순직) 직무를 위해 목숨을 바침.
- 敎養(교양) 가르쳐 기름.
- 敎訓(교훈) 가르치고 이끌어 줌.
- 說敎(설교) 단단히 타일러 가르침.

旬朔

열흘 순, 십년 순	초하루 삭, 북쪽 삭
日-2획	月-6획

' 勹 勹 旬 旬 旬
丷 䒑 䒑 屰 朔 朔 朔

순삭
초열흘과 초하루

- 中旬(중순) 한 달의 11일~20일 사이.
- 初旬(초순) 초하루부터 초열흘까지의 사이.
- 七旬(칠순) 나이 일흔 살.
- 朔風(삭풍) 겨울철의 북풍.

巡視		〈 〈〈 〈〈〈 ⺍ ⺍ 巡 巡	順逆		ノ 川 『 『『 順 順
돌 순 《《-4획	볼 시 見-5획	巡視	좇을 순, 순할 순 頁-3획	거스를 역 辶-6획	順逆
순시 돌아다니며 살펴봄		二 亍 示 礻 礻 視 視	순역 순종과 거역		丶 丷 屰 屰 屰 逆 逆
巡廻(순회) 각처로 돌아다님. 視野(시야) 눈으로 볼 수 있는 범위. 輕視(경시) 가볍게 봄. ㉰ 重視 無視(무시) 눈여겨 보지 않음.			耳順(이순) 나이 60세 된 때. 柔順(유순) 성질이 부드럽고 온순함. 逆境(역경) 뜻대로 되지 않는 경우. 反逆(반역) 배반하여 돌아섬.		
純乎		′ 幺 乎 糸 紅 紝 純	循環		′ 彳 彳′ 彳″ 循 循 循
순수할 순 糸-4획	어조사 호 丿-4획	純乎	두루 돌 순, 좇을 순 彳-9획	두를 환, 고리 환 王-13획	循環
순호 섞인 것이 전혀 없는 모양		′ ″ ‴ 兯 乎	순환 쉬지 않고 자꾸 돎		王 珤 珤 珤 珤 環 環
純潔(순결) 마음과 몸이 깨끗함. 純眞(순진) 마음이 순박하고 진실함. 溫純(온순) 온화하고 단순함. 斷乎(단호) 결심을 과단성 있게 처리함.			循次(순차) 차례를 좇음. 環狀(환상) 고리처럼 생긴 형상. 環視(환시) 사방을 두루 둘러봄. 花環(화환) 꽃을 모아 둥글게 만든 것.		
崇尚		⺌ 屮 屮 岿 岿 岽 崇	拾遺		一 扌 扌′ 扲 拴 拾 拾
높일 숭 山-8획	숭상할 상 小-5획	崇尚	주울 습, 열 십 扌-6획	잃을 유 辶-12획	拾遺
숭상 높이어 소중하게 여김		丨 丬 小 ⺌ 屵 尙 尚	습유 남이 버린 것을 주움		口 虫 肀 書 貴 遺 遺
崇高(숭고) 존귀하고 고상함. 崇拜(숭배) 우러러 공경함. 尙古(상고) 옛 문물을 숭상함. 高尙(고상) 뜻과 몸가짐이 점잖고 높음.			拾得(습득) 주워서 얻음. ㉰ 紛失 收拾(수습) 흩어진 물건을 주워 거둠. 遺憾(유감) 마음에 섭섭함. 遺産(유산) 죽은 사람이 남긴 재산.		
昇降		丨 口 日 旦 昇 昇 昇	勝負		丿 月 肊 胖 胖 勝 勝
오를 승 日-4획	내릴 강, 항복할 항 阝-6획	昇降	이길 승 力-10획	패할 부, 짐질 부 貝-2획	勝負
승강 오르고 내림		阝 阝′ 阝″ 阝‴ 降 降 降	승부 이김과 짐		′ ″ 宀 角 自 負 負
昇進(승진) 직위가 오름. 昇格(승격) 어떤 표준으로 자격이 오름. 降雪(강설) 눈이 내림. 下降(하강) 아래로 내림.			勝算(승산) 꼭 이길 가망성. 連勝(연승) 잇달아 이김. ㉰ 連敗 負傷(부상) 몸에 상처를 입음. 抱負(포부) 마음속에 지닌 생각·계획.		

僧俗 (승속)

僧 중 승 / 亻-12획
俗 속될 속, 풍속 속 / 亻-7획

필순: 亻 亻' 亻'' 僧 僧 僧 僧
필순: 亻 亻' 亻'' 伀 伀 俗 俗

승속: 승려와 속인

- 僧侶(승려) 중.
- 高僧(고승) 학덕이 높은 중.
- 民俗(민속) 민간의 풍속.
- 土俗(토속) 그 지방의 특유한 풍속.

乘醉 (승취)

乘 탈 승 / 丿-9획
醉 취할 취 / 酉-8획

필순: 二 千 千 乖 乖 乘 乘
필순: 一 冂 酉 酉 酉' 醉 醉

승취: 취흥을 탐

- 乘客(승객) 탈것을 타는 손님.
- 搭乘(탑승) 배·비행기 등에 올라탐.
- 陶醉(도취) 어떤 것에 마음이 끌림.
- 心醉(심취) 깊이 빠져 마음이 도취함.

市街 (시가)

市 도시 시 / 巾-2획
街 거리 가 / 行-6획

필순: 丶 亠 宀 方 市
필순: 丿 彳 彳' 律 律 街 街

시가: 도시의 큰 길거리

- 市場(시장) 매매를 위해 시설한 장소.
- 波市(파시) 해상에 열리는 생선 시장.
- 街頭(가두) 시가지의 길거리.
- 街販(가판) 신문의 가두 판매대.

是非 (시비)

是 옳을 시 / 日-5획
非 그를 비 / 非-0획

필순: 丶 日 旦 早 旱 昇 是
필순: 丿 丿' 丬 丬' 非 非 非

시비: 옳고 그름, 잘잘못

- 是認(시인) 옳다고 인정함. (반) 否認
- 是正(시정) 잘못된 것을 바로잡음.
- 非難(비난) 남의 흠을 책잡음.
- 非命(비명) 뜻밖의 재난으로 죽음.

施設 (시설)

施 베풀 시 / 方-5획
設 베풀 설 / 言-4획

필순: 亠 亠' 方 方' 方" 施 施
필순: 亠 言 言' 言" 設 設 設

시설: 베풀어 설비함

- 施行(시행) 실지로 행함. (반) 實施
- 設計(설계) 계획을 세움.
- 設備(설비) 베풀어 갖춤.
- 開設(개설) 새로 설치함.

始終 (시종)

始 처음 시 / 女-5획
終 마칠 종 / 糸-5획

필순: 〈 く 女 女' 如 始 始
필순: 〈 幺 幺' 糸 紗 終 終

시종: 처음과 끝

- 始發(시발) 맨 처음의 출발이나 발차.
- 原始(원시) 처음. 시초. (비) 當初
- 終結(종결) 끝을 냄.
- 臨終(임종) 죽음에 임함.

侍從 (시종)

侍 모실 시 / 亻-6획
從 좇을 종 / 彳-8획

필순: 亻 亻' 亻" 侍 侍 侍 侍
필순: 丿 彳 彳' 彳" 伀 從 從

시종: 임금을 모시는 신하

- 侍下(시하) 부모를 모시고 있는 사람.
- 從來(종래) 이전부터 지금까지.
- 盲從(맹종) 시키는 대로 무턱대고 따름.
- 順從(순종) 순순히 복종함.

試驗 (시험)

試 시험할 시 / 言-6획
驗 시험할 험, 보람 험 / 馬-13획

필순: 亠 言 言' 訂 訂' 試 試
필순: 厂 馬 馬' 駼 駼' 驗 驗

시험: 능력 등을 시험하는 일

- 考試(고시) 공무원 임용의 시험.
- 經驗(경험) 몸소 겪어 봄.
- 體驗(체험) 몸소 경험함. (비) 經驗
- 效驗(효험) 일의 공·보람. 효력

食堂

밥 식, 먹을 사	집 당
食-0획	土-8획

丿人人今今食食

食堂

식당
식사를 하는 방

丨丷尚尚当堂堂

乞食(걸식) 빌어서 얻어 먹음.
會食(회식) 여럿이 모여 함께 음식을 먹음.
講堂(강당) 강의나 의식을 행하는 큰방.
書堂(서당) 글방.

植樹

심을 식	나무 수, 세울 수
木-8획	木-12획

一十才 朾 朾 朾 植 植

植樹

식수
나무를 심음

十 朴 枯 植 植 樹 樹

移植(이식) 옮겨 심음.
樹立(수립) 공이나 사업을 세움.
果樹(과수) 식용을 목적으로 심는 나무.
常綠樹(상록수) 늘 푸른 나무.

申告

알릴 신	알릴 고
申-0획	口-4획

丨口曰日申

申告

신고
사유를 관청에 보고함

丿ㄥ屮生牛告告

申申(신신) 부탁을 거듭거듭 함.
申請(신청) 신고하여 청구함.
報告(보고) 알리어 바침. 통지함.
豫告(예고) 미리 알림.

辛未

천간 신, 매울 신	지지 미, 아닐 미
辛-0획	木-1획

丶一十立立辛

辛未

신미
육십갑자의 여덟째

一二十才未

辛辣(신랄) 가혹하고 매서움.
辛味(신미) 매운 맛.
未達(미달) 어떤 한도에 이르지 못함.
未洽(미흡) 아직 넉넉하지 못함.

神仙

신선 신	신선 선
示-5획	亻-3획

一二亍 示 示 和 祠 神

神仙

신선
선도를 닦아 도에 통한 사람

丿亻亻仙仙

神奇(신기) 신묘하고 기이함.
神靈(신령) 신통하고 영묘함.
仙桃(선도) 선경에 있다는 복숭아.
仙女(선녀) 선경에 사는 여자 신선.

晨昏

새벽 신	어두울 혼
日-7획	日-4획

口日尸尸晨晨晨

晨昏

신혼
새벽과 황혼

一𠂉氏昏昏昏

辰星(신성) 샛별.
昏迷(혼미) 마음이 어두워 흐리멍덩함.
昏睡(혼수) 의식이 없고 인사불성임.
黃昏(황혼) 해가 질 때.

深潭

깊을 심	못 담
氵-8획	氵-12획

氵氵汀汀浑深深

深潭

심담
깊은 연못

氵氵沪沥沥潭

深思(심사) 깊이 생각함. 예 ~熟考
深奧(심오) 깊고 오묘함.
潭心(담심) 깊은 못의 중심.
碧潭(벽담) 푸른빛이 감도는 깊은 못.

尋訪

찾을 심	찾을 방
寸-9획	言-4획

フヨヨ큐큐쿄尋尋

尋訪

심방
방문하여 찾아봄

一二言言訪訪

推尋(추심) 찾아내서 가져옴.
訪問(방문) 남을 찾아봄.
巡訪(순방) 차례로 찾아다님.
探訪(탐방) 어떤 일의 진상을 탐문함.

審判

審	判
살필 심 宀-12획	판단할 판 刂-5획

필순: 丶宀宀宀宀宑宷審審
필순: 丶八公公半判判

심판 — 경기의 승패를 판단함

- 審問(심문) 자세히 따져 물음.
- 審査(심사) 자세히 살펴 조사함.
- 判明(판명) 사실이 똑똑하게 드러남.
- 判異(판이) 아주 다름.

十升

十	升
열 십 十-0획	되 승 十-2획

필순: 一十
필순: 丿二千升

십승 — 열 되. 곧 1말

- 十年(십년) 열 해. 예 ~減壽
- 十分(십분) 넉넉히. 아주 부족함 없이.
- 十中八九(십중팔구) 거의 다 됨을 말함.
- 升麻(승마) 성탄꽃과의 다년초.

雙淚

雙	淚
쌍 쌍 隹-10획	눈물 루 氵-8획

필순: 亻仁仹佳仹雙雙
필순: 氵氵氵沪沪涙涙

쌍루 — 두 눈에서 흐르는 눈물

- 雙璧(쌍벽) 여럿 가운데 뛰어난 둘.
- 落淚(낙루) 눈물을 떨어뜨림.
- 催淚(최루) 눈물을 나오게 함. 예 ~彈
- 紅淚(홍루) 피눈물. 예 血淚

亞流

亞	流
버금 아 二-6획	갈래 류 氵-7획

필순: 一丆亓亞亞亞亞
필순: 氵氵氵汸汸流流

아류 — ①무리 ②두 번째 가는 사람

- 亞細亞(아세아) 아시아의 음역.
- 流動(유동) 흘러 움직임.
- 流浪(유랑) 헤매어 떠돌아다님.
- 流通(유통) 거침없이 흘러 통함.

阿附

阿	附
아첨할 아 阝-5획	붙을 부 阝-5획

필순: 阝阝阝阿阿阿
필순: 阝阝阝阝阝附附

아부 — 남의 비위를 맞추어 알랑거림

- 附加(부가) 덧붙임. 예 添加
- 附近(부근) 가까운 언저리. 예 近處
- 附着(부착) 들러붙어 떨어지지 않음.
- 寄附(기부) 보조의 목적으로 내어 줌.

眼鏡

眼	鏡
눈 안 目-6획	안경 경 金-11획

필순: 冂目目刀引眼眼眼
필순: 人乍金金針鋛鏡鏡

안경 — 시력을 위해 눈에 쓰는 물건

- 眼目(안목) 사물을 보고 분별함.
- 眼光(안광) ① 눈의 정기. ② 관찰력.
- 銅鏡(동경) 구리로 만든 거울.
- 破鏡(파경) 사이가 좋지 않아 이별함.

雁鴻

雁	鴻
기러기 안 隹-4획	큰기러기 홍 鳥-6획

필순: 一厂厂厃厍雁雁
필순: 氵氵汀沪鴻鴻

안홍 — 기러기와 큰 기러기

- 雁書(안서) 먼 곳에서 오는 소식.
- 雁陣(안진) 떼 지어 날아가는 기러기.
- 鴻基(홍기) 큰 사업을 이루는 기초.
- 鴻恩(홍은) 넓고 큰 은덕.

謁聖

謁	聖
뵈올 알 言-9획	성인 성 耳-7획

필순: 二言訂訶謁謁謁
필순: 厂耳耶耶聖聖聖

알성 — 임금이 공자 신위에 참배함

- 拜謁(배알) 높은 어른께 뵘.
- 聖君(성군) 덕이 뛰어난 어진 임금.
- 聖恩(성은) 임금의 거룩한 은혜.
- 聖賢(성현) 성인과 현인.

暗黑 (암흑)

暗	黑	冂日旷旷晔暗暗
어두울 암 日-9획	검을 흑 黑-0획	暗黑

암흑 아주 캄캄한 어둠

口円四回里黒黒

暗記(암기) 머릿속에 기억해 잊지 않음.
暗礁(암초) 물 속에 숨어 있는 바위.
黑幕(흑막) 겉으로 드러나지 않는 내막.
黑鉛(흑연) 탄소로 된 광물.

仰請 (앙청)

仰	請	ノイ仁仰仰仰
우러를 앙 亻-4획	청할 청 言-8획	仰請

앙청 우러러 청함

亠言言言請請請

仰望(앙망) 우러러 바람. 例 仰見
信仰(신앙) 믿고 받듦. 例 ~告白
請婚(청혼) 결혼하기를 청함.
懇請(간청) 간절히 청함.

涯際 (애제)

涯	際	氵氿沪浐淮涯涯
물가 애 氵-8획	가 제, 사귈 제 阝-11획	涯際

애제
① 물가 ② 한계

阝阝阶阼陊際際

天涯(천애) 하늘 끝. 例 ~孤兒
交際(교제) 서로 사귐.
國際(국제) 나라와 나라와의 교제.
實際(실제) 실지의 경우. 例 事實

哀歡 (애환)

哀	歡	亠亠吉戸亨亨哀
슬플 애 口-6획	기뻐할 환 欠-18획	哀歡

애환 슬픔과 기쁨

艹艹茈茊萑歡歡

哀乞(애걸) 슬피 하소연하며 빎.
哀樂(애락) 슬픔과 즐거움.
歡迎(환영) 기쁜 마음으로 맞음.
歡呼(환호) 기뻐서 부르짖음.

也矣 (야의)

也	矣	ノ 也也
어조사 야 乙-2획	어조사 의 矢-2획	也矣

야의 어조사 '也'와 '矣'

厶厸纪纪矣矣

也者(야자) ~라고 하는 것은.
也乎(야호) 뜻을 강하게 하는 어조사.
矣夫(의부) 영탄의 조사.
矣哉(의재) 영탄의 어조사.

耶兮 (야혜)

耶	兮	一厂F耳耳耶耶
어조사 야 耳-3획	어조사 혜 八-2획	耶兮

야혜 어조사 '耶'와 '兮'

ノ八公兮

耶蘇(야소) 예수.
耶孃(야양) 아버지와 어머니.
也耶(야야) 영탄하는 어조사.
兮矣(혜의) 어조사 '兮'와 '矣'.

若茲 (약자)

若	茲	一艹艹芋若若
같을 약, 만약 약 艹-5획	이 자 玄-5획	若茲

약자 이러함. 이와 같음

艹艹茊茊茲茲

若干(약간) 얼마 안됨. 얼마쯤.
萬若(만약) 혹 그러한 경우에는.
茲以(자이) 이로써.
茲其(자기) 농기구의 이름. 호미.

楊柳 (양류)

楊	柳	十才木木桿楊楊
버들 양 木-9획	버들 류 木-5획	楊柳

양류 버드나무

十才木朾柳柳柳

楊枝(양지) 버들가지.
白楊(백양) 버들과의 낙엽 교목.
柳絲(유사) 버드나무의 가느다란 가지.
細柳(세류) 가지가 몹시 가는 양류.

揚陸
- 올릴 양 (扌-9획)
- 뭍 륙 (阝-8획)

양륙: 배의 짐을 육지로 운반하는 일

- 宣揚(선양) 널리 떨침.
- 引揚(인양) 끌어 올림.
- 陸戰(육전) 육지에서 싸우는 전쟁.
- 上陸(상륙) 배에서 육지로 오름.

필순: 扌 扌 押 押 押 揚 揚
필순: 阝 阝 阡 陸 陸 陸

羊毛
- 양 양 (羊-0획)
- 털 모 (毛-0획)

양모: 양의 털

- 羊皮(양피) 양의 가죽.
- 毛髮(모발) 사람의 머리털.
- 毛絲(모사) 털실.
- 毛織(모직) 털실로 짠 피륙.

필순: ` ´ ´ ´ ´ 羊 羊
필순: ´ 二 三 毛

養蠶
- 기를 양 (食-6획)
- 누에 잠 (虫-18획)

양잠: 누에를 침

- 養育(양육) 부양하여 기름.
- 培養(배양) 식물을 북돋아 기름.
- 療養(요양) 병의 치료와 조리.
- 蠶業(잠업) 누에를 치는 직업.

필순: ´ ´ 羊 养 养 養 養
필순: 蠶蠶蠶蠶蠶 (虫 蠶)

洋畵
- 서양 양 (氵-6획)
- 그림 화 (田-7획)

양화: 서양화

- 洋靴(양화) 구두.
- 東洋(동양) 동쪽 아시아.
- 畵廊(화랑) 그림을 전람해 놓은 방.
- 畵幅(화폭) 그림을 그린 족자.

필순: ` 氵 氵 氵 洋 洋 洋
필순: ヨ 彐 聿 書 書 畵 畵

御床
- 어거할 어 (彳-8획)
- 평상 상 (广-4획)

어상: 임금의 음식을 차려 놓은 상

- 御命(어명) 임금의 명령.
- 御前(어전) 임금이 있는 자리.
- 病床(병상) 병자가 누워 있는 침상.
- 起床(기상) 침상에서 일어남.

필순: ´ 彳 彳 徉 徉 御 御
필순: ´ 广 广 庁 床 床

於焉
- 어조사 어 (方-4획)
- 어조사 언, 어찌 언 (灬-7획)

어언: 알지 못하는 동안에 어느덧

- 於半(어반) 서로 비슷함.
- 於是乎(어시호) 이제야.
- 焉敢(언감) 어찌 감히. 예 ~生心
- 終焉(종언) 마지막. 최후.

필순: ´ 亠 方 方 水 於 於
필순: ´ 下 正 正 焉 焉 焉

語節
- 말씀 어 (言-7획)
- 마디 절, 절약할 절 (竹-9획)

어절: 문장을 이루는 말의 도막

- 語義(어의) 말의 뜻.
- 語彙(어휘) 낱말을 순서에 따라 모은 것.
- 節減(절감) 절약하여 줄임.
- 節制(절제) 알맞게 조절함.

필순: ´ 亠 言 訂 語 語 語
필순: ´ 竹 竹 節 節 節 節

漁獲
- 고기 잡을 어 (氵-11획)
- 얻을 획 (犭-14획)

어획: 수산물을 포획·채취함

- 漁網(어망) 물고기를 잡는 그물.
- 出漁(출어) 물고기를 잡으러 나감.
- 獲得(획득) 손에 넣음. 얻음.
- 捕獲(포획) 짐승이나 물고기를 잡음.

필순: ` 氵 氵 沾 漁 漁 漁
필순: 犭 犭 犭 犭 獲 獲 獲

億萬

億	萬
억 억 亻-13획	일만 만 艹-9획

억만 ① 억 ② 아주 많은 수효

億臺(억대) 억으로 헤아릴 만한.
億兆(억조) 썩 많은 수. 예 ~ 蒼生
萬古(만고) 한없는 세월. 예 ~江山
萬能(만능) 모든 사물에 다 능통함.

抑壓

抑	壓
누를 억 扌-4획	누를 압 土-14획

억압 힘으로 억누름

抑留(억류) 억지로 머무르게 함.
抑制(억제) 억눌러서 제어함.
壓迫(압박) 내리 누름. 예 解放
鎭壓(진압) 진정시켜 억누름.

嚴肅

嚴	肅
엄숙할 엄 口-17획	엄숙할 숙 聿-7획

엄숙 장엄하고 정숙함

嚴密(엄밀) 엄중하고 정밀함.
謹嚴(근엄) 점잖고 엄함.
肅然(숙연) 고요하고 엄숙함.
莊嚴(장엄) 존귀하고 엄숙함. 예 雄壯

業績

業	績
업 업 木-9획	공적 길쌈할 적 糸-11획

업적 일의 공적이나 업무의 성적

産業(산업) 생산을 하는 사업.
操業(조업) 작업을 실시함.
就業(취업) 직업을 얻음.
紡績(방적) 섬유를 가공해 실을 만드는 일.

輿望

輿	望
여럿 여 車-10획	바랄 망 月-7획

여망 여러 사람의 기대

輿論(여론) 사회 대중의 공통된 의견.
野望(야망) 분에 넘치는 희망.
展望(전망) 앞날에 있어서의 일의 형세.
希望(희망) 어떤 일을 이루고자 바람.

汝余

汝	余
너 여 氵-3획	나 여 人-5획

여여 너와 나

汝等(여등) 너희들. 예 汝輩
吾汝(오여) 나와 너.
余等(여등) 우리들. 예 我等
余月(여월) 음력 4월의 딴 이름.

予曰

予	曰
나 여 亅-3획	가로 왈 曰-0획

여왈 내가 말하기를

予奪(여탈) 주는 것과 빼앗는 것.
曰牌(왈패) 언행이 수선스러운 사람.
曰可曰否(왈가왈부) 어떤 일에 대하여 옳다느니 그르다느니 말함. 이러쿵저러쿵함.

餘韻

餘	韻
남을 여 食-7획	운치 운 音-5획

여운 가시지 않고 남아 있는 운치

餘生(여생) 나머지의 목숨.
餘他(여타) 그 밖의 다른 것.
韻致(운치) 고아한 품위가 있는 기상.
韻文(운문) 시의 형식을 갖춘 글.

亦	如
또 역 亠-4획	같을 여 女-3획

역여
또한 같음

亦是(역시) 또한. 마찬가지로.
如實(여실) 사실과 꼭 같음.
如此(여차) 이러함. 이와 같음.
缺如(결여) 빠져서 없음. 부족함.

疫	疾
염병 역 疒-4획	병 질 疒-5획

역질
천연두

防疫(방역) 전염병 발생 침입을 미리 막음.
疾病(질병) 신체의 온갖 기능 장애.
疾走(질주) 빨리 달림.
痼疾(고질) 고치기 어려운 병.

鉛	鑛
납 연 金-5획	쇳돌 광 金-15획

연광
납을 캐내는 광산

鉛醋(연초) 염기성 초산연액.
鑛山(광산) 광물을 캐내는 산.
金鑛(금광) 금을 캐내는 광산.
採鑛(채광) 광석을 채취함.

研	究
연구할 연 石-6획	궁구할 구 穴-2획

연구
조사하고 생각하여 진리를 알아냄

研磨(연마) 갈고 닦음.
講究(강구) 좋은 도리를 연구함.
追究(추구) 근본을 캐어들어 규명함.
探究(탐구) 더듬어 연구함.

演	壇
행할 연 氵-11획	단 단 土-13획

연단
연설·강연자가 서는 단

演奏(연주) 악기로 음악을 들려줌.
公演(공연) 음악·극 따위를 공개함.
敎壇(교단) 교실에서 선생이 강의하는 단.
文壇(문단) 문인들의 사회.

燕	麥
제비 연 灬-12획	보리 맥 麥-0획

연맥
귀리

燕居(연거) 한가히 집에 있음.
燕息(연식) 편안히 잠.
麥農(맥농) 보리농사.
麥秋(맥추) 보리가 익는 철.

燃	燒
불 탈 연 火-12획	불사를 소 火-12획

연소
불붙어 탐

燃料(연료) 가열용의 재료. 곧 장작·석탄 등.
燒却(소각) 불에 살라 버림.
燒滅(소멸) 타서 없어짐.
燒失(소실) 불타 없어짐.

沿	岸
물 좇을 연 氵-5획	언덕 안 山-5획

연안
하해나 호수에 연한 물가

沿海(연해) 육지에 가까운 바다.
沿革(연혁) 변천되어 온 내력.
岸壁(안벽) 깎아지른 듯 험한 물가.
海岸(해안) 바닷가의 언덕.

軟弱 (연약)
- 연할 연 (車-4획)
- 약할 약 (弓-7획)

연약 — 연하고 약함

- 軟體(연체) 부드럽고 연한 체질. 예 ~動物
- 軟性(연성) 부드러운 성질. 반 硬性
- 弱點(약점) 모자라는 점. 비 缺點
- 弱化(약화) 세력이 약하여짐.

필순: 一 百 車 軋 軌 軟 軟
필순: 弓 弓 号 号 弱 弱

緣由 (연유)
- 인연 연 (糸-9획)
- 까닭 유 (由-0획)

연유 — 일의 까닭 비 緣故

- 因緣(인연) 서로의 연분. 비 緣分
- 血緣(혈연) 같은 핏줄로 연결된 인연.
- 由緒(유서) 사물이 유래한 단서.
- 經由(경유) 거치어 지나감.

필순: 幺 糸 紵 紵 終 緣 緣
필순: 丨 冂 曰 由 由

硯滴 (연적)
- 벼루 연 (石-7획)
- 물방울 적 (氵-11획)

연적 — 벼룻물을 담는 그릇

- 硯石(연석) 벼룻돌.
- 筆硯(필연) 붓과 벼루.
- 滴下(적하) 물방울이 떨어짐.
- 雨滴(우적) 빗방울.

필순: 丆 石 矸 矿 硯 硯 硯
필순: 氵 氵 泸 滴 滴 滴 滴

煙戶 (연호)
- 연기 연 (火-9획)
- 집 호 (戶-0획)

연호 — 연기가 나는 집

- 煤煙(매연) 그을음 섞인 연기.
- 吸煙(흡연) 담배를 피움.
- 戶當(호당) 집마다 배당된 몫.
- 戶主(호주) 한 집안의 주장이 되는 사람.

필순: 丶 火 炉 炻 烟 烟 煙
필순: 丶 冫 冄 戶

鹽酸 (염산)
- 소금 염 (鹵-13획)
- 실 산 (酉-7획)

염산 — 염화수소의 수용액

- 鹽分(염분) 바닷물 중에 함유된 염류량.
- 食鹽(식염) 소금.
- 酸性(산성) 신맛이 있는 물질의 성질.
- 黃酸(황산) 무기산의 하나.

필순: 丁 臣 臣 臨 鹽 鹽 鹽
필순: 丆 西 酉 酊 酸 酸 酸

英傑 (영걸)
- 뛰어날 영 (艹-5획)
- 뛰어난 걸 (亻-10획)

영걸 — 재주가 뛰어난 사람

- 英才(영재) 탁월한 재주. 그 사람.
- 傑作(걸작) 썩 훌륭한 작품.
- 傑出(걸출) 남보다 훨씬 뛰어남.
- 豪傑(호걸) 기개와 풍모가 뛰어난 사람.

필순: 一 卝 艹 苎 莅 英 英
필순: 丿 亻 俨 伊 傑 傑 傑

榮枯 (영고)
- 영화 영 (木-10획)
- 마를 고 (木-5획)

영고 — 번영함과 쇠멸함

- 榮譽(영예) 영광스러운 명예. 비 榮光
- 虛榮(허영) 필요 이상의 겉치레.
- 枯渴(고갈) 물이 바싹 마름.
- 枯木(고목) 말라죽은 나무. 예 ~生花

필순: 丶 ⺍ 炏 燚 炏 燚 榮
필순: 一 十 木 朴 朴 枯 枯

永遠 (영원)
- 길 영 (水-1획)
- 멀 원 (辶-10획)

영원 — 길고 오랜 무한한 세월

- 永劫(영겁) 지극히 긴 세월.
- 永訣(영결) 죽은 이와 산 이의 이별.
- 遠大(원대) 뜻이 깊고 큼. 예 ~한 抱負
- 遠征(원정) 멀리 정벌을 감.

필순: 丶 丁 亅 永 永
필순: 十 吉 吉 袁 袁 遠 遠

映	窓
비칠 영 日-5획	창 창 穴-6획

영창
채광과 환기를 위한 미닫이

反映(반영) 반사하여 비침.
上映(상영) 영화를 영사해 공개함.
同窓(동창) 동창생.
車窓(차창) 차의 창문.

銳	鈍
날카로울 예 金-7획	둔할 둔 金-4획

예둔
날카로움과 둔함

銳利(예리) 연장 따위가 날카로워 잘 듦.
銳敏(예민) 날카롭고 민첩함.
鈍濁(둔탁) 둔하고 탁함.
愚鈍(우둔) 어리석고 둔함.

吾	黨
나 오 口-4획	무리 당 黑-8획

오당
① 우리 당 ② 우리 고을

吾等(오등) 우리들.
黨首(당수) 한 당의 우두머리.
黨爭(당쟁) 당파를 이루어 서로 싸움.
黨派(당파) 붕당의 나뉜 갈래.

梧	桐
오동나무 오 木-7획	오동나무 동 木-6획

오동
오동나무

梧葉(오엽) 오동나무의 잎.
梧陰(오음) 오동나무 그늘.
桐孫(동손) 오동나무의 작은 가지.
桐油(동유) 오동의 씨에서 짜낸 기름.

五	倫
다섯 오 二-2획	인륜 륜 亻-8획

오륜
사람이 지켜야 할 다섯 가지 도리

五輪(오륜) 올림픽 마크.
倫理(윤리) 사람이 지켜야할 도리.
不倫(불륜) 인륜에 어긋남. ㉑ 悖倫
比倫(비륜) 같은 종류가 될 만함.

傲	慢
거만할 오 亻-11획	거만할 만, 게으를 만 忄-11획

오만
태도가 건방지고 거만함

傲氣(오기) 지기 싫어하는 마음.
慢性(만성) 오래 끄는 병의 성질.
驕慢(교만) 젠 체하고 뽐내며 방자함.
怠慢(태만) 게으르고 느림. ㉑ 謙遜

午	睡
낮 오 十-2획	잠잘 수 目-8획

오수
낮잠

午正(오정) 낮 12시. 정오. ㉑ 子正
午後(오후) 오정부터 밤 열두 시까지의 사이.
睡眠(수면) 자는 일.
熟睡(숙수) 깊이 든 잠.

汚	辱
더러울 오 氵-3획	욕 욕 辰-3획

오욕
더럽히고 욕되게 함

汚物(오물) 더러운 물건.
汚染(오염) 더럽게 물듦.
侮辱(모욕) 깔보아 욕되게 함.
雪辱(설욕) 수치를 씻음.

烏	竹	丿丶卢乌烏烏烏
검을 오, 까마귀 오 灬-6획	대 죽 竹-0획	
오죽 줄기가 검은 빛의 대		ノ ┠ ┡ ┡ 竹 竹
烏鷄(오계) 털이 검은 닭. 烏銅(오동) 검붉은 구리. 竹林(죽림) 대나무 숲. ⑩ ~七賢 竹杖(죽장) 대로 만든 지팡이.		

玉	篇	一 二 千 王 玉
구슬 옥 玉-0획	책 편, 펼 편 竹-9획	
옥편 자형에 따라 만든 한자 자전		⺮ ⺮ ⺮ 笃 篇 篇 篇
玉手(옥수) 옥같이 고운 손. 玉座(옥좌) 임금이 앉는 자리. 短篇(단편) 짤막하게 끝을 낸 글. 長篇(장편) 긴 글로 한 편을 이룬 글.		

溫	冷	氵 汙 汨 汨 溫 溫 溫
따뜻할 온 氵-10획	찰 랭 冫-5획	
온랭 따뜻함과 참		丶 冫 冫 冷 冷 冷
溫和(온화) 성질이 온순하고 유화함. 氣溫(기온) 대기의 온도. 冷凍(냉동) 차게 하여 얼림. 冷酷(냉혹) 인정이 없고 혹독함.		

翁	姑	八 公 公 今 爷 翁 翁
아버지 옹, 늙은이 옹 羽-4획	시어미 고 女-5획	
옹고 시아버지와 시어머니		乂 女 女 奷 奷 姑 姑
翁主(옹주) 임금의 서녀. 姑母(고모) 아버지의 누이. 姑婦(고부) 시어머니와 며느리. 姑從(고종) 고종 사촌.		

臥	龍	一 丆 丏 五 臣 卧 臥
누울 와 臣-2획	용 룡 龍-0획	
와룡 누워 있는 용		立 产 育 育 背 龍 龍
臥病(와병) 병으로 자리에 누움. 龍頭(용두) 용의 머리. ⑩ ~蛇尾 龍紋(용문) 용을 그린 오색 무늬. 龍顔(용안) 임금의 얼굴.		

緩	急	幺 糸 糽 紀 紓 綏 緩
느릴 완 糸-9획	빠를 급 心-5획	
완급 ① 늦음과 빠름 ② 위급		ノ ク 今 急 急 急 急
緩慢(완만) 느릿느릿함. 緩和(완화) 급박한 것을 느슨하게 함. 緊急(긴급) 일이 긴요하고도 급함. 應急(응급) 급한 대로 우선 처리함.		

完	遂	丶 宀 宀 宀 宂 宇 完
완전할 완 宀-4획	이룰 수 辶-9획	
완수 완전히 수행함		丷 ソ 子 豕 豕 遂 遂
完備(완비) 빠짐없이 구비함. 補完(보완) 모자라는 것을 보충함. 遂行(수행) 계획한 대로 해냄. 未遂(미수) 목적을 이루지 못함.		

往	來	ノ ノ 彳 彳 行 行 往
갈 왕 彳-5획	올 래 人-6획	
왕래 가고 오고 함		一 厂 厂 丙 來 來 來
往年(왕년) 지난해. 往復(왕복) 갔다가 돌아옴. ⑩ 片道 未來(미래) 아직 오지 않은 앞날. 從來(종래) 지금까지 내려온 그대로.		

王妃 (왕비)

王 임금 왕 (王-0획) / **妃** 왕비 비 (女-3획)

필순: 一 二 千 王 / ㄑ ㄅ 女 女 妃 妃

왕비: 임금의 아내

- 王道(왕도) 임금으로서 행해야 할 도리.
- 王命(왕명) 임금의 명령.
- 大妃(대비) 先王(선왕)의 후비.
- 后妃(후비) 제왕의 배필.

畏兄 (외형)

畏 두려워할 외 (田-4획) / **兄** 맏 형 (儿-3획)

필순: 冂 田 田 甼 甼 畏 畏 / ㇀ 冂 口 尸 兄

외형: 친구끼리 점잖게 이르는 말

- 畏怯(외겁) 두렵게 여기고 겁냄.
- 畏友(외우) 가장 아껴 존경하는 친구.
- 兄夫(형부) 언니의 남편.
- 兄嫂(형수) 형의 아내. 반 弟嫂

腰刀 (요도)

腰 허리 요 (月-9획) / **刀** 칼 도 (刀-0획)

필순: 刂 月 肝 腰 腰 腰 腰 / ㄱ 刀

요도: 옛 병기의 하나로 허리에 차는 칼

- 腰帶(요대) 허리띠.
- 腰痛(요통) 허리가 아픈 병.
- 刀鍊(도련) 고르게 베는 일.
- 短刀(단도) 길이가 짧은 칼.

搖籃 (요람)

搖 흔들 요 (扌-10획) / **籃** 바구니 람 (竹-14획)

필순: 扌 扌 扩 护 挕 捇 搖 / 竺 筝 箮 箊 篜 籃 籃

요람: 젖먹이를 담아서 재우는 물건

- 搖動(요동) 흔들리어 움직임.
- 搖亂(요란) 시끄럽고 어지러움.
- 動搖(동요) 흔들림. 반 安定
- 竹籃(죽람) 대바구니.

遙拜 (요배)

遙 멀 요, 노닐 요 (辶-10획) / **拜** 절 배 (手-5획)

필순: 夕 夕 夕 宭 宭 遙 遙 / 三 扌 扌 扌 扌 拝 拜

요배: 멀리 바라보고 하는 절

- 逍遙(소요) 슬슬 거닐어 돌아다님.
- 拜金(배금) 돈을 지나치게 숭상함.
- 拜禮(배례) 절하는 예.
- 拜謁(배알) 높은 어른께 뵘.

要塞 (요새)

要 중요할 요 (襾-3획) / **塞** 요새 새, 막을 색 (土-10획)

필순: 一 厂 亓 襾 襾 要 要 / 宀 宇 寒 寒 寒 寒 塞

요새: 국경에 있는 중요한 방어시설

- 要請(요청) 요긴하게 청함.
- 重要(중요) 귀중하고 종요로움.
- 窮塞(궁색) 몹시 곤궁함.
- 閉塞(폐색) 닫아 막음.

牛角 (우각)

牛 소 우 (牛-0획) / **角** 뿔 각 (角-0획)

필순: ㇀ ㇀ 二 牛 / ㇀ ㇀ ㇀ 甪 角 角 角

우각: 쇠뿔

- 牛耕(우경) 소를 부려 밭을 갊.
- 牛乳(우유) 암소에서 짜낸 젖.
- 角逐(각축) 서로 이기려고 경쟁함.
- 頭角(두각) 우뚝 뛰어남.

于今 (우금)

于 어조사 우 (二-1획) / **今** 이제 금 (人-2획)

필순: 一 二 于 / ㇀ 人 ㇀ 今

우금: 지금까지

- 于先(우선) ① 먼저. ② 아쉬운 대로.
- 今年(금년) 올해.
- 今方(금방) 이제 방금.
- 古今(고금) 옛적과 지금. 예 東西~

優劣 (우열)
- 優 뛰어날 우, 亻-15획
- 劣 못할 렬, 力-4획
- **우열**: 우수함과 열등함
- 優秀(우수) 뛰어나게 빼어남.
- 優越(우월) 뛰어나게 나음. 町 劣等
- 劣勢(열세) 세력이 열등함.
- 拙劣(졸렬) 용렬하고 잔졸함.

필순: 亻 仴 伛 僡 儍 儍 優
필순: 丨 亅 小 少 劣 劣

宇宙 (우주)
- 宇 하늘 우, 집 우, 宀-3획
- 宙 하늘 주, 집 주, 宀-5획
- **우주**: 온갖 물질이 존재하는 공간
- 宇內(우내) 온 세계. 천하.
- 宇下(우하) 처마 밑.
- 屋宇(옥우) 집.
- 壁柱(벽주) 천지의 사이.

필순: 丶 宀 宀 宁 宇
필순: 宀 宀 宀 宁 宙 宙 宙

憂患 (우환)
- 憂 근심 우, 心-11획
- 患 근심 환, 병 환, 心-7획
- **우환**: 근심과 걱정 비 憂慮
- 憂愁(우수) 근심. 우울과 수심.
- 患部(환부) 질환의 부분.
- 疾患(질환) 신체의 온갖 기능 장애.
- 後患(후환) 뒷날의 걱정과 근심.

필순: 丆 百 百 直 憂 憂 憂
필순: 口 吕 吕 串 患 患

運輸 (운수)
- 運 옮길 운, 辶-9획
- 輸 실어낼 수, 車-9획
- **운수**: 여객이나 화물을 나르는 일
- 運動(운동) 몸을 움직임.
- 運航(운항) 항로를 운항함.
- 輸送(수송) 물건을 실어 보냄.
- 輸出(수출) 외국으로 상품을 팔아 내보냄.

필순: 冖 冃 肙 宣 軍 運 運
필순: 車 車 軘 軠 輸 輸 輸

羽翼 (우익)
- 羽 날개 우, 羽-0획
- 翼 날개 익, 羽-12획
- **우익**: 새의 날개
- 羽傑(우걸) 새 중에서 가장 뛰어난 새.
- 羽化(우화) 날개가 생겨 하늘을 날음.
- 翼善(익선) 착한 일을 도와 실행시킴.
- 輔翼(보익) 도와서 잘 인도함.

필순: 丿 ㄱ 彐 ㄲ 羽 羽
필순: 丿 彐 羽 羿 翼 翼 翼

郵票 (우표)
- 郵 우편 우, 阝-8획
- 票 표 표, 示-6획
- **우표**: 우편물에 붙이는 증표
- 郵送(우송) 우편으로 보냄.
- 票決(표결) 투표로써 결정함.
- 開票(개표) 투표함을 열고 득표 결과를 셈함.
- 得票(득표) 투표에서 표를 얻음.

필순: 一 二 斤 乖 垂 垂 郵 郵
필순: 一 覀 西 覀 票 票 票

又況 (우황)
- 又 또 우, 又-0획
- 況 하물며 황, 형편 황, 氵-5획
- **우황**: '하물며'의 뜻인 접속부사
- 又新(우신) 더욱 새로움.
- 景況(경황) 흥미 있는 상황.
- 近況(근황) 요사이의 형편.
- 狀況(상황) 일이 되어 가는 형편.

필순: 丆 又
필순: 氵 汀 沪 況 況

云謂 (운위)
- 云 이를 운, 二-2획
- 謂 이를 위, 言-9획
- **운위**: 일러 말함
- 云云(운운) 여러 가지 말.
- 云爲(운위) 언동. 동작.
- 可謂(가위) 가히 말하자면.
- 所謂(소위) 이른바.

필순: 一 二 云 云
필순: 一 言 言 訂 謂 謂 謂

原稿

근원 **원** 厂-8획
원고 고 禾-10획

一厂厂厅厉原原

원고
인쇄하기 위해 쓴 글

千禾禾利稍稿稿

原因(원인) 일이 일어난 까닭.
原罪(원죄) 인류가 날 때부터 지닌 죄.
投稿(투고) 원고를 신문사 등에 보냄.
脫稿(탈고) 원고 쓰기를 마침.

圓舞

둥글 **원** 囗-10획
춤출 무 舛-8획

丨冂冂冋冐圓圓

원무
원진을 이루고 추는 춤

一二無無舞舞舞

圓滿(원만) 조금도 결함이나 부족이 없음.
圓卓(원탁) 둥근 탁자.
舞姬(무희) 춤추는 여자.
歌舞(가무) 노래와 춤.

元帥

으뜸 **원** 儿-2획
장수 수 巾-6획

一二テ元

원수
군인의 가장 높은 계급

丿丨丿白自自帥

元祖(원조) 어떤 일을 시작한 사람.
元氣(원기) 활동의 근본이 되는 기력.
紀元(기원) 나라를 세운 첫 해.
將帥(장수) 군사를 거느리는 우두머리.

怨尤

원망할 **원** 心-5획
탓할 우, 더욱 우 尢-1획

クタ夗夗怨怨怨

원우
원망하고 꾸짖음

一ナ尢尤

怨望(원망) 불평을 품고 미워함.
怨恨(원한) 원통하고 한되는 생각.
宿怨(숙원) 오래 묵은 원한.
尤甚(우심) 더욱 심함.

源泉

근원 **원** 氵-10획
샘 천 水-5획

丶氵氵厂沥沥源源

원천
물이 흘러나오는 근원

丿宀白白身泉泉

根源(근원) 사물이 생겨나는 본바탕.
本源(본원) 주장이 되는 근원.
溫泉(온천) 데워져 솟아나는 지하수.
九泉(구천) 죽은 뒤 넋이 가는 곳.

越牆

넘을 **월** 走-5획
담 장 爿-13획

十キ走走越越越

월장
담을 넘음

爿爿爿牄牆牆牆

越南(월남) 남쪽으로 넘어감.
超越(초월) 어떤 한계나 표준을 넘음.
卓越(탁월) 월등하게 뛰어남.
牆壁(장벽) 담과 벽.

危徑

위태할 **위** 卩-4획
지름길 경 彳-7획

丿ク产产危危

위경
험하고 위태로운 지름길

彳彳彳徉徑徑徑

危篤(위독) 병세가 중하고 위태로움.
危殆(위태) 안전하지 못하고 위험함.
半徑(반경) 반지름.
捷徑(첩경) 지름길.

違例

어길 **위** 辶-9획
법식 례 亻-6획

一ナ吉吉韋違違

위례
상례에 어긋남

亻亻亻佅佅例例

違背(위배) 어기어 배반함. 🗊 違反
違法(위법) 법률 또는 명령을 어김.
例年(예년) 보통으로 지나온 해.
慣例(관례) 관습이 된 전례.

慰安 (위안)

慰 위로할 위 心—11획
安 평안할 안 宀—3획

위안: 마음을 즐겁고 편하게 함

- 慰問(위문) 위로하기 위해 방문함.
- 弔慰(조위) 죽은 이의 가족을 위문함.
- 安否(안부) 편안 여부를 묻는 인사.
- 安着(안착) 무사히 도착함.

필순: 尸 尸 尸 尽 尉 尉 慰
필순: 丶 宀 宀 宁 安 安

偉容 (위용)

偉 위대할 위 亻—9획
容 얼굴 용, 담을 용 宀—7획

위용: 훌륭하고 뛰어난 용모

- 偉業(위업) 위대한 사업 또는 업적.
- 偉人(위인) 뛰어난 인물.
- 容納(용납) 받아들임.
- 寬容(관용) 너그럽게 용서하고 용납함.

필순: 亻 亻' 仆 佇 偉 偉 偉
필순: 丶 宀 宀 灾 灾 容 容

胃腸 (위장)

胃 밥통 위 月—5획
腸 창자 장 月—9획

위장: 위와 창자

- 健胃(건위) 위를 튼튼하게 함.
- 脾胃(비위) 음식의 맛을 분간하는 기분.
- 腸炎(장염) 창자의 점막에 생기는 염증.
- 大腸(대장) 소화 기관.

필순: 丶 口 田 甲 胃 胃 胃
필순: 月 月 肙 肙 腸 腸 腸

爲主 (위주)

爲 할 위 爪—8획
主 주인 주 丶—4획

위주: 주장으로 삼는 일

- 爲政(위정) 정치를 행함.
- 營爲(영위) 일을 경영함.
- 主觀(주관) 자기대로의 생각.
- 主要(주요) 주장되고 중요함.

필순: 爫 爫 爫 爲 爲 爲 爲
필순: 丶 亠 ニ 宁 主

委託 (위탁)

委 맡길 위 女—5획
託 부탁할 탁 言—3획

위탁: 맡기어 부탁함 (비) 委囑

- 委任(위임) 맡김.
- 託送(탁송) 남에게 의탁하여 보냄.
- 寄託(기탁) 부탁하여 맡겨 둠.
- 請託(청탁) 청을 넣어 부탁함.

필순: ニ 千 禾 禾 禾 委 委
필순: 丶 亠 言 言 訁 託

威脅 (위협)

威 으를 위, 위엄 위 女—6획
脅 으를 협 月—6획

위협: 위세를 부려 으르고 협박함

- 威信(위신) 위엄과 신용.
- 威壓(위압) 위협하고 억누름.
- 權威(권위) 권력과 위세.
- 脅迫(협박) 으르고 대듦.

필순: 厂 厂 厂 反 反 威 威
필순: 勹 力 劦 脅 脅 脅

悠久 (유구)

悠 멀 유, 한가할 유 心—7획
久 오랠 구 丿—2획

유구: 아득하게 길고 오램

- 悠然(유연) 성질이 침착한 모양.
- 悠悠(유유) 한가함. (예) ~自適
- 久遠(구원) 아득히 멀고 오램.
- 永久(영구) 길고 오램. (비) 長久

필순: 亻 亻' 仆 攸 悠 悠 悠
필순: 丿 ク 久

誘導 (유도)

誘 꾈 유 言—7획
導 이끌 도 寸—13획

유도: 일정한 방향으로 꾀어 이끎

- 誘致(유치) 꾀어서 데려옴.
- 誘惑(유혹) 나쁜 길로 꾐.
- 引渡(인도) 가르쳐 이끎.
- 指導(지도) 가리키어 이끎.

필순: 丶 言 言 訁 訝 誘 誘
필순: 丶 丷 首 首 道 道 導

有無
- 있을 유 (月-2획)
- 없을 무 (灬-8획)

유무: 있음과 없음
- 有勢(유세) 자랑삼아 세도를 부림.
- 有效(유효) 효능이나 효과가 있음.
- 無缺(무결) 결점이나 결함이 없음.
- 無能(무능) 재능이 없음.

維新
- 개혁유, 이를 유 (糸-8획)
- 새 신 (斤-9획)

유신: 묵은 것을 고쳐 새롭게 함
- 維持(유지) 지탱하여 감.
- 新進(신진) 어떤 사회에 새로 나아감.
- 新興(신흥) 새로 일어남.
- 刷新(쇄신) 나쁜 폐단을 없애고 새롭게 함.

愈甚
- 더욱 유 (心-9획)
- 심할 심 (甘-4획)

유심: 더욱 심함
- 甚難(심난) 심히 어려움.
- 極甚(극심) 극히 심함.
- 深甚(심심) 매우 깊음. 예 ~한 謝過
- 甚至於(심지어) 심하면, 심하게는.

猶豫
- 망설일 유 (犭-9획)
- 꾸물거릴 예, 미리 예 (豕-9획)

유예: 시간이나 날짜를 미룸
- 豫感(예감) 육감으로 미리 느낌.
- 豫防(예방) 미리 막음. 예 火災~
- 豫備(예비) 미리 준비함. 예 ~知識
- 豫約(예약) 미리 약속함, 그 약속.

遊娛
- 놀 유 (辶-9획)
- 즐거워할 오 (女-7획)

유오: 유람하며 즐겁게 놂
- 遊覽(유람) 구경하고 다님.
- 遊興(유흥) 흥취 있게 놂.
- 野遊(야유) 들놀이. 예 ~會
- 娛樂(오락) 재미있게 노는 일.

唯一
- 오직 유 (口-8획)
- 한 일 (一-0획)

유일: 오직 그것 하나뿐임
- 唯我(유아) 오직 내가 제일임. 예 ~獨尊
- 唯唯(유유) 시키는 대로 순종함. 예 ~諾諾
- 一括(일괄) 한데 묶음.
- 一致(일치) 서로 맞음. 예 滿場~

裕足
- 넉넉할 유 (衤-7획)
- 넉넉할 족, 발 족 (足-0획)

유족: 여유 있게 풍족함
- 裕福(유복) 살림이 넉넉함.
- 餘裕(여유) 넉넉하고 남음이 있음.
- 滿足(만족) 마음이 흡족함.
- 長足(장족) 빠르게 나아가는 걸음.

乳臭
- 젖 유 (乚-7획)
- 냄새 취 (自-4획)

유취: 젖에서 나는 냄새
- 乳頭(유두) 젖꼭지.
- 粉乳(분유) 가루 우유.
- 惡臭(악취) 나쁜 냄새.
- 體臭(체취) 몸의 냄새.

幼稚 (유치)
幼 어릴 유 (幺-2획) / **稚** 어릴 치 (禾-8획)
나이 어림. 정도가 낮음

- 幼兒(유아) 어린 아이. 비 兒童
- 幼蟲(유충) 알에서 부화된 애벌레.
- 長幼(장유) 어른과 어린이. 예 ~有序
- 稚拙(치졸) 유치하고 졸렬함.

幽閉 (유폐)
幽 가둘 유 (幺-6획) / **閉** 가둘 폐 (門-3획)
아주 깊숙이 가두어 둠

- 幽谷(유곡) 깊은 산골. 예 深山~
- 幽靈(유령) 죽은 사람의 혼령.
- 閉業(폐업) 하던 영업을 그만둠.
- 閉會(폐회) 모임을 끝냄.

儒學 (유학)
儒 유교 유, 선비 유 (亻-14획) / **學** 학문 학, 배울 학 (子-13획)
공자를 시조로 하는 학문

- 儒林(유림) 유교의 도를 닦는 학자들.
- 學藝(학예) 학문과 예능.
- 學費(학비) 학업을 닦는 데 드는 비용.
- 學習(학습) 배워서 익힘.

肉身 (육신)
肉 몸 육, 고기 육 (肉-0획) / **身** 몸 신 (身-0획)
사람의 몸 반 靈魂

- 肉感(육감) 육체에서 풍기는 느낌.
- 血肉(혈육) 피와 살이 섞인 가족.
- 身元(신원) 일신상의 관계. 예 ~保證
- 心身(심신) 마음과 몸.

潤氣 (윤기)
潤 윤택할 윤 (氵-12획) / **氣** 기운 기 (气-6획)
윤택한 기운

- 潤澤(윤택) 윤기 있는 광택. 넉넉함.
- 潤滑(윤활) 습윤하여 매끄러움.
- 氣魄(기백) 씩씩하고 진취성 있는 정신.
- 氣勢(기세) 기운과 세력.

閏月 (윤월)
閏 윤달 윤 (門-4획) / **月** 달 월 (月-0획)
윤달

- 閏年(윤년) 윤달이 든 해.
- 月計(월계) 한 달 동안의 회계.
- 月光(월광) 달빛.
- 月賦(월부) 물건값을 매월 나누어 치름.

隱蔽 (은폐)
隱 숨을 은 (阝-14획) / **蔽** 가릴 폐 (艹-12획)
가리어 숨김, 덮어 감춤

- 隱遁(은둔) 세상일을 피하여 숨음.
- 隱退(은퇴) 직임에서 물러나감.
- 惻隱(측은) 딱하고 가엾음.
- 蔽遮(폐차) 보이지 않도록 가리어 막음.

銀漢 (은한)
銀 은빛 은 (金-6획) / **漢** 은하수 한, 한나라 한 (氵-11획)
은하수

- 銀塊(은괴) 은 덩어리.
- 銀貨(은화) 은으로 만든 화폐.
- 漢文(한문) 한자로 된 글.
- 漢詩(한시) 한문으로 된 시.

乙丑

천간 을, 새 을 乙-0획 | 지지 축, 소 축 一-3획

乙: 乙
乙丑

을축
육십갑자의 둘째

筆順: 丁 刀 丑 丑

乙亥(을해) 육십갑자의 열두째.
乙種(을종) 둘째 등급의 종류.
丑時(축시) 오전 1시부터 3시까지.
丑初(축초) 축시의 처음.

吟詠

읊을 음, 앓을 음 口-4획 | 읊을 영 言-5획

筆順: 丨 口 口 口 吟 吟 吟
吟詠

음영
시를 읊음

筆順: 亠 言 言 訁 訁 訲 詠

吟味(음미) 사물의 의미를 새겨 봄.
呻吟(신음) 앓는 소리를 냄.
詠歌(영가) 시가를 읊음.
詠歎(영탄) 소리를 길게 내어 읊음.

陰陽

그늘 음 阝-8획 | 볕 양 阝-9획

筆順: 阝 阝 阝 阴 陰 陰 陰
陰陽

음양
음과 양

筆順: 阝 阝 阝 阝 阳 陽 陽

陰影(음영) 그늘. 그림자.
寸陰(촌음) 몹시 짧은 시간.
陽光(양광) 햇빛.
陽地(양지) 볕이 드는 곳. (반) 陰地

邑誌

고을 읍 邑-0획 | 기록 지 言-7획

筆順: 丨 口 口 吕 吕 吕 邑
邑誌

읍지
고을 연혁을 적은 책

筆順: 亠 言 言 訁 訁 誌 誌

邑民(읍민) 읍내에 사는 사람.
誌面(지면) 잡지의 글·그림을 싣는 곳.
誌上(지상) 잡지의 지면. (예) ~暴露
日誌(일지) 직무상의 기록을 적은 책.

應援

응할 응 心-13획 | 도울 원 扌-9획

筆順: 广 广 府 府 雁 應 應
應援

응원
경기 등을 곁에서 성원함

筆順: 扌 扌 扩 扩 捗 援 援

應急(응급) 급한 대로 우선 처리함.
應答(응답) 물음에 대답함.
援助(원조) 도와줌.
援護(원호) 도와 보호함. (예) ~對象

依賴

의지할 의 亻-6획 | 의지할 뢰 貝-9획

筆順: 亻 亻 伫 伫 依 依 依
依賴

의뢰
남에게 부탁하거나 의지함

筆順: 一 亠 束 軒 軒 賴 賴

依據(의거) 증거대로 함.
依存(의존) 의지하고 있음.
無賴輩(무뢰배) 무뢰한의 무리.
信賴(신뢰) 믿고 의지함.

衣裳

옷 의 衣-0획 | 치마 상 衣-8획

筆順: 丶 亠 ナ ナ 衣 衣
衣裳

의상
겉에 입는 저고리와 치마

筆順: 丷 屮 屵 堂 堂 裳 裳

衣服(의복) 옷.
衣食(의식) 의복과 음식. (예) ~住
衣制(의제) 의복에 관한 제도.
脫衣(탈의) 옷을 벗음.

疑心

의심할 의 疋-9획 | 마음 심 心-0획

筆順: 匕 노 矣 郑 疑 疑 疑
疑心

의심
믿지 못해 이상히 여기는 마음

筆順: 丶 心 心 心

疑問(의문) 의심스러운 문제.
疑惑(의혹) 의심하여 분별에 당혹함.
心慮(심려) 마음속의 근심.
心地(심지) 마음에 지니는 의지.

意欲

意	欲
뜻 의 心-9획	하고자할 욕 欠-7획

획순: 亠ㅗ立产音意意
획순: 八个谷谷谷欲欲

의욕 — 하고자 하는 욕망

- 意味(의미) 사물의 뜻.
- 意義(의의) ① 의미. 뜻. ② 가치.
- 欲求(욕구) 바라서 구함.
- 慾望(욕망) 누리고자 탐함.

醫院

醫	院
의원 의 酉-11획	집 원 阝-7획

획순: 医医殴殴殹醫醫
획순: 阝阝阝阝院院院

의원 — 병을 치료하는 곳, 병원

- 醫療(의료) 의술로 병을 치료함.
- 名醫(명의) 병을 잘 고쳐 이름난 의사.
- 寺院(사원) 절이나 암자.
- 退院(퇴원) 입원했던 환자가 병원을 나옴.

耳目

耳	目
귀 이 耳-0획	눈 목, 조목 목 目-0획

획순: 一丆FF王耳
획순: 丨冂冂月目

이목 — ① 귀와 눈 ② 남들의 주의

- 耳順(이순) 나이 예순 살된 때.
- 目擊(목격) 눈으로 직접 봄.
- 面目(면목) 남을 대하는 낯.
- 指目(지목) 가리켜 정함.

以北

以	北
써 이 人-3획	북녘 북, 달아날 배 匕-3획

획순: 丨丨丨以以
획순: 一ㅓ才才北

이북 — 어떤 지점을 한계로 한 북쪽

- 以内(이내) 일정한 범위의 안.
- 以來(이래) 그 뒤로, 그러한 뒤로.
- 北上(북상) 북쪽을 향해 올라감.
- 北風(북풍) 삭풍(朔風). ⓔ 南風

而已

而	已
뿐 이 而-0획	뿐 이 已-0획

획순: 一丆丆丙而而
획순: 丁コ已

이이 — 뿐, 따름

- 而今(이금) 이제 와서. ⓔ 自今
- 而後(이후) 이제부터.
- 已往(이왕) 이전. ⓔ ~之事
- 不得已(부득이) 마지못해 하는 수 없이.

貳丈

貳	丈
두 이 貝-5획	길 장, 어른 장 一-2획

획순: 一亍亖言貢貳貳
획순: 一ナ丈

이장 — 두 길

- 貳臣(이신) 두 마음을 품은 신하.
- 貳心(이심) 변하기 쉬운 마음. ⓔ 異心
- 丈人(장인) 아내의 친정아버지.
- 丈席(장석) 학문과 덕망이 높은 사람.

移轉

移	轉
옮길 이 禾-6획	옮길 전 車-11획

획순: 千禾禾衤秒移移
획순: 冂日車車車轉轉

이전 — 장소나 주소 등을 옮김

- 移動(이동) 옮겨 움직임. ⓔ 移轉
- 移讓(이양) 남에게 옮기어 넘겨 줌.
- 轉換(전환) 이리저리 바뀜.
- 轉轉(전전) 이리저리 굴러다님.

夷險

夷	險
평평할 이, 오랑캐 이 大-3획	험할 험 阝-13획

획순: 一一二弓弖夷夷
획순: 阝阽阾险險險險

이험 — 평탄함과 험준함

- 夷俗(이속) 오랑캐의 풍속.
- 夷狄(이적) 오랑캐.
- 險談(험담) 남을 헐어서 하는 말.
- 險狀(험상) 거칠고 모진 상태.

因果 (인과)

因 까닭 인 口-3획	果 결과 과 木-4획

필순: 丨冂𠔿𠔿丙因 / 丨冂日旦甲果果

인과 — 원인과 결과

- 起因(기인) 무슨 일이 일어나는 원인.
- 果敢(과감) 과단성이 있고 용감함.
- 結果(결과) 원인으로 생긴 결말의 상태.
- 效果(효과) 보람이 있는 결과.

忍耐 (인내)

忍 참을 인 心-3획	耐 견딜 내 而-3획

필순: 𠃌刀刃忍忍忍 / 一ㄏ丙而而耐耐

인내 — 어려움 등을 참고 견딤

- 殘忍(잔인) 인정이 없고 모짊.
- 耐久(내구) 오래 견딤.
- 耐熱(내열) 열에 견딤.
- 堪耐(감내) 어려움을 참고 견딤.

刃傷 (인상)

刃 칼날 인 刀-1획	傷 상할 상 亻-11획

필순: 𠃌刀刃 / 亻亻伯伯傷傷傷

인상 — 칼날에 다쳐 상함

- 自刃(자인) 칼로 자기의 생명을 끊음.
- 損傷(손상) 떨어지고 상함.
- 擦傷(찰상) 스치거나 문질러서 벗어진 상처.
- 火傷(화상) 열에 데어서 상함.

印刷 (인쇄)

印 찍을 인 卩-4획	刷 박을 쇄 刂-6획

필순: 丿𠂉下𠂉印印 / 𠃌尸尸尼吊刷刷

인쇄 — 글자·그림을 판에 박아냄

- 印章(인장) 도장.
- 檢印(검인) 검사한 표로 찍는 도장.
- 捺印(날인) 도장을 찍음.
- 刷新(쇄신) 나쁜 폐단을 없애고 새롭게 함.

仁慈 (인자)

仁 어질 인 亻-2획	慈 사랑 자 心-10획

필순: 丿亻仁仁 / 丷丬产兹兹慈慈

인자 — 어질고 자애로움

- 仁義(인의) 어질고 의로움.
- 慈堂(자당) 남의 어머니의 존칭.
- 慈悲(자비) 사랑하고 가엾게 여김.
- 慈善(자선) 선의를 베풂.

引責 (인책)

引 떠맡을 인, 끌 인 弓-1획	責 책임 책, 꾸짖을 책 貝-4획

필순: 𠃌弓引 / 一十主青青責

인책 — 잘못의 책임을 스스로 짐

- 引渡(인도) 물건·권리를 건네어 줌.
- 誘引(유인) 꾀어 냄.
- 責望(책망) 허물을 들어 꾸짖음.
- 叱責(질책) 꾸짖어 나무람.

姻戚 (인척)

姻 혼인 인 女-6획	戚 친척 척 戈-7획

필순: 𠃌𠃌女如姻姻姻 / 厂厃厇床戚戚戚

인척 — 혼인 관계로 맺어진 친척

- 婚姻(혼인) 남녀가 부부가 되는 일.
- 戚臣(척신) 임금과 척분 있는 신하.
- 外戚(외척) 외가의 친척.
- 親戚(친척) 친족과 외척.

日輪 (일륜)

日 해 일 日-0획	輪 바퀴 륜, 둘레 륜 車-8획

필순: 丨冂日日 / 日旦車軩軩輪輪

일륜 — 태양

- 日常(일상) 날마다. 늘. 항상.
- 日照(일조) 해가 내리 쬠.
- 輪郭(윤곽) 사물의 대강의 테두리.
- 輪廻(윤회) 차례로 돌아감.

壹般

壹 한 일, 오로지 일 / 士-9획
般 일반 반 / 舟-4획

十 士 吉 吉 壹 壹 壹
丿 亻 冂 舟 舟 舨 般

일반 보통의 사람들

- 壹是(일시) 한결같이.
- 萬般(만반) 여러 가지의 전부.
- 全般(전반) 통틀어 전부.
- 諸般(제반) 모든 것. 여러 가지.

資格

資 지위 자 / 貝-6획
格 품격 격 / 木-6획

冫 冫 次 咨 咨 資 資
十 木 朩 朾 杦 格 格

자격 어떤 일을 맡을 만한 조건

- 資料(자료) 바탕이 되는 재료.
- 資質(자질) 타고난 성질.
- 合格(합격) 채용·시험 등에 급제함.
- 嚴格(엄격) 언행이 엄숙하고 딱딱함.

紫檀

紫 자주빛 자 / 糸-5획
檀 박달나무 단 / 木-13획

⺊ 止 此 此 紫 紫 紫
木 ⺮ 柠 栢 檀 檀 檀

자단 자단나무

- 紫色(자색) 자주빛.
- 紫雲(자운) 자주빛 구름.
- 檀君(단군) 우리 민족 태초의 시조.
- 檀木(단목) 박달나무.

姉妹

姉 누이 자 / 女-5획
妹 아래누이 매 / 女-5획

ㄑ 夊 女 女 姎 姉 姉
女 女 女 妒 姅 妹 妹

자매 손위 누이와 손아래 누이

- 姉夫(자부) 손위 누이의 남편. 예 妹兄
- 妹夫(매부) 누이의 남편.
- 妹弟(매제) 손아래 누이의 남편.
- 男妹(남매) 오라비와 누이.

刺殺

刺 찌를 자, 찌를 척 / 刂-6획
殺 죽일 살, 감할 쇄 / 殳-7획

一 冂 市 束 束 刺 刺
ㄨ 杀 杀 杀 新 殺 殺

자살 칼 따위로 찔러 죽임

- 諷刺(풍자) 무엇에 빗대어 비판해 말함.
- 殺菌(살균) 병균을 죽임.
- 殺伐(살벌) 거칠고 무시무시함.
- 抹殺(말살) 뭉개어 없애버림.

雌雄

雌 암컷 자 / 隹-5획
雄 수컷 웅, 뛰어날 웅 / 隹-4획

⺊ 止 此 此 此 雌 雌
ナ ナ 太 ガ 雄 雄 雄

자웅 ① 수컷과 암컷 ② 우열

- 雄健(웅건) 웅대하고 강건함.
- 雄飛(웅비) 기세 좋게 씩씩하게 활동함.
- 雄壯(웅장) 우람하고 으리으리하다.
- 英雄(영웅) 비범하고 탁월한 사람.

自他

自 스스로 자 / 自-0획
他 남 타 / 亻-3획

丿 亻 冂 白 自 自
丿 亻 亻 仲 他

자타 자기와 남 예 ~共認

- 自覺(자각) 스스로 깨달음.
- 自滅(자멸) 스스로 멸망함.
- 依他(의타) 남에게 의존함. 예 ~心
- 排他(배타) 남을 배척함. 예 依他

姿態

姿 맵시 자 / 女-6획
態 태도 태 / 心-10획

冫 冫 次 次 姿 姿 姿
ㅗ 台 育 能 能 能 態

자태 모습과 태도

- 姿勢(자세) 몸을 가누는 모양.
- 雄姿(웅자) 웅장한 모습.
- 變態(변태) 형태·상태가 달라짐.
- 形態(형태) 사물의 생김새.

字劃 (자획)
글자 **자** 子-3획
획 **획** ㄐ-12획

` ゛ ´ 宀 宇 宇 字`
`フ ヨ 聿 書 書 畫 畫 劃`

자획
글자의 획

- 字母(자모) 철음의 근본이 되는 글자.
- 文字(문자) 글자.
- 劃一(획일) 모두가 한결같아서 변함이 없음.
- 區劃(구획) 경계를 갈라 정함.

爵祿 (작록)
벼슬 **작** 爫-14획
녹 **록** 示-8획

`´ ″ ⻀ ⻀ ⻀ 爵 爵`
`ニ 亍 禾 禾' 祚 祚 祿`

작록
벼슬과 녹봉

- 公爵(공작) 5등작의 첫째 작위.
- 伯爵(백작) 5등작의 셋째 작위.
- 福祿(복록) 복과 녹봉.
- 祿俸(녹봉) 관리에게 주는 한 해의 연봉.

昨春 (작춘)
지날 **작** 日-5획
봄 **춘** 日-5획

`¹ 冂 日 旷 旷 昨 昨`
`一 二 三 夫 夫 春 春`

작춘
지난해 봄

- 昨年(작년) 지난해.
- 春夢(춘몽) '헛된 꿈, 덧없는 인생'을 비유하여 이르는 말. 예 一場~
- 新春(신춘) ① 새봄. ② 새해.
- 靑春(청춘) ① 새싹이 돋는 봄. ② 젊은 나이.

暫留 (잠류)
잠깐 **잠** 日-11획
머무를 **류** 田-5획

`- 百 車 斬 斬 暫 暫`
`' ⺈ 白 劬 留 留 留`

잠류
잠시 머물러 있음

- 暫時(잠시) 짧은 시간.
- 暫定(잠정) 잠깐 임시로 정함.
- 留保(유보) 뒷날로 미루어 둠.
- 抑留(억류) 억지로 머무르게 함.

潛跡 (잠적)
숨길 **잠** 氵-12획
발자취 **적** 足-6획

`氵 氵' 汙 沔 洑 潛 潛`
`ㅁ 口 ㅁ 㕣 趴 跡 跡`

잠적
종적을 감춤, 자취를 숨김

- 潛伏(잠복) 숨어 있음.
- 潛在(잠재) 속에 숨어 있거나 잠기어 있음.
- 人跡(인적) 사람의 발자취.
- 痕跡(흔적) 남은 자취나 자국.

壯途 (장도)
씩씩할 **장** 士-4획
길 **도** 辶-7획

`| ㅑ ㅑ ㅑ ㅑ ㅑ壯 壯`
`ハ 亽 今 余 余 涂 途`

장도
큰 뜻을 품고 떠나는 길

- 壯談(장담) 확신을 갖고 자신 있게 말함.
- 健壯(건장) 몸이 크고 굳셈.
- 途中(도중) 어떤 일을 하는 때나 그 중간.
- 前途(전도) 앞으로 나아갈 길.

帳幕 (장막)
장막 **장**, 치부책 **장** 巾-8획
장막 **막** 巾-11획

`ㅁ 巾 巾' 帖 帳 帳 帳`
`艹 ++ 芇 苩 莫 幕 幕`

장막
볕과 비를 막기 위해 둘러친 막

- 記帳(기장) 장부를 기록함.
- 幕舍(막사) 임시로 허름하게 지은 집.
- 帷幕(유막) 기밀을 의논하는 곳.
- 黑幕(흑막) 겉으로 드러나지 않은 내막.

莊園 (장원)
별장 **장**, 장중할 **장** 艹-7획
동산 **원** 口-10획

`' 艹 扩 扩 莊 莊 莊`
`冂 门 周 围 園 園 園`

장원
봉건적 토지 소유의 한 형태

- 莊嚴(장엄) 엄숙하고 위엄이 있음.
- 莊重(장중) 장엄하고 무게가 있음.
- 庭園(정원) 집 안의 뜰.
- 公園(공원) 휴양·유락 등을 시설해 놓은 동산.

將卒 (장졸)

將 장수 장, 장차 장 / 寸-8획
卒 군사 졸, 마칠 졸 / 十-6획

필순: ㅣ ㅕ 爿 爿 將 將
필순: 亠 宀 广 卞 夲 卒 卒

장졸: 장수와 졸병
- 猛將(맹장) 용맹한 장수.
- 卒倒(졸도) 충격·피로 등으로 갑자기 쓰러짐.
- 卒業(졸업) 규정된 학과 과정을 마침.
- 兵卒(병졸) 군사.

長銃 (장총)

長 길 장, 어른 장 / 長-0획
銃 총 총 / 金-6획

필순: 厂 F F 丐 토 長 長
필순: 人 乍 余 金 針 銃 銃

장총: 소총을 단총에 상대하여 일컬음
- 長壽(장수) 오래 삶.
- 訓長(훈장) 글방의 스승.
- 銃擊(총격) 총으로 사격함.
- 弔銃(조총) 추념식 등에서 쏘는 예총.

栽培 (재배)

栽 심을 재 / 木-6획
培 북돋울 배 / 土-8획

필순: 十 土 圭 未 栽 栽 栽
필순: 十 土 圵 垆 培 培 培

재배: 식물을 심어서 가꿈
- 栽植(재식) 초목이나 농작물을 심음.
- 盆栽(분재) 화분에 심어 가꿈.
- 培養(배양) 식물을 가꾸어 기름.
- 培土(배토) 식물을 흙으로 북돋아 줌. 또는 북돋아 준 그 흙.

災殃 (재앙)

災 재앙 재 / 火-3획
殃 재앙 앙 / 歹-5획

필순: 丶 丶 巛 巛 巛 灾 災
필순: 一 ㄅ ㄉ 歹 知 殃 殃

재앙: 천재지변으로 생긴 불행한 사건
- 災難(재난) 뜻밖의 불행한 일.
- 災害(재해) 재앙으로 인해 받은 피해.
- 水災(수재) 큰물로 인한 재앙.
- 殃禍(앙화) 지은 죄의 갚음으로 받는 온갖 재앙.

在位 (재위)

在 있을 재 / 土-3획
位 자리 위 / 亻-5획

필순: 一 ナ 才 存 存 在
필순: 亻 亻 仁 亿 位 位

재위: 왕위에 있음. 또, 그 동안
- 在職(재직) 직장에서 근무하고 있음.
- 存在(존재) 실제로 있음. 또는 있는 그것.
- 位置(위치) ① 자리. ② 곳. 장소.
- 卽位(즉위) 임금자리에 오름.

再訂 (재정)

再 거듭 재 / 冂-4획
訂 바로잡을 정 / 言-2획

필순: 一 厂 冂 冃 再 再
필순: 亠 言 言 言 訂

재정: 다시 정정함
- 再建(재건) 다시 일으켜 세움.
- 再發(재발) 다시 생겨남.
- 改訂(개정) 고치어 바로잡음.
- 訂正(정정) 잘못을 고쳐 바로 잡음.

抵觸 (저촉)

抵 맞닥뜨릴 저 / 扌-5획
觸 범할 촉 / 角-13획

필순: 十 扌 扌 扌 抵 抵 抵
필순: 乛 角 角 觸 觸 觸 觸

저촉: 서로 부딪침, 모순됨
- 抵當(저당) 채무의 담보로 삼음.
- 抵抗(저항) 서로 상대하여 겨룸.
- 感觸(감촉) 만질 때의 느낌.
- 接觸(접촉) 서로 닿음.

貯蓄 (저축)

貯 쌓을 저 / 貝-5획
蓄 쌓을 축 / 艹-10획

필순: 冂 目 貝 貝 貯 貯 貯
필순: 十 艹 芏 荅 蓄 蓄

저축: 모아 쌓아 둠 (반) 浪費
- 貯金(저금) 돈을 모아 둠.
- 貯藏(저장) 물건을 모아 간수함, 갈무리.
- 蓄積(축적) 많이 모아서 쌓음.
- 含蓄(함축) 속에 지니어 드러나지 아니함.

赤道 (적도)

붉을 적 赤-0획
길 도 辶-9획

획순: 一 十 土 尹 亦 赤
획순: 丷 丷 艹 首 首 道 道

적도: 위도를 헤아리는 기준선

- 赤手(적수) 맨손. 예 ~空拳
- 赤字(적자) 지출이 수입을 초과하는 일.
- 道德(도덕) 사람이 지켜야 할 도리.
- 道路(도로) 통행하는 길.

賊徒 (적도)

도둑 적 貝-6획
무리 도 彳-7획

획순: 目 貝 貝 賦 賊 賊
획순: 丿 彳 彳 𠂇 𠂇 𠂇 徒

적도: 도둑의 무리

- 海賊(해적) 해상에서 선박을 위협하는 도둑.
- 逆賊(역적) 주군에 반역하는 적도.
- 徒步(도보) 타지 않고 걸어감.
- 徒食(도식) 놀고 먹음.

摘芽 (적아)

딸 적, 들출 적 扌-11획
싹 아 艹-4획

획순: 扌 扌 扩 护 捎 摘 摘
획순: 一 十 艹 艹 芽 芽

적아: 필요 이외의 싹을 따버림

- 摘發(적발) 숨겨진 사물을 들추어 냄.
- 指摘(지적) 지목해 가리켜 보임.
- 發芽(발아) 씨앗에서 싹이 나옴.
- 新芽(신아) 새싹.

敵侵 (적침)

원수 적 攴-11획
침노할 침 亻-7획

획순: 亠 商 商 敵 敵 敵
획순: 丿 亻 亻 伊 伊 侵 侵

적침: 적의 침입

- 強敵(강적) 강한 적수.
- 對敵(대적) 세력이 맞서서 서로 겨눔.
- 侵略(침략) 남의 나라를 침범해 땅을 빼앗음.
- 侵入(침입) 침범해 들어감.

的確 (적확)

적실할 적, 과녁 적 白-3획
확실할 확 石-10획

획순: 丿 自 白 白 的 的 的
획순: 丁 石 矿 硦 碓 碓 確

적확: 의심할 나위 없이 확실함

- 的中(적중) 목표에 어김없이 들어맞음.
- 標的(표적) 목표가 되는 물건.
- 確保(확보) 확실히 보존함.
- 確證(확증) 확실한 증거.

田畓 (전답)

밭 전 田-0획
논 답 田-4획

획순: 丨 冂 日 田 田
획순: 水 沓 沓 畓 畓

전답: 논과 밭

- 田野(전야) 논밭과 들.
- 田園(전원) 논밭과 동산. 예 ~生活
- 畓農(답농) 논농사.
- 沃畓(옥답) 기름진 논. 예 門前~

展覽 (전람)

펼 전 尸-7획
볼 람 見-14획

획순: 乛 尸 屈 屈 展 展 展
획순: 彐 臣 臣 臨 臨 覽 覽

전람: 진열해 놓고 여럿에게 보임

- 展開(전개) 눈앞에 벌어짐.
- 發展(발전) 널리 뻗어나감. 예 退步
- 博覽(박람) 사물을 널리 봄.
- 閱覽(열람) 책 등을 죽 훑어 봄.

全滅 (전멸)

온통 전 入-4획
멸망할 멸 氵-10획

획순: 丿 入 入 仐 仐 全 全
획순: 氵 沪 沪 泳 滅 滅

전멸: 망하여 죄다 없어짐

- 全盛(전성) 한창 왕성함.
- 穩全(온전) 결점이 없이 완전함.
- 滅種(멸종) 종자를 없애 버림.
- 破滅(파멸) 파괴하고 멸망함.

典雅 (전아)
典 법 전 (八-6획) / **雅** 아담할 아 (隹-4획)
획순: 丨 冂 曰 曲 曲 典 典 / 一 丁 牙 쥐 雅 雅 雅

법도에 맞고 아담함

- 典禮(전례) 일정한 의식.
- 典型(전형) 본보기로 삼을 만한 사물.
- 雅量(아량) 깊고 너그러운 도량.
- 優雅(우아) 고상하고 아름다움.

傳染 (전염)
傳 전할 전 (亻-11획) / **染** 물들 염 (木-5획)
획순: 亻 仁 伯 伸 傳 傳 / 氵 氵 沈 氿 染 染

① 병이 옮음 ② 옮아 물듦

- 傳承(전승) 계통을 전해 계승함.
- 宣傳(선전) 많은 사람에게 퍼뜨려 알림.
- 染色(염색) 물을 들임.
- 感染(감염) 옮아서 물이 듦.

專制 (전제)
專 오로지 전 (寸-8획) / **制** 법도 제, 억제할 제 (刂-6획)
획순: 一 曰 車 車 車 專 專 / 一 二 午 늘 制 制 制

제 마음대로 일을 결행함

- 專念(전념) 오로지 그 일에만 몰두함.
- 專修(전수) 오로지 그 일만을 닦음.
- 制壓(제압) 제어하고 강압함.
- 規制(규제) 규율을 세워 제한함.

前後 (전후)
前 앞 전 (刂-7획) / **後** 뒤 후 (彳-6획)
획순: 丶 ㅛ 亠 亡 首 前 前 / 彳 彳 彳 袴 後 後 後

① 앞뒤 ② 처음과 마지막

- 目前(목전) 눈앞. 당장.
- 直前(직전) 일이 생기기 바로 전.
- 後繼(후계) 뒤를 이음.
- 後援(후원) 뒤에서 도와 줌. 웹 應援

絶叫 (절규)
絶 끊을 절 (糸-6획) / **叫** 부르짖을 규 (口-2획)
획순: 丶 幺 糸 糹 絽 絶 絶 / 丨 冂 口 叫 叫

힘을 다해 부르짖음

- 絶緣(절연) 인연을 끊음.
- 絶好(절호) 더할 수 없이 좋음.
- 拒絶(거절) 응낙하지 않고 물리침.
- 謝絶(사절) 사양하고 받지 아니함.

折枝 (절지)
折 꺾을 절 (扌-4획) / **枝** 가지 지 (木-4획)
획순: 一 十 扌 扌 扩 折 折 / 十 才 木 木 朴 枝 枝

나뭇가지를 꺾음

- 折半(절반) 하나를 반으로 가름.
- 曲折(곡절) 자세한 사연과 내용.
- 挫折(좌절) 꺾이어 부러짐.
- 枝葉(지엽) 가지와 잎.

占領 (점령)
占 차지할 점, 점 점 (卜-3획) / **領** 거느릴 령 (頁-5획)
획순: 丨 卜 占 占 占 / 令 令 領 領 領

무력으로 일정한 지역을 차지함

- 占術(점술) 점을 치는 술법.
- 獨占(독점) 독차지함.
- 綱領(강령) 일의 으뜸이 되는 줄기.
- 要領(요령) 경험에서 얻은 묘한 이치.

漸次 (점차)
漸 점점 점 (氵-11획) / **次** 차례 차 (欠-2획)
획순: 氵 沪 沪 沪 渖 漸 漸 / 丶 冫 氵 次 次

차례대로 차차, 점점

- 漸進(점진) 차차 나아감.
- 次期(차기) 다음의 시기.
- 屢次(누차) ① 여러 차례. ② 가끔.
- 連次(연차) 여러 차례를 계속하여.

接賓 (접빈)
맞을 접 扌-8획 / **손 빈** 貝-7획
필순: 扌 扌 扩 护 扲 接 接
필순: 宀 宁 宁 宁 宁 賓 賓

접빈: 손님을 접대함
- 接境(접경) 경계가 서로 접함.
- 接續(접속) 서로 맞대어 이음.
- 貴賓(귀빈) 귀한 손님.
- 迎賓(영빈) 손님을 맞음.

停車 (정거)
머무를 정 亻-9획 / **수레 거, 수레 차** 車-0획
필순: 丿 亻 亻 广 信 停 停 停
필순: 一 ㄒ ㅜ ㅍ 百 亘 車

정거: 가던 차가 머무름
- 停年(정년) 일정한 연령에 달한 직장인이 퇴직함을 요하는 연령.
- 停滯(정체) 정지하여 체류함.
- 乘車(승차) 차를 탐.
- 駐車(주차) 자동차 등을 세워 둠.

淨潔 (정결)
깨끗할 정 氵-8획 / **깨끗할 결** 氵-12획
필순: 氵 氵 汀 浐 浐 淨 淨
필순: 氵 汢 沽 泊 潔 潔 潔

정결: 정하고 깨끗함
- 淨化(정화) 깨끗하게 함.
- 簡潔(간결) 간단하고 요령 있음.
- 純潔(순결) 마음과 몸이 깨끗함.
- 淸潔(청결) 맑고 깨끗함.

正南 (정남)
바를 정 止-1획 / **남녘 남** 十-7획
필순: 一 T 下 正 正
필순: 宀 內 內 南 南 南

정남: 똑바른 방향의 남쪽
- 正義(정의) 올바른 도리. ⓶ 不義
- 修正(수정) 바로 잡아서 고침.
- 南下(남하) 남쪽으로 진출함.
- 越南(월남) 남쪽으로 넘어감.

征伐 (정벌)
칠 정 亻-5획 / **칠 벌, 벨 벌** 亻-4획
필순: 丿 ㄕ 彳 彳 伫 征 征
필순: 丿 亻 亻 亻 代 伐 伐

정벌: 죄 있는 무리를 군대로써 침
- 征服(정복) 정벌하여 복종시킴.
- 遠征(원정) 멀리 정벌을 감.
- 伐採(벌채) 산의 나무를 베고 깎아냄.
- 討伐(토벌) 군대로써 나쁜 무리를 침.

精誠 (정성)
정성 정 米-8획 / **정성 성** 言-7획
필순: 丷 丷 半 米 粘 精 精
필순: 亠 言 訂 訪 誠 誠

정성: 힘을 다하는 진실된 마음
- 精巧(정교) 정밀하고 교묘함.
- 精神(정신) 마음이나 생각. ⓶ 肉體
- 誠實(성실) 거짓이 없고 참됨.
- 至誠(지성) 지극한 정성. 例 ~感天

貞淑 (정숙)
곧을 정 貝-2획 / **맑을 숙** 氵-8획
필순: 丨 卜 片 肖 肖 貞 貞
필순: 氵 氵 汁 沫 淑 淑

정숙: 행실이 곧고 마음씨가 맑음
- 貞操(정조) 여자의 곧고 깨끗한 절개.
- 貞順(정순) 몸가짐이 정숙하고 마음씨가 온순함.
- 忠貞(충정) 충성스럽고 절개가 곧음.
- 賢淑(현숙) 어질고 정숙함.

井底 (정저)
우물 정 二-2획 / **밑 저** 广-5획
필순: 一 二 丰 井
필순: 广 庀 庍 底 底

정저: 우물의 밑바닥 例 ~蛙
- 底力(저력) 속에 간직한 끈기 있는 힘.
- 底面(저면) 밑바닥.
- 徹底(철저) 속 깊이 밑바닥까지 투철함.
- 海底(해저) 바다의 밑바닥.

整齊 (정제)
가지런할 **정** 攵-12획 / 가지런할 **제** 齊-0획
정돈하여 가지런히 함

一 束 敕 敕 敕 整 整
亠 亣 亣 斉 斉 齊 齊

- 整頓(정돈) 가지런히 하여 바로잡음.
- 調整(조정) 골라서 알맞게 정돈함.
- 齊民(제민) 일반 백성.
- 齊唱(제창) 여럿이 다같이 소리질러 부름.

丁亥 (정해)
천간 **정**, 고무래 **정** 一-1획 / 지지 **해**, 돼지 **해** 亠-4획
육십갑자의 스물네 번째

一 丁
丶 亠 亠 亥 亥 亥

- 丁年(정년) 남자의 20세.
- 丁寧(정녕) 친절함.
- 亥年(해년) 12지로 본 해의 상징이 돼지인 해, 돼지해.
- 亥方(해방) 24방위의 하나.

提供 (제공)
내놓을 **제** 扌-9획 / 이바지 **공** 亻-6획
바치어 이바지함

一 扌 扌 押 押 捍 捍 提
ノ 亻 亻 忄 供 供 供

- 提案(제안) 의안을 제출함.
- 提議(제의) 의논·의안을 제출함.
- 供給(공급) 물품을 제공함.
- 供養(공양) 웃어른께 음식을 대접함.

堤防 (제방)
방죽 **제** 土-9획 / 막을 **방** 阝-4획
수해 예방을 위해 쌓은 둑

一 土 圡 坦 坦 埠 埠 堤
ㄱ 阝 阝 阝 防 防

- 防腐(방부) 썩지 못하게 함.
- 防禦(방어) 남이 침노하는 것을 막아냄.
- 消防(소방) 화재를 예방함.
- 豫防(예방) 탈이 있기 전에 미리 막음.

祭祀 (제사)
제사 **제** 示-6획 / 제사 **사** 示-3획
신령에게 정성을 드리는 의식

ク タ 夕 夕 祭 祭 祭
一 丁 j 示 示 祀 祀

- 祝祭(축제) 축하의 제.
- 祭文(제문) 죽은 이를 조상하는 글.
- 祀天(사천) 하늘에 제사를 지냄. 예 祭天
- 奉祀(봉사) 조상의 제사를 받듦.

題辭 (제사)
머리말 **제**, 제목 **제** 頁-9획 / 말사, 사양할 **사** 辛-12획
책머리에 적은 글

ㅁ 日 무 是 是 題 題
爫 爫 肏 啇 啇 辭 辭

- 難題(난제) 어려운 문제.
- 標題(표제) 서책의 겉에 쓰인 그 책의 이름.
- 辭緣(사연) 편지나 말의 내용.
- 辭退(사퇴) 사절하여 물리침.

第二 (제이)
차례 **제**, 과거 **제** 竹-5획 / 두 **이** 二-0획
차례의 둘째

ノ 스 竹 竺 笃 第 第
一 二

- 落第(낙제) 시험에 떨어짐. 逊 及第
- 登第(등제) 과거에 급제함.
- 二分(이분) 둘로 나눔.
- 二言(이언) 두 번 말함. 예 一口~

製品 (제품)
지을 **제** 衣-8획 / 물품 **품** 口-6획
원료를 써서 만들어낸 물품

一 牛 制 制 製 製 製
丨 口 口 品 品 品 品

- 製造(제조) 만듦, 지음. 예 製作
- 調製(조제) 물건을 주문에 따라 만듦.
- 品質(품질) 물품의 성질.
- 氣品(기품) 고상한 성품.

諸侯 (제후)
모든 제 言-9획
제후 후 亻-7획

봉건시대에 천자 밑에 속한 임금

諸國(제국) 여러 나라.
諸君(제군) 여러분.
侯爵(후작) 고려 오등작의 둘째.
王侯(왕후) 임금과 제후.

照臨 (조림)
비칠 조 灬-9획
다다를 림 臣-11획

해와 달이 위에서 내리 비침

照明(조명) 밝게 비침.
參照(참조) 참고로 맞대어 봄.
臨迫(임박) 어떤 시기가 가까이 닥쳐옴.
臨時(임시) 일시적인 기간. 비 ~變通

早晚 (조만)
일찍 조 日-2획
늦을 만 日-7획

이름과 늦음

早急(조급) 매우 급함. 비 性急
早朝(조조) 이른 아침.
晚成(만성) 늦게 이루어짐. 예 大器~
晚秋(만추) 늦가을.

朝暮 (조모)
아침 조 月-8획
저물 모 日-11획

아침과 저녁 비 朝夕

朝刊(조간) 일간 신문의 아침 판.
王朝(왕조) 왕이 직접 다스리는 조정.
日暮(일모) 해가 저묾.
歲暮(세모) 한 해의 마지막 때.

弔詞 (조사)
조상할 조 弓-1획
글 사 言-5획

조의의 뜻을 나타낸 글

弔文(조문) 고인의 명복을 비는 글.
慶弔(경조) 경사스런 일과 궂은 일.
動詞(동사) 동작을 나타내는 품사.
名詞(명사) 이름을 나타내는 품사.

租稅 (조세)
세금 조 禾-5획
세금 세 禾-7획

법에 의하여 내는 세금

課稅(과세) 세금을 부과함.
納稅(납세) 조세를 관청에 바침.
稅金(세금) 조세로 내는 돈.
稅額(세액) 세금의 금액.

燥濕 (조습)
마를 조 火-13획
젖을 습 氵-14획

바싹 마름과 축축이 젖음

乾燥(건조) 습기·물기가 마름.
焦燥(초조) 애를 태워서 마음을 조림.
濕氣(습기) 축축한 기운.
多濕(다습) 습기가 많음.

組版 (조판)
짤 조 糸-5획
판목 판 片-4획

활자로 인쇄판을 짜는 일

組立(조립) 짜 맞춤. 또 그 방법.
組織(조직) 짜서 이룸. 얽어서 만듦.
版畵(판화) 판으로 찍어낸 그림.
木版(목판) 나무에 새긴 인쇄용 판.

族譜 (족보)

族 겨레 족, 方-7획
譜 계보 보, 악보 보, 言-12획

필순: 一 亍 方 方 方 方 族
필순: 言 訁 訁 訊 諩 諩 譜

족보
집안의 혈통 관계를 적은 책

- 種族(종족) 같은 조상의 집단.
- 血族(혈족) 혈통의 관계가 있는 겨레.
- 系譜(계보) 혈통과 집안 역사를 적은 책.
- 樂譜(악보) 악곡을 기재한 것.

尊卑 (존비)

尊 높을 존, 寸-9획
卑 낮을 비, 十-6획

필순: 八 竹 㑀 酋 酋 尊 尊
필순: 广 白 白 甶 甶 鱼 卑

존비
지위·신분 등의 높음과 낮음

- 尊敬(존경) 높여 공경함.
- 自尊(자존) 스스로 자기를 높임.
- 卑怯(비겁) 정당하지 못하고 야비함.
- 野卑(야비) 속되고 천함.

宗廟 (종묘)

宗 종묘 종, 宀-5획
廟 사당 묘, 广-12획

필순: 广 宀 宁 宁 宗 宗
필순: 广 广 庐 庐 庫 廟 廟

종묘
역대 제왕의 위패를 모신 사당

- 宗家(종가) 한 문중에서 맏이로만 이어 온 큰집.
- 開宗(개종) 한 교파를 창건함.
- 家廟(가묘) 한 집안의 사당.
- 靈廟(영묘) 선조의 영혼을 모신 사당.

縱橫 (종횡)

縱 세로 종, 糸-11획
橫 가로 횡, 사나울 횡, 木-12획

필순: 纟 糸 糸' 紗 紛 紛 縱
필순: 十 木 杧 杧 桔 橫 橫

종횡
세로와 가로

- 縱隊(종대) 세로 줄을 지어 늘어선 대형.
- 放縱(방종) 아무 거리낌 없이 마음대로 함.
- 橫斷(횡단) 가로 지나감.
- 橫暴(횡포) 제멋대로 몹시 난폭함.

坐禪 (좌선)

坐 앉을 좌, 土-4획
禪 선 선, 示-12획

필순: 丿 人 小 从 丛 坐 坐
필순: 于 示 礻 禰 禪 禪 禪

좌선
조용히 앉아서 참선함

- 坐像(좌상) 앉은 모양으로 만든 형상.
- 坐礁(좌초) 어려운 처지에 빠짐. 주저앉음.
- 禪門(선문) 불문(佛門)에 들어간 남자.
- 參禪(참선) 좌선하여 선도를 수행함.

左右 (좌우)

左 왼 좌, 工-2획
右 오른 우, 口-2획

필순: 一 ナ ナ 左 左
필순: 丿 ナ 才 右 右

좌우
왼쪽과 오른쪽, 옆

- 左之右之(좌지우지) 마음대로 처치함.
- 左側(좌측) 왼쪽. 옐 ~通行
- 右腕(우완) 오른 팔. 옐 左腕
- 右往左往(우왕좌왕) 갈팡질팡함.

罪囚 (죄수)

罪 허물 죄, 罒-8획
囚 죄수 수, 口-2획

필순: 罒 罒 罒 罪 罪 罪 罪
필순: 丨 冂 冈 囚 囚

죄수
죄를 지어 옥에 갇힌 사람

- 罪悚(죄송) 죄스럽고 황송함.
- 罪惡(죄악) 죄가 될 만한 나쁜 짓.
- 罪責(죄책) 죄를 지은 데 대한 책임.
- 脫獄囚(탈옥수) 탈옥한 죄수.

州民 (주민)

州 고을 주, 巛-3획
民 백성 민, 氏-1획

필순: 丶 丿 丿 州 州 州
필순: 一 一 F F 民

주민
'州' 안에 사는 사람들

- 民家(민가) 일반 국민이 사는 집.
- 民俗(민속) 민간의 풍습.
- 民主(민주) 주권이 국민에게 있음.
- 農民(농민) 농업에 종사하는 사람(들).

注釋 주석

注 주석할 주 (氵-5획)
釋 풀 석 (釆-13획)

필순: `丶丶氵氵沪泞注注`
필순: `⺤平釆 釋釋釋釋`

주석: 낱말이나 문장의 뜻을 쉽게 풀이함
- 注力(주력) 힘을 들임.
- 注視(주시) 눈독을 들여 잘 봄.
- 釋放(석방) 가두었던 사람을 풀어줌.
- 釋然(석연) 미심쩍거나 꺼림칙한 일들이 완전히 풀려 마음이 개운함.

株式 주식

株 주식 주 (木-6획)
式 법 식 (弋-3획)

필순: `一十才 木 朴 朴 株 株`
필순: `一 二 于 于 式 式`

주식: 주식회사의 자본 구성
- 株券(주권) 주식의 증권.
- 株主(주주) 주권을 가지고 있는 사람.
- 式順(식순) 의식 진행의 순서.
- 儀式(의식) 의례(儀禮)를 갖추어 베푸는 행사.

朱顏 주안

朱 붉을 주 (木-2획)
顏 얼굴 안 (頁-9획)

필순: `丿 ㇓ ⺧ 牛 朱 朱`
필순: `产 彦 彦 颜 顔 顔`

주안: 붉은 빛의 얼굴
- 丹朱(단주) 붉은 빛.
- 印朱(인주) 도장을 찍을 때 묻혀 쓰는 붉은 빛깔의 재료.
- 顔色(안색) 얼굴에 나타나는 기색.
- 童顔(동안) 어린 아이와 같은 얼굴.

晝夜 주야

晝 낮 주 (日-7획)
夜 밤 야 (夕-5획)

필순: `⺄ 크 彐 聿 書 書 晝`
필순: `一 亠 广 疒 夜 夜 夜`

주야: 낮과 밤
- 晝間(주간) 낮 동안. ⑭夜間
- 白晝(백주) 대낮.
- 夜警(야경) 밤에 화재나 범죄 등을 경계함.
- 夜深(야심) 밤이 깊음.

周圍 주위

周 둘레 주 (口-5획)
圍 둘레 위 (口-9획)

필순: `丿 刀 冂 用 周 周 周`
필순: `門 門 周 圊 圍 圍 圍`

주위: 어떤 곳의 바깥 둘레
- 周邊(주변) 둘레나 그 언저리.
- 周旋(주선) 일이 잘 되도록 두루 힘씀.
- 範圍(범위) 어떤 힘이 미치는 한계.
- 包圍(포위) 둘레를 에워쌈.

住宅 주택

住 살 주 (亻-5획)
宅 집 택, 댁 택 (宀-3획)

필순: `丿 亻 亻 亻 住 住 住`
필순: `丶 宀 宀 宀 宅 宅`

주택: 사람이 들어 사는 집
- 永住(영주) 한 곳에 영원히 삶.
- 移住(이주) 다른 곳이나 다른 나라로 옮겨가서 삶.
- 自宅(자택) 자기의 집.
- 邸宅(저택) 규모가 큰 집.

俊秀 준수

俊 뛰어날 준 (亻-7획)
秀 빼어날 수 (禾-2획)

필순: `丿 亻 亻 伫 俊 俊 俊`
필순: `一 二 千 禾 禾 秀 秀`

준수: 재치나 풍채가 아주 빼어남
- 俊才(준재) 아주 뛰어난 재주.
- 秀麗(수려) 경치가 뛰어나고 아름다움.
- 秀敏(수민) 뛰어나고 현명함.
- 秀才(수재) 재능이 뛰어난 사람.

遵守 준수

遵 좇을 준 (辶-12획)
守 지킬 수 (宀-3획)

필순: `八 仲 酋 酋 尊 遵 遵`
필순: `丶 宀 宀 宀 守 守`

준수: 규칙·명령을 좇아서 지킴
- 遵法(준법) 법령을 지킴.
- 守備(수비) 지키어 막음.
- 守護(수호) 지키어 보호함.
- 固守(고수) 굳게 지킴.

仲媒 (중매)
중개할 중 ㅣ-4획 / 중매 매 女-9획
필순: ノ 亻 仁 仲 仲
필순: ㄑ ㄑ 女 女 妒 媒 媒

중매 - 혼인하도록 소개함
- 仲裁(중재) 서로 다투는 사이에 들어 화해를 붙임.
- 伯仲(백중) 서로 팽팽히 맞섬.
- 媒介(매개) 중간에서 관계를 맺어주는 일.
- 媒婆(매파) 혼인을 중매하는 할멈.

重文 (중문)
겹칠 중, 무거울 중 里-2획 / 글월 문 文-0획
필순: 一 二 午 午 盲 重 重
필순: 丶 一 ナ 文

중문 - 둘 이상의 절로 된 문장
- 重厚(중후) 태도가 정중하고 견실함.
- 鄭重(정중) 점잖고 묵직함. ↔ 輕率
- 文藝(문예) 학문과 기예.
- 文筆(문필) 시가·문장을 짓는 일.

中央 (중앙)
가운데 중 ㅣ-3획 / 가운데 앙 大-2획
필순: 丨 口 口 中
필순: 口 口 中 央

중앙 - 사방의 중심이 되는 곳
- 中途(중도) 하던 일의 도중.
- 中立(중립) 어느 편에도 치우침이 없음.
- 中止(중지) 중도에 그만 둠.
- 中樞(중추) 사물의 중심이 되는 중요한 부분.

卽席 (즉석)
곧 즉 卩-7획 / 자리 석 巾-7획
필순: 丿 ㄣ 白 白 自 卽 卽
필순: 一 广 广 广 序 席 席

즉석 - 일이 진행되는 바로 그 자리
- 卽刻(즉각) 곧. 바로 그때.
- 卽興(즉흥) 즉석에서 일어나는 흥취.
- 席卷(석권) 무서운 기세로 세력을 펼치거나 휩쏢.
- 着席(착석) 자리에 앉음.

增强 (증강)
더할 증 土-12획 / 굳셀 강 弓-9획
필순: 十 土 圹 圹 増 増 増
필순: 丁 引 弘 弘 强 强 强

증강 - 더 늘려 더 강력하게 함
- 增築(증축) 집 따위를 더 늘려 지음.
- 急增(급증) 갑자기 증가함.
- 强調(강조) 강력히 주장함.
- 富强(부강) 나라의 재정이 넉넉하고 군사력이 튼튼함.

證券 (증권)
증거 증 言-12획 / 문서 권 刀-6획
필순: 三 言 言 言 許 證 證
필순: 丷 爫 兴 失 券 券

증권 - 증명하는 법적 문서
- 證據(증거) 증명할 수 있는 근거.
- 考證(고증) 상고하여 증거를 찾아 설명함.
- 僞證(위증) 거짓 증명함.
- 馬券(마권) 경마의 승마 투표권.

曾孫 (증손)
거듭 증 曰-8획 / 손자 손 子-7획
필순: 丶 丷 亠 合 血 曾 曾
필순: 了 孑 孑 孖 孫 孫

증손 - 손자의 아들
- 曾往(증왕) 일찍이 지나간 적.
- 孫子(손자) 아들의 아들.
- 外孫(외손) 딸이 낳은 자식.
- 親孫(친손) 직계의 손녀·손자.

憎惡 (증오)
미워할 증 忄-12획 / 미워할 오, 악할 악 心-8획
필순: 丶 忄 忄 忄 怜 憎 憎
필순: 一 元 币 亞 亞 惡 惡

증오 - 몹시 미워함
- 可憎(가증) 괘씸하고 얄미움.
- 愛憎(애증) 사랑과 미움.
- 惡寒(오한) 갑자기 몸이 오슬오슬 추운 증세.
- 惡毒(악독) 마음이 악하고 독살스러움.

智略 (지략)
슬기로운 계략
- **智**: 슬기 지 (日-8획)
- **略**: 꾀 략, 간략할 략 (田-6획)

필순: 乀 亠 矢 知 知 智 智
필순: 口 田 田⁁ 田夂 略 略 略

- 智謀(지모) 슬기로운 계책.
- 略圖(약도) 간략히 대충 그린 도면.
- 攻略(공략) 적진을 공격하여 침략함.
- 省略(생략) 덜어서 줄임.

支拂 (지불)
돈을 치러 줌
- **支**: 줄 지 (支-0획)
- **拂**: 털 불 (扌-5획)

필순: 一 十 步 支
필순: 扌 扌 拧 拂 拂 拂

- 支流(지류) 본류로 흘러 들어 가는 물줄기.
- 支持(지지) 찬동하여 원조함.
- 未拂(미불) 아직 지불하지 아니함.
- 還拂(환불) (요금 따위를) 되돌려 줌.

持說 (지설)
늘 가지고 있는 의견
- **持**: 가질 지 (扌-6획)
- **說**: 말씀 설, 달랠 세 (言-7획)

필순: 扌 扌 扩 扌 持 持
필순: 亠 言 言 訃 訪 說 說

- 持續(지속) 어떤 상태가 오래 계속됨.
- 維持(유지) 그대로 지켜 감.
- 說明(설명) 알기 쉽게 밝혀서 말함. 비 解說
- 橫說(횡설) 조리가 없는 말. 예 ~竪說

遲速 (지속)
더딤과 빠름
- **遲**: 더딜 지 (辶-12획)
- **速**: 빠를 속 (辶-7획)

필순: 尸 屌 屌 屖 遲 遲
필순: 口 曰 束 束 涑 速

- 遲延(지연) 더디게 끌거나 끌리어 감.
- 遲滯(지체) 때를 늦추거나 질질 끎.
- 速射(속사) 빨리 발사함.
- 迅速(신속) 날쌔고 빠름.

知識 (지식)
체계화된 인식 비 學識
- **知**: 알 지 (矢-3획)
- **識**: 알 식, 기록할 지 (言-12획)

필순: 乀 亠 午 矢 知 知 知
필순: 言 言 訓 諭 識 識

- 知覺(지각) 알아서 깨달음.
- 知能(지능) ① 두뇌의 작용. ② 지혜와 재능.
- 鑑識(감식) 감정하여 식별함.
- 博識(박식) 학식이 많음. 견문이 넓음.

志操 (지조)
의지와 절조
- **志**: 뜻 지 (心-3획)
- **操**: 지조 조 (扌-13획)

필순: 一 十 士 志 志 志
필순: 扌 扌 押 擇 擇 操

- 志望(지망) 뜻하여 바람.
- 意志(의지) 결심하여 실행하려는 마음가짐.
- 操心(조심) (잘못이나 실수 따위가 없도록) 마음을 씀.
- 操作(조작) 취급하여 처리함.

指揮 (지휘)
지시해 일을 하도록 시킴
- **指**: 가리킬 지 (扌-6획)
- **揮**: 휘두를 휘 (扌-9획)

필순: 扌 扌 扩 扫 指 指
필순: 一 扌 扌 扩 打 揎 揮

- 指摘(지적) 지목해 폭로함.
- 指彈(지탄) 비난함.
- 揮毫(휘호) 붓을 휘둘러 글씨를 쓰거나 그림을 그림.
- 發揮(발휘) 떨치어서 나타냄.

陳腐 (진부)
묵어서 썩음, 낡고 헒
- **陳**: 묵을 진 (阝-8획)
- **腐**: 썩을 부 (肉-8획)

필순: 阝 阝 阿 阿 陣 陳 陳
필순: 广 广 广 府 府 腐 腐

- 陳述(진술) 자세하게 말함.
- 陳列(진열) 물건을 죽 벌여 놓음.
- 腐敗(부패) ① 썩음. ② 바르지 못함.
- 腐蝕(부식) 썩어서 모양이 뭉그러짐.

陣營 진영
- 陣 진 (阝-7획)
- 營 진영 영 (火-13획)

군사가 진을 친 구역
- 對陣(대진) 적과 마주 보고 진을 침.
- 營利(영리) 재산상의 이익을 꾀함.
- 營業(영업) 영리를 목적으로 하는 사업을 경영함.
- 經營(경영) 계획을 세워 일해 나감.

眞僞 진위
- 眞 참 진 (目-5획)
- 僞 거짓 위 (亻-12획)

사실의 참과 거짓
- 眞理(진리) ① 진실. ② 참된 이치.
- 眞情(진정) 진실한 정이나 애틋한 마음.
- 僞裝(위장) 사실과 다르게 거짓 꾸밈.
- 僞造(위조) 가짜를 만듦.

珍藏 진장
- 珍 보배 진 (王-5획)
- 藏 감출 장 (艹-14획)

진귀하게 여겨 잘 간수함
- 珍奇(진기) 보배롭고 기이함.
- 珍品(진품) 진귀한 물품.
- 埋藏(매장) 묻어서 감춤.
- 貯藏(저장) 물건을 모아 간수함.

盡忠 진충
- 盡 다할 진 (皿-9획)
- 忠 충성 충 (心-4획)

충성을 다함
- 打盡(타진) 모조리 잡음. 예 一網~
- 忠烈(충렬) 충성스럽고 의열함.
- 忠實(충실) 충직하고 성실함.
- 忠孝(충효) 충성과 효도.

鎭痛 진통
- 鎭 진압할 진 (金-10획)
- 痛 아플 통 (疒-7획)

아픔을 진정시킴
- 鎭壓(진압) 억눌러서 가라앉힘.
- 鎭靜(진정) 가라앉힘.
- 痛快(통쾌) 마음이 매우 시원함.
- 沈痛(침통) (근심이나 슬픔이 깊어) 마음이 몹시 괴로움.

進退 진퇴
- 進 나아갈 진 (辶-8획)
- 退 물러날 퇴 (辶-6획)

나아감과 물러섬
- 進陟(진척) 일이 진행되어 감.
- 推進(추진) 밀고 나아감.
- 退治(퇴치) 물리쳐서 없애 버림.
- 減退(감퇴) (체력이나 의욕 따위가) 줄어져 약해짐.

振幅 진폭
- 振 떨 진 (扌-7획)
- 幅 폭 폭 (巾-9획)

물체가 흔들리는 폭
- 振動(진동) 흔들려 움직임.
- 振興(진흥) 떨쳐 일으킴.
- 大幅(대폭) ① 큰 폭. ② 썩 많이.
- 全幅(전폭) 일정한 범위의 전체.

辰韓 진한
- 辰 별 진, 별 신 (辰-0획)
- 韓 나라이름 한 (韋-8획)

경상도에 위치했던 삼한의 하나
- 辰宿(진숙) 온갖 성좌의 별들.
- 韓服(한복) 한국의 고유한 의복.
- 韓牛(한우) 한국 재래종 소.
- 韓紙(한지) 창호지. 조선 종이.

秩序

秩 차례 질 / 禾-5획
序 차례 서 / 广-4획

획순: 二 千 禾 禾 秆 秩 秩
획순: 丶 亠 广 庐 序 序

질서 — 정해져 있는 상호간의 순서

- 序曲(서곡) 전주곡.
- 序文(서문) 머리말.
- 序列(서열) 순서를 좇아 늘어섬.
- 順序(순서) 정해 놓은 차례.

執脈

執 잡을 집 / 土-8획
脈 맥 맥 / 月-6획

획순: 十 土 幸 幸 軋 執 執
획순: 刀 月 𦙵 胗 脈 脈 脈

집맥 — 맥을 짚어 진찰하는 일

- 執拗(집요) 고집스럽고 끈질김.
- 執着(집착) 마음에 새겨 두고 잊지 않음.
- 固執(고집) 자기의 의견을 굳게 지킴.
- 山脈(산맥) 산악의 줄기. 예 太白~

集散

集 모을 집 / 隹-4획
散 흩을 산, 한가할 산 / 攵-8획

획순: 亻 亻 亻 亻 佳 隼 集 集
획순: 丗 丗 芇 昔 昔 散 散

집산 — 모여듦과 흩어짐

- 集團(집단) 모여서 이룬 떼. 예 團體
- 雲集(운집) 구름처럼 많이 모임.
- 散漫(산만) 어수선하게 펼쳐 있음.
- 閑散(한산) 한가하고 적적함.

懲戒

懲 징계할 징 / 心-15획
戒 경계할 계 / 戈-3획

획순: 彳 𢓉 徣 徴 徴 懲 懲
획순: 一 二 F 开 戒 戒 戒

징계 — 부당행위에 대해 제재함

- 懲惡(징악) 악을 징계함.
- 膺懲(응징) 잘못을 뉘우치도록 징계함.
- 警戒(경계) 잘못이 없도록 주의시킴.
- 訓戒(훈계) 타일러서 경계함.

徵兆

徵 조짐 징 / 彳-12획
兆 조짐 조, 조 조 / 儿-4획

획순: 彳 𢓉 𢓉 徣 徴 徴 徵
획순: 丿 丿 丿 兆 兆 兆

징조 — 어떤 일이 생길 조짐

- 徵候(징후) 어떤 일이 일어날 조짐.
- 追徵(추징) 나중에 추가로 물리어 거둠.
- 特徵(특징) 특별히 눈에 띄게 다른 점.
- 吉兆(길조) 좋은 조짐. 예 凶兆

差額

差 어긋날 차 / 工-7획
額 수효 액, 현판 액 / 頁-9획

획순: 丷 丷 丷 羊 差 差 差
획순: 宀 安 客 客 額 額 額

차액 — 차가 나는 액수

- 差異(차이) 서로 같지 않고 다름.
- 差別(차별) 차등 있게 구별함.
- 額面(액면) 표면에 내세운 사물의 가치.
- 額字(액자) 그림이나 사진의 틀.

錯誤

錯 어긋날 착 / 金-8획
誤 그릇할 오 / 言-7획

획순: 人 々 金 金 鈝 錯 錯
획순: 二 言 訮 訳 誤 誤 誤

착오 — 착각으로 인한 잘못

- 錯覺(착각) 실제와는 다른데도 실제처럼 깨닫거나 생각함.
- 錯雜(착잡) 뒤섞이어 복잡함.
- 誤解(오해) 그릇 해석.
- 過誤(과오) 잘못. 그릇됨. 예 過失

贊頌

贊 찬성할 찬 / 貝-12획
頌 칭송할 송 / 頁-4획

획순: 人 夫 夫 替 替 替 贊
획순: 八 公 公 頌 頌 頌 頌

찬송 — 찬성하여 칭찬함

- 贊成(찬성) ① 도와서 성취시킴 ② 동의함.
- 協贊(협찬) 협력하여 도움.
- 頌德(송덕) 공덕을 칭송함.
- 稱頌(칭송) 공덕을 일컬어 기림.

慙愧 (참고)
慙 부끄러울 참 (心-11획)
愧 부끄러울 괴 (㥁-10획)

부끄러워 함

- 慙悔(참회) 부끄럽게 여겨 뉘우침.
- 無慙(무참) 말할 수 없이 부끄러움.
- 愧赧(괴란) 부끄러워 얼굴이 붉어짐.
- 羞愧(수괴) 부끄럽고 창피함.

필순: 一 日 車 斬 斬 慙 慙
필순: 忄 忄 忄 忄 恒 愧 愧

參與 (참여)
參 참여할 참, 석 삼 (厶-9획)
與 참여할 여, 줄 여 (臼-7획)

참가하여 관계함. 비 參加

- 參考(참고) 살펴서 생각함.
- 參酌(참작) 참고하여 알맞게 헤아림.
- 給與(급여) 근로자에게 주는 급료나 수당.
- 賞與(상여) 상으로 금품을 줌.

필순: 厶 厶 厽 ⺂ 슛 參 參
필순: 𠂉 𠂉 臼 臼 與 與

倉庫 (창고)
倉 곳집 창 (人-8획)
庫 곳집 고 (广-7획)

물건을 보관해 두는 건물

- 穀倉(곡창) 곡식을 저장하는 창고.
- 金庫(금고) 돈 따위를 보관하는 상자.
- 文庫(문고) 보급판 소형 출판물.
- 寶庫(보고) 재물을 쌓아 두는 창고.

필순: 人 仌 슛 슛 倉 倉 倉
필순: 广 广 广 庐 庐 庫

唱劇 (창극)
唱 노래 부를 창 (口-8획)
劇 연극 극, 심할 극 (刂-13획)

판소리 형식으로 꾸민 가극

- 先唱(선창) 맨 먼저 부름.
- 合唱(합창) 여럿이 맞추어 노래함.
- 劇烈(극렬) 심히 맹렬히.
- 劇場(극장) 무대와 관람석 등 여러 가지 시설을 갖춘 곳.

필순: 丨 口 叩 吧 唱 唱 唱
필순: 广 广 虍 虐 豦 劇

蒼天 (창천)
蒼 푸를 창 (艹-10획)
天 하늘 천 (大-1획)

맑게 갠 새파란 하늘

- 蒼茫(창망) 넓고 멀어서 아득함.
- 蒼蒼(창창) 앞길이 멀어서 아득함.
- 天賦(천부) 선천적으로 가지고 있음.
- 天壤(천양) 하늘과 땅. 예 ~之差

필순: 艹 艹 艾 苍 苍 蒼 蒼
필순: 一 二 チ 天

滄海 (창해)
滄 푸를 창 (氵-10획)
海 바다 해 (氵-7획)

넓고 큰 바다, 푸른 바다

- 滄波(창파) 푸른 물결.
- 海拔(해발) 육지나 산의 해면으로부터의 높이.
- 海洋(해양) 큰 바다.
- 海藻(해조) 바다 속에서 나는 식물.

필순: 冫 冫 氵 汁 汾 滄 滄
필순: 丶 氵 氵 汁 海 海 海

債務 (채무)
債 빚 채 (亻-11획)
務 힘쓸 무 (力-9획)

빚진 사람의 금전상의 의무

- 負債(부채) 빚.
- 勤務(근무) 직무에 종사함.
- 任務(임무) 맡은 사무·업무. 예 責務
- 職務(직무) 담당해 맡은 사무.

필순: 丿 亻 亻 仨 倩 倩 債
필순: 㐄 マ 予 矛 敄 務 務

採算 (채산)
採 가릴 채 (扌-8획)
算 셈할 산 (竹-8획)

계산함, 수지가 맞음

- 採掘(채굴) 땅속의 물건을 캐내는 일.
- 採擇(채택) 골라서 뽑음.
- 計算(계산) 셈을 헤아림.
- 暗算(암산) 머릿속으로 계산함.

필순: 扌 扌 扩 扩 护 护 採
필순: ⺮ 竹 筣 笡 筲 算 算

123

菜蔬

나물 채 ⺾-8획
나물 소 ⺾-10획

一 艹 艹 莎 莎 莁 菜 菜
一 艹 艹 莁 菪 蔬 蔬 蔬

채소
온갖 푸성귀와 나물
- 野菜(야채) 식용 초본식물의 총칭.
- 菜色(채색) 부황(浮黃)이 나서 누르스름한 얼굴빛.
- 蔬果(소과) 푸성귀와 과실.
- 蔬食(소식) 나물 반찬의 음식.

冊卷

책 책 冂-3획
책 권 㔾-6획

丿 刀 刀 冊 冊
丷 䒑 芋 岑 卷 卷

책권
서적의 권질
- 書冊(서책) 서적.
- 別冊(별책) 따로 나누어 엮어 만든 책.
- 卷頭(권두) 책의 첫머리. 반 卷末
- 卷軸(권축) 말아 놓은 서화의 축.

悽慘

슬퍼할 처 忄-8획
참혹할 참 忄-11획

丶 忄 忄 忄 悽 悽 悽
忄 忄 忄 忄 惨 慘 慘

처참
끔찍스럽게 참혹함
- 悽絶(처절) 더할 나위 없이 애처로움.
- 慘狀(참상) 참혹한 양상.
- 慘酷(참혹) 잔인하고 무자비함.
- 悲慘(비참) 슬프고도 끔찍함.

妻妾

아내 처 女-5획
첩 첩 女-5획

一 ᚚ 三 圭 圭 妻 妻 妻
丶 亠 立 立 亡 妾 妾

처첩
아내와 첩
- 妻男(처남) 아내의 오라비.
- 恐妻(공처) 남편이 아내에게 눌려 지냄.
- 愛妻(애처) 아내를 사랑함. 또 그 아내.
- 妾出(첩출) 첩의 소생. 비 庶出

尺度

자 척 尸-1획
정도 도, 헤아릴 탁 广-6획

ᄀ ᄀ 尸 尺
亠 广 广 庐 庐 度 度

척도
① 자로 잰 길이 ② 계량의 표준
- 三尺(삼척) 석 자.
- 咫尺(지척) 아주 가까운 거리.
- 速度(속도) 빠른 정도.
- 制度(제도) 제정된 법규.

遷都

옮길 천 辶-11획
도읍 도 阝-9획

一 西 覀 栗 栗 遷 遷 遷
土 耂 者 者 者 都 都

천도
도읍을 옮김
- 變遷(변천) 바뀌어 변함.
- 左遷(좌천) 지금보다 낮은 지위나 직위로 옮김.
- 都市(도시) 인구가 많고 번화한 곳.
- 首都(수도) 한 나라의 정치 중심지.

淺慮

얕을 천 氵-8획
생각 려 心-11획

氵 汃 汋 浅 浅 淺 淺
广 广 虍 虍 虑 慮 慮

천려
얕은 생각
- 淺薄(천박) 학문이나 생각이 얕음.
- 鄙淺(비천) 야비하고 천박함.
- 考慮(고려) 생각하여 봄.
- 深慮(심려) 깊은 생각. 깊은 사려.

踐履

행할 천 足-8획
밟을 리 尸-12획

口 ⿰ 𧾷 𧾷 跱 踐 踐
ᄀ 尸 尸 屌 屌 履

천리
실제로 이행함
- 踐行(천행) 실지로 행함.
- 實踐(실천) 실제로 이행함.
- 履歷(이력) 지금까지 거쳐 온 경력.
- 履行(이행) 실제로 행함.

千弗 (천불)

千 일천 천 / 十-1획
弗 달러 불, 아니 불 / 弓-2획

필순: 一 二 千
필순: 一 コ 弓 弗 弗

천불 1000달러

- 千斤(천근) ① 천근. ② 썩 무거운 무게.
- 千歲(천세) 천년이나 되는 세월.
- 千態萬象(천태만상) 갖가지 상태.
- 弗貨(불화) 달러를 본위로 한 화폐.

川魚 (천어)

川 내 천 / 川-0획
魚 물고기 어 / 魚-0획

필순: 丿 丿 川
필순: 丿 ク 台 乸 魚 魚 魚

천어 냇물고기

- 川獵(천렵) 냇물에서 고기 잡이를 함.
- 河川(하천) 시내. 강.
- 乾魚(건어) 말린 물고기.
- 養魚(양어) 물고기를 길러 번식시킴.

鐵鎖 (철쇄)

鐵 쇠 철 / 金-13획
鎖 자물쇠 쇄 / 金-10획

필순: 生 金 釷 鐽 鐽 鐵 鐵
필순: 丿 生 金 釷 釧 銷 鎖

철쇄 쇠로 만든 자물쇠

- 鐵網(철망) 철사로 그물처럼 엮은 물건.
- 鐵柵(철책) 쇠살로 만든 우리나 울타리.
- 封鎖(봉쇄) 굳게 잠가서 출입을 막음.
- 連鎖(연쇄) 서로 연이어 맺음.

哲人 (철인)

哲 밝을 철 / 口-7획
人 사람 인 / 人-0획

필순: 一 十 扌 扩 折 折 哲
필순: 丿 人

철인 학식이 높고 사리에 밝은 사람

- 哲理(철리) 현묘한 이치.
- 明哲(명철) 총명하고 사리에 밝음.
- 人格(인격) 사람의 품격.
- 人爲(인위) 사람의 힘으로 된 일. ↔ 自然

添削 (첨삭)

添 더할 첨 / 氵-8획
削 깎을 삭 / 刂-7획

필순: 丶 氵 汙 沃 添 添 添
필순: 丨 小 厃 肖 肖 肖 削

첨삭 첨가하거나 삭제함

- 添加(첨가) 덧붙임. 더 넣음.
- 添附(첨부) 더하여 붙임.
- 削髮(삭발) 머리털을 깎음.
- 削除(삭제) ① 깎아 없앰. ② 지워 버림.

尖塔 (첨탑)

尖 뾰족할 첨 / 小-3획
塔 탑 탑 / 土-10획

필순: 丨 丨 小 小 尘 尖 尖
필순: 一 十 土 圹 圹 坎 塔 塔

첨탑 꼭대기가 뾰족한 탑

- 尖端(첨단) ① 뾰족한 끝. ② 시대의 맨 앞장.
- 尖銳(첨예) 날카롭고 뾰족함.
- 寺塔(사탑) 절에 있는 탑.
- 石塔(석탑) 돌로 쌓은 탑.

聽講 (청강)

聽 들을 청 / 耳-16획
講 강론할 강, 익힐 강 / 言-10획

필순: 一 T 王 耳 耵 聽 聽 聽
필순: 一 二 言 言 計 詳 講 講

청강 강의를 들음

- 聽聞(청문) 설교·연설 따위를 들음.
- 傾聽(경청) 귀를 기울이고 주의해 들음.
- 講究(강구) 좋은 도리를 연구함.
- 受講(수강) 강습이나 강의를 받음.

靑綠 (청록)

靑 푸를 청 / 靑-0획
綠 초록빛 록 / 糸-8획

필순: 一 二 主 丰 青 青 青
필순: 幺 糸 紀 紀 絡 綠 綠

청록 푸른빛과 초록빛

- 靑雲(청운) 높은 벼슬을 가리킴.
- 靑瓷(청자) 푸른 빛깔의 자기.
- 綠陰(녹음) 푸른 잎이 우거진 나무의 그늘.
- 新綠(신록) 늦봄의 초목이 띤 푸르름.

廳舍

관청 청 广-22획
집 사 舌-2획

청사
공공기관의 사무실 건물

市廳(시청) 시의 행정을 맡은 관청.
舍廊(사랑) 바깥주인이 거처 하는 곳.
客舍(객사) 객지의 숙소.
宿舍(숙사) 숙박하는 집.

广广户庐廊廳廳
人人合合合舍舍

淸濁

맑을 청 氵-8획
흐릴 탁 氵-13획

청탁
맑음과 흐림

淸潔(청결) 청렴하고 결백함.
淸凉(청량) 맑고 시원함. ⑩ ～飮料
濁酒(탁주) 막걸리.
汚濁(오탁) 더럽고 흐림.

丶氵氵浐浐淸淸
氵氵汚沔渭濁濁

體熱

몸 체 骨-13획
더울 열 灬-11획

체열
몸에서 나는 열

體裁(체재) 이루어진 본새나 됨됨이.
形體(형체) 물건의 외형.
熱狂(열광) 미칠 만큼 열심임.
熱誠(열성) 열렬한 정성.

日田骨骨骨體體體
土耂幸刲埶埶熱

初刊

처음 초 刀-5획
책 펴낼 간 刂-3획

초간
맨 처음의 간행

初面(초면) 처음으로 만남.
最初(최초) 맨 처음. ⑪ 最終
發刊(발간) 출판물을 간행함.
新刊(신간) 책을 새로 간행함. ⑪ 舊刊

丶ㄱ才才初初初
一二千刊刊

抄錄

가릴 초 扌-4획
기록할 록 金-8획

초록
필요한 부분만을 뽑아서 적음

抄本(초본) 추려 베낀 문서.
記錄(기록) 어떠한 일을 적은 서류.
目錄(목록) 내용의 항목이나 제목을
차례차례로 배열한 것.
實錄(실록) 사실 그대로 적은 기록.

一扌扌扌扐抄抄
人年金釒針鉐錄

招聘

부를 초 扌-5획
부를 빙, 장가들 빙 耳-7획

초빙
예를 갖춰 불러 맞아들임

招請(초청) 청하여 부름.
自招(자초) 스스로 초래함.
聘父(빙부) 아내의 친정 아버지.
聘丈(빙장) 장인의 존칭.

扌扌扛扣招招
一ТЕ耳聍聘聘聘

肖像

닮을 초 月-3획
형상 상 亻-12획

초상
사람의 용모·자태를 그린 화상

不肖(불초) 자기의 낮춤말.
群像(군상) 많은 사람들.
想像(상상) 미루어 생각함.
現像(현상) 형상을 나타냄.

丨丷丬忄肖肖肖
亻亻伫侉傍像像

超逸

뛰어넘을 초 走-5획
뛰어날 일, 편안할 일 辶-8획

초일
매우 뛰어남 ⑪ 超越

超過(초과) 일정한 정도를 지나침.
逸品(일품) 아주 뛰어난 물건.
逸話(일화) 세상에 알려지지 않은 이야기.
安逸(안일) 편안하고 한가로움.

土丰走起起超超
夕年各争兔逸逸

燭臺 (촉대)
- 촛불 촉 / 火-13획
- 대 대 / 至-8획
- **촉대**: 초에 불을 켜 세워 놓는 기구
- 華燭(화촉) 혼례 의식의 등화.
- 鏡臺(경대) 거울을 달아 세운 화장대.
- 築臺(축대) 높이 쌓아 올린 터.
- 土臺(토대) 흙으로 쌓아 올린 높은 대.

村驛 (촌역)
- 마을 촌 / 木-3획
- 역 역 / 馬-13획
- **촌역**: 촌에 있는 철도역
- 村落(촌락) 촌에 이뤄진 부락.
- 僻村(벽촌) 외진 곳에 있는 마을.
- 驛長(역장) 철도역의 책임자.
- 驛站(역참) 역마를 바꿔 타는 곳.

總點 (총점)
- 모두 총 / 糸-11획
- 수효 점, 점 점 / 黑-5획
- **총점**: 점수의 합계
- 總括(총괄) 개별적인 것을 하나로 묶거나 종합함.
- 總和(총화) 전체의 화합. 예) 國民~
- 點在(점재) 여기 저기 흩어져 있음.
- 點火(점화) 불을 켬.

聰慧 (총혜)
- 귀 밝을 총 / 耳-11획
- 지혜 혜 / 心-11획
- **총혜**: 총명하고 슬기로움
- 聰氣(총기) 총명한 기운.
- 聰明(총명) 영리하고 재주가 있음.
- 敏慧(민혜) 민첩하고 지혜로움.
- 智慧(지혜) 슬기.

最良 (최량)
- 가장 최 / 日-8획
- 좋을 량 / 艮-1획
- **최량**: 가장 좋음
- 最惡(최악) 가장 못됨. 가장 나쁨.
- 最終(최종) 맨 끝. 맨 나중. 예) 最後
- 良書(양서) 좋은 책. 유익한 책.
- 優良(우량) 뛰어나게 좋음.

催眠 (최면)
- 재촉할 최, 베풀 최 / 亻-11획
- 잠잘 면 / 目-5획
- **최면**: 잠이 오게 함
- 開催(개최) 회합·행사를 차려 엶.
- 主催(주최) 주장하여 개최함.
- 不眠(불면) 잠을 자지 않음. 잠을 못 잠.
- 熟眠(숙면) 깊이 잠이 듦.

抽拔 (추발)
- 뽑을 추 / 扌-5획
- 뺄 발 / 扌-5획
- **추발**: 골라서 추려냄
- 抽籤(추첨) 제비를 뽑음.
- 拔群(발군) 여럿 속에서 뛰어남.
- 拔萃(발췌) 중요한 것을 뽑아냄.
- 拔擢(발탁) 많은 사람 중에서 추려냄.

追憶 (추억)
- 쫓을 추 / 辶-6획
- 생각할 억 / 忄-13획
- **추억**: 지난 일을 돌이켜 생각함
- 追究(추구) 확실하지 않은 것을 밝히려고 끝까지 캐어 들어감.
- 追跡(추적) 뒤를 밟아 쫓음.
- 追徵(추징) 추가하여 징수함.
- 記憶(기억) 지난 일을 잊지 않고 외어 둠.

推 薦	천거할 추, 밀 퇴 扌-8획	천거할 천 艹-13획	一 † 扌 打 扩 扩 抴 推 推
	추천 인재를 천거함		一 艹 莒 营 营 营 荐 薦 薦
	推仰(추앙) 높이 받들어 사모함. 推進(추진) 밀고 나아감. 薦擧(천거) 인재를 추천함. 公薦(공천) 공식적으로 추천함.		

秋 毫	가을 추 禾-4획	가는 털 호 毛-7획	一 二 千 禾 禾 秋 秋
	추호 가을 짐승의 털, 몹시 적음의 비유		一 亠 古 亭 亮 亳 亳 毫
	晩秋(만추) 늦가을. 千秋(천추) 썩 오랜 세월. 예~萬歲 毫髮(호발) 아주 잔 털, 아주 잔 물건. 揮毫(휘호) 붓을 휘둘러 글씨를 씀.		

逐 鹿	쫓을 축 辶-7획	사슴 록 鹿-0획	一 丆 豕 豕 豖 豖 逐 逐
	축록 천하를 얻고자 영웅이 다투는 일		一 广 产 庐 庐 鹿 鹿 鹿
	逐出(축출) 쫓아냄. 角逐(각축) 서로 이기려고 경쟁함. 驅逐(구축) 몰아 쫓아냄. 鹿角(녹각) 사슴의 뿔.		

畜 産	기를 축, 가축 축 田-5획	생산할 산 生-6획	一 亠 玄 斉 斉 斉 斉 畜
	축산 가축을 쳐 유익한 것을 얻는 일		一 亠 立 产 产 产 産
	畜舍(축사) 가축을 기르는 곳. 家畜(가축) 집에서 사육하는 짐승. 産卵(산란) 알을 낳음. 破産(파산) 가산을 모두 날려 버림.		

衝 突	부딪칠 충 行-9획	부딪칠 돌 穴-4획	彳 彳 禿 衍 衙 衝 衝 衝
	충돌 서로 마주 부딪침		丶 宀 宀 宊 突 突 突
	緩衝(완충) 급박한 충격이나 충돌을 중간에서 완화시킴. 要衝(요충) 요긴한 지점. 突變(돌변) 갑작스럽게 변함. 猪突(저돌) 앞뒤를 헤아리지 않고 돌진함.		

取 捨	취할 취 又-6획	버릴 사 扌-8획	一 Τ F F 耳 耳 取 取
	취사 취할 것은 취하고 버릴 것은 버림		一 扌 抡 抡 拎 拎 捨 捨
	取得(취득) 자기 소유로 함. 取材(취재) 작품ㆍ기사의 제재를 얻음. 奪取(탈취) 빼앗아 가짐. 喜捨(희사) 재물을 기부함.		

就 航	나아갈 취 尢-9획	건널 항 舟-3획	一 亠 亠 宁 京 京 就 就
	취항 선박이 항해의 길에 나섬		丿 刀 月 舟 舟 舟 航 航
	就任(취임) 맡은 자리에 가서 임무를 봄. 成就(성취) 목적한 바를 이룸. 航空(항공) 공중을 날아서 다님. 航海(항해) 배로 바다 위를 다님.		

趣 向	뜻 취 走-8획	향할 향 口-3획	土 走 走 起 趣 趣 趣
	취향 취미가 쏠리는 방향		丿 亻 冂 冋 向 向
	趣旨(취지) 근본 목적이나 의도. 情趣(정취) 정감을 불러일으키는 흥취. 向上(향상) 위로 향하여 나아감, 좋아짐. 向學(향학) 학문에 뜻을 둠.		

側近 (측근)

側 곁 측 亻-9획
近 가까울 근 辶-4회

획순: ノ 亻 伫 伫 俱 俱 側
획순: ノ ｺ ｳ 斤 斤 近 近

측근: 곁의 가까운 곳, 측근자

- 兩側(양측) ① 두 편. ② 양쪽의 측면.
- 近況(근황) 요사이의 형편. 町 近狀
- 附近(부근) 가까운 언저리. 町 近處
- 接近(접근) 바싹 다가붙음.

測量 (측량)

測 측량할 측 氵-9획
量 헤아릴 량 里-5획

획순: ヽ 氵 汀 汀 浿 測 測
획순: 口 日 旦 昌 昌 量 量

측량: 재어서 계산함 町 測定

- 觀測(관측) 관찰하여 추측함.
- 豫測(예측) 미리 추측함. 町 豫想
- 雅量(아량) 깊고 너그러운 마음씨.
- 容量(용량) 용기 안의 분량.

齒科 (치과)

齒 이 치, 나이 치 齒-0획
科 과목 과 禾-4획

획순: ㅏ 止 步 歩 齿 齒 齒
획순: ㅡ 千 才 禾 禾 利 科

치과: 이를 치료하는 의학의 한 분과

- 齒牙(치아) 사람의 '이'를 일컬음.
- 科目(과목) 학문의 구분.
- 科程(과정) 순서. 차례.
- 理科(이과) 자연과학을 연구하는 학과.

治亂 (치란)

治 다스릴 치 氵-5획
亂 어지러울 란 乚-12획

획순: ヽ 氵 沪 浐 治 治 治
획순: 广 平 㡀 㡀 裔 裔 亂

치란: 혼란한 세상을 다스림

- 治安(치안) 잘 다스려 편안하게 함.
- 統治(통치) 도맡아 다스림.
- 亂動(난동) 문란한 행동.
- 搖亂(요란) 시끄럽고 어지러움.

置簿 (치부)

置 둘 치 罒-8획
簿 장부 부 竹-13획

획순: 口 罒 罒 罒 罝 置 置
획순: 𠂉 竺 笮 筍 簿 簿 簿

치부: 출납한 내용을 기록함

- 置重(치중) 무엇에 중점을 둠.
- 措置(조치) 어떤 일을 해결하기 위한 대책을 강구함.
- 簿記(부기) 회계 장부의 기장법.
- 帳簿(장부) 수입과 지출을 기록하는 책.

致賀 (치하)

致 드릴 치 至-3획
賀 하례할 하 貝-5획

획순: ㅡ 云 至 到 到 致 致
획순: ㄱ 力 加 加 智 賀 賀

치하: 칭찬·축하의 뜻을 표함

- 致誠(치성) 있는 정성을 다함.
- 極致(극치) 극도에 이른 경지.
- 賀宴(하연) 축하하는 잔치.
- 年賀(연하) 새해를 기뻐하고 복을 비는 일.

親睦 (친목)

親 친할 친, 어버이 친 見-9획
睦 화목할 목 目-8획

획순: ㄱ 立 辛 亲 新 親 親
획순: 丨 月 盯 旷 睦 睦 睦

친목: 서로 친하여 화목함

- 親近(친근) 사이가 매우 가까움.
- 親切(친절) 정성스럽고 정다움.
- 親知(친지) 친근하게 서로 잘 알고 지내는 사람.
- 和睦(화목) 뜻이 맞고 정다움.

漆器 (칠기)

漆 옻칠할 칠 氵-11획
器 그릇 기 口-13획

획순: ヽ 氵 汀 沐 沐 漆 漆 漆
획순: ヽ 口 吅 吅 哭 器 器

칠기: 옻칠한 그릇이나 기구

- 漆夜(칠야) 아주 캄캄한 밤.
- 漆黑(칠흑) 칠처럼 검고 광택이 있음. 또는 그런 빛깔.
- 器機(기기) 기구·기계의 총칭.
- 陶器(도기) 오지그릇.

七層 (칠층)

七 일곱 칠 (一-1획)
層 층 층 (尸-12획)

필순: 一七
필순: 尸尸厚屑層層層

칠층: 일곱 층
- 七旬(칠순) 일흔 살.
- 層階(층계) 층층이 높이 올라 가게 만든 설비.
- 層層(층층) 거듭된 여러 층.
- 單層(단층) 단 하나의 층.

寢室 (침실)

寢 잠잘 침 (宀-11획)
室 방 실 (宀-6획)

필순: 宀宀宀宁宇寢寢寢
필순: 宀宁宁宏宏室室

침실: 잠자도록 마련된 방
- 寢牀(침상) 누워 잘 수 있게 만든 평상.
- 寢食(침식) 잠자는 일과 먹는 일. 비 宿食
- 室內(실내) 방 안.
- 居室(거실) 거처하는 방.

浸透 (침투)

浸 번질 침, 적실 침 (氵-7획)
透 통할 투 (辶-7획)

필순: 氵氵氵浐浐浸浸
필순: 一千禾禾秀透透

침투: 속으로 스며 젖어듦
- 浸潤(침윤) 차차 젖어듦.
- 透過(투과) 물체를 꿰뚫고 지나감.
- 透視(투시) 속의 것을 환히 꿰뚫어 봄.
- 透徹(투철) 사리가 분명하고 철저함.

稱讚 (칭찬)

稱 칭찬할 칭, 일컬을 칭 (禾-9획)
讚 기릴 찬 (言-19획)

필순: 一千禾禾稻稱稱
필순: 言言諧諧譜讚

칭찬: 좋은 점을 일컬어 기림
- 稱號(칭호) (명예나 지위 따위를 나타내는) 사회적으로 일컫는 이름.
- 尊稱(존칭) 존경하여 높이어 부름.
- 讚辭(찬사) 찬미하는 글이나 말.
- 讚嘆(찬탄) 감동(감격)하여 찬탄함.

快晴 (쾌청)

快 쾌할 쾌 (忄-4획)
晴 갤 청 (日-8획)

필순: 丶丨忄忄快快
필순: 丨日日晴晴晴

쾌청: 구름 한 점 없이 날씨가 맑음
- 快擧(쾌거) 통쾌한 행동.
- 快樂(쾌락) 기분이 좋고 즐거움.
- 晴天(청천) 맑게 갠 하늘. 비 晴虛
- 晴和(청화) 하늘이 맑고 화창함.

打倒 (타도)

打 칠 타 (扌-2획)
倒 넘어질 도 (亻-8획)

필순: 一十扌打
필순: 丿亻亻亻伅佟倒

타도: 때리거나 쳐서 거꾸러뜨림
- 打擊(타격) 세게 때려 침.
- 打作(타작) 곡식의 이삭을 떨어서 거두는 일.
- 倒産(도산) 가산을 다 써 없앰.
- 壓倒(압도) 월등한 힘으로 상대편을 누름.

墮落 (타락)

墮 떨어질 타 (土-12획)
落 떨어질 락 (艹-9획)

필순: 阝阝阡阡隋隋墮
필순: 艹艹艿莎茨落落

타락: 잘못된 길로 빠짐
- 墮獄(타옥) 죽어서 지옥에 떨어짐.
- 落島(낙도) 뭍에서 멀리 떨어져 있는 외딴 섬.
- 落榜(낙방) 과거에 떨어짐. 비 及第
- 落伍(낙오) 대오에서 떨어져 뒤로 처짐.

妥協 (타협)

妥 온당할 타 (女-4획)
協 화합할 협, 도울 협 (十-6획)

필순: 丿丶爫爫妥妥
필순: 十十协协协協協

타협: 서로 좋도록 협의함
- 妥當(타당) 사리에 마땅하고 온당하다.
- 協同(협동) 마음과 힘을 합함.
- 協商(협상) 협의하여 계획함. 비 協議
- 協定(협정) 의논하여 결정함.

琢磨 (탁마)

琢 쫄 탁 · 玉-8획
磨 갈 마 · 石-11획

획순: 丆 王 珏 玎 玙 琢 琢
획순: 广 广 庐 麻 磨 磨 磨

탁마: 학문이나 덕행을 힘써 닦고 갊
- 琢器(탁기) 틀에 박아내어 쪼아서 고르게 만든 그릇.
- 磨礪(마려) 문질러 갊.
- 磨勘(마감) 일의 끝을 맺음.
- 硏磨(연마) 학문이나 기술을 힘껏 연구함.

彈琴 (탄금)

彈 탈 탄, 탄알 탄 · 弓-12획
琴 거문고 금 · 玉-8획

획순: 弓 弓 弓 彈 彈 彈
획순: 二 王 耴 珡 琴 琴

탄금: 거문고·가야금을 탐
- 彈劾(탄핵) 죄상을 조사하여 꾸짖음.
- 指彈(지탄) 가리켜 나무람.
- 爆彈(폭탄) 인명을 살상하거나 구조물을 파괴하는 무기.
- 風琴(풍금) 건반 악기의 하나.

脫團 (탈단)

脫 벗어날 탈 · 月-7획
團 모임 단, 둥글 단 · □-11획

획순: 月 月 𦜘 脫 脫 脫 脫
획순: 門 門 同 同 同 團 團 團

탈단: 소속한 '團'에서 탈퇴함
- 脫落(탈락) 끼지 못하고 빠지거나 떨어짐.
- 脫毛(탈모) 털이 빠짐. 예 ~症
- 團束(단속) 주의를 기울여 단단히 다잡거나 보살핌.
- 團員(단원) 단체를 구성하고 있는 사람.

探索 (탐색)

探 찾을 탐 · 扌-8획
索 찾을 색, 동아줄 삭 · 糸-4획

획순: 扌 扌 扩 扔 採 探 探
획순: 十 古 古 索 索 索 索

탐색: 실상을 더듬어 찾음
- 探査(탐사) 더듬어 찾으며 조사함.
- 探知(탐지) 더듬어 살펴 알아냄.
- 索引(색인) 찾아보기.
- 索出(색출) 뒤져서 찾아냄.

貪財 (탐재)

貪 탐낼 탐 · 貝-4획
財 재물 재 · 貝-3획

획순: 八 今 含 貪 貪 貪 貪
획순: 丨 冂 目 貝 貝 貯 財

탐재: 재물을 탐함
- 貪官(탐관) 탐(貪)하는 벼슬 아치.
- 貪慾(탐욕) 가지고자 탐내는 욕심.
- 財力(재력) 재산상의 세력.
- 財政(재정) 개인·기업 등의 경제 상태.

泰斗 (태두)

泰 클 태, 편안할 태 · 水-5획
斗 별 이름 두, 말 두 · 斗-0획

획순: 一 三 夫 奏 泰 泰 泰
획순: 丶 冫 三 斗

태두: 가장 존경을 받는 사람
- 泰然(태연) 평온하고 예사로움.
- 泰平(태평) 걱정 없이 잘 있음.
- 斗起(두기) 힘차게 삐죽 삐죽 나와 있음.
- 斗量(두량) 곡식의 수량을 되나 말로 되어서 셈함.

殆半 (태반)

殆 거의 태, 위태로울 태 · 歹-5획
半 반 반 · 十-3획

획순: 丆 歹 歹 矣 弘 殆 殆
획순: 丶 丷 屮 半

태반: 거의 절반
- 殆無(태무) 거의 없음.
- 半減(반감) 절반으로 줄임.
- 半信(반신) 완전히 믿지는 아니함. 예 ~半疑
- 過半(과반) 반을 넘음.

擇偶 (택우)

擇 가릴 택 · 扌-13획
偶 짝 우, 우연 우 · 亻-9획

획순: 扌 扌 扩 扩 扩 擇 擇
획순: 亻 伲 佃 偶 偶 偶 偶

택우: 배우자를 고름
- 擇一(택일) 하나를 고름. 예 兩者~
- 簡擇(간택) 여럿 중에서 골라냄.
- 偶發(우발) 우연히 발생함.
- 偶合(우합) 우연히 맞음. 예 偶中

吐露 (토로)
- 吐 토할 토 / 口-3획
- 露 드러날 로, 이슬 로 / 雨-12획
- **토로**: 속마음을 드러내어 말함
- 吐乳(토유) 젖먹이가 먹은 젖을 토함.
- 露面(노면) 얼굴을 드러냄.
- 露宿(노숙) 한데서 밤을 지냄.
- 露店(노점) 길바닥에 벌여 놓은 소규모의 가게.

필순: ㅣ 口 口 吐 吐
雨 雲 雲 雲 雲 露 露

兎脣 (토순)
- 兎 토끼 토 / 儿-6획
- 脣 입술 순 / 月-7획
- **토순**: 찢어진 윗입술, 언청이
- 兎影(토영) 달 그림자. 달빛.
- 脣舌(순설) ① 입술과 혀. ② 수다스러움.
- 脣音(순음) 입술소리.
- 丹脣皓齒(단순호치) 붉은 입술과 흰 이.

필순: 一 亻 币 币 币 兎 兎
厂 厂 戶 辰 脣 脣 脣

土壤 (토양)
- 土 흙 토 / 土-0획
- 壤 땅 양 / 土-17획
- **토양**: 곡물 등이 생장할 수 있는 흙
- 土窟(토굴) 흙을 파낸 구덩이.
- 土着(토착) 대대로 그 땅에서 삶.
- 鄕土(향토) 시골. 고향 땅.
- 天壤(천양) 하늘과 땅. 예 ~之差

필순: 一 十 土
土 圹 圹 壌 壌 壌 壤

討議 (토의)
- 討 궁구할 토, 칠 토 / 言-3획
- 議 의논할 의 / 言-13획
- **토의**: 검토하고 협의하는 일
- 討伐(토벌) 죄 있는 무리를 군대로 침.
- 聲討(성토) 여럿이 모여 잘못을 규탄함.
- 議決(의결) 합의하여 결정함.
- 議案(의안) 회의에서 심의할 안건.

필순: 丶 二 亖 言 言 討 討
言 訁 詳 詳 詳 議 議

投球 (투구)
- 投 던질 투 / 扌-4획
- 球 공 구 / 王-7획
- **투구**: 공을 던짐
- 投稿(투고) 원고를 신문사·잡지사 등에 보냄.
- 投影(투영) 물체가 비치는 그림자.
- 球技(구기) 공을 사용하는 운동 경기.
- 地球(지구) 사람이 살고 있는 땅.

필순: 一 十 扌 扌 扌 投 投
二 ㅜ 王 王 丑 玢 球

特殊 (특수)
- 特 특별할 특 / 牛-6획
- 殊 뛰어날 수 / 歹-6획
- **특수**: 보통보다 특별히 다름
- 特權(특권) 특별한 권등. 예 ~階級
- 特別(특별) 보통보다 다름. 반 普通
- 特異(특이) 특별히 다른 것과 다름.
- 殊勳(수훈) 뛰어난 공훈.

필순: 一 亻 牛 牛 牛 特 特
歹 歹 歹 殊 殊 殊

派遣 (파견)
- 派 보낼 파 / 氵-6획
- 遣 보낼 견 / 辶-10획
- **파견**: 일정한 임무를 주어 사람을 보냄
- 派兵(파병) 군대를 보냄.
- 派生(파생) 근원에서 갈라져 나옴.
- 派出(파출) 사무를 배당하여 사람을 출장시킴.
- 分遣(분견) 갈라 보냄.

필순: 丶 氵 汀 汀 派 派 派
口 口 虫 虫 串 遣 遣

波浪 (파랑)
- 波 물결 파 / 氵-12획
- 浪 물결 랑, 허망할 랑 / 氵-7획
- **파랑**: 작은 물결과 큰 물결
- 波動(파동) 거세게 일어난 큰 변동.
- 波紋(파문) 수면에 이는 잔 물결.
- 浪說(낭설) 터무니없는 말이나 소문.
- 孟浪(맹랑) 가볍게 볼 수 없음.

필순: 丶 氵 氵 疒 沪 波 波
氵 氵 氵 沪 浪 浪 浪

罷免

罷 내칠 파 网-10획	免 내칠 면 儿-5획	冂 罒 罒 罪 罪 罷 罷

파면 직무를 그만두게 함

罷業(파업) 하던 일을 중지함.
罷職(파직) 관직을 파면시킴.
免除(면제) 책임이나 의무를 면함.
免責(면책) 책임을 면함. 예 ~特權

		ノ ク ク 丹 台 争 免

播種

播 씨 뿌릴 파 扌-12획	種 씨 종, 종류 종 禾-9획	扌 扌 扩 捞 採 播 播

파종 곡식의 씨앗을 뿌려 심음

播多(파다) 소문 등이 널리 퍼짐.
傳播(전파) 널리 전하여 퍼트림.
種子(종자) 씨. 예 ~植物
種族(종족) 동일한 종류의 것.

		千 禾 秆 秆 稻 種 種

頗香

頗 자못 파, 치우칠 파 頁-5획	香 향기 향 香-0획	厂 广 皮 皮 皮 頗 頗

파향 자못 향기로움

頗多(파다) 아주 많음. 매우 많음.
偏頗(편파) 한쪽으로 치우쳐 공평치 못함.
香料(향료) 향을 만드는 감.
香煙(향연) 향을 피우는 연기.

		一 二 千 禾 禾 香 香

破毁

破 깨뜨릴 파 石-5획	毁 헐 훼, 헐뜯을 훼 殳-9획	厂 石 石 矿 矿 破 破

파훼 깨뜨리어 헐어버림

破壞(파괴) 때려부수거나 헐어버림. 예 建設
破局(파국) 판국이 결딴남.
毁謗(훼방) 남을 헐뜯어 비방함.
毁損(훼손) 체면·명예를 손상함.

		ᄂ 白 自 皇 臼 毁 毁

販路

販 팔 판 貝-4획	路 길 로 足-6획	冂 目 貝 貝 貝 販 販

판로 상품이 팔리는 방면이나 길

販賣(판매) 상품을 팖. 예 ~禁止
市販(시판) 시장에서 팖. 예 ~價格
路面(노면) 길바닥.
路線(노선) 목적을 정해 놓고 나아가는 길.

		口 卫 昆 昆 趵 路 路

八斤

八 여덟 팔 八-0획	斤 근 근 斤-0획	ノ 八

팔근 여덟 근

八達(팔달) 모든 일에 정통함. 예 四通~
八朔(팔삭) 음력 팔월 초하룻날.
八字(팔자) 사람의 한평생의 운수.
斤量(근량) 저울로 단 무게.

		´ 厂 斤 斤

編隊

編 엮을 편 糸-9획	隊 군대 대, 대오 대 阝-9획	幺 糸 糺 糸 絹 編 編

편대 대오를 편성함 예 ~飛行

編成(편성) 엮어서 만듦.
編修(편수) 책을 편집하고 수정함.
隊列(대열) 대를 지어 늘어선 행렬.
大隊(대대) 군대 편제상의 한 단위.

		´ ᄀ 阝 阝 阝 隊 隊

遍歷

遍 두루 편 辶-9획	歷 다닐 력 止-12획	` ᄀ 戶 启 扁 徧 遍

편력 널리 돌아다님

遍在(편재) 두루 퍼지어 있음.
普遍(보편) 두루 널리 미침. 예 特殊
歷代(역대) 지내온 각 대(代).
歷史(역사) 인류의 변천·흥망의 기록.

		厂 厈 厤 厤 歷 歷 歷

片面 (편면)

片 한쪽 편, 조각 편 — 片-0획
面 면 면, 낯 면 — 面-0획

필순: 丿 丿' 斤 片
필순: 一 丆 而 面 面

편면: 한쪽 면

- 片刻(편각) 삽시간.
- 片務(편무) 한쪽에서만 지는 의무.
- 面談(면담) 서로 만나서 이야기함.
- 面貌(면모) 일의 겉모양.

便宜 (편의)

便 편할 편, 오줌 변 — 亻-7획
宜 마땅할 의 — 宀-5획

필순: 亻 亻' 仁 佰 佰 便 便
필순: 丶 宀 宀 宁 宁 宜 宜

편의: 생활하는데 편리하고 좋음

- 便利(편리) 편하고 쉬움. 예) 不便
- 簡便(간편) 간단하고 편리함.
- 宜當(의당) 마땅히. 으레.
- 宜合(의합) 알맞게 들어맞음. 예) 適合

平凡 (평범)

平 보통 평 — 干-2획
凡 범상할 범 — 几-1획

필순: 一 一 午 平
필순: 丿 几 凡

평범: 뛰어나지 않고 예사로움

- 平價(평가) 싸지도 비싸지도 않은 물건 값.
- 平均(평균) 여럿을 고르게 함.
- 凡常(범상) 대수롭지 않고 평범함.
- 凡失(범실) 평범한 실책.

肺臟 (폐장)

肺 허파 폐 — 月-4획
臟 오장 장 — 月-18획

필순: 月 月 月' 肚 肚 肺 肺
필순: 月 肝 肝 臟 臟 臟 臟

폐장: 폐, 허파

- 肺炎(폐염) 폐에 생기는 염증.
- 肺病(폐병) 폐의 질병을 총칭.
- 肝臟(간장) 내장의 한 가지.
- 心臟(심장) ① 염통. ② 사물의 중심부.

廢止 (폐지)

廢 폐할 폐 — 广-12획
止 그칠 지 — 止-0획

필순: 广 广 庐 庐 庐 廖 廢
필순: 丨 卜 止 止

폐지: 제도 등을 그만두거나 없앰

- 廢水(폐수) 폐기한 물. 예) ~汚染
- 廢車(폐차) 못 쓰게 된 차. 예) ~處分
- 止熱(지열) 병으로 인한 신열이 내림.
- 防止(방지) 막아서 그치게 함.

浦口 (포구)

浦 물가 포 — 氵-7획
口 어귀 구, 입 구 — 口-0획

필순: 氵 氵 汀 沪 汩 消 浦
필순: 丨 口 口

포구: 배가 드나드는 개의 어귀

- 浦港(포항) 포구와 항구.
- 口頭(구두) 마주 대하여 입으로 하는 말.
- 口辯(구변) 말솜씨. 예) 言辯
- 口碑(구비) 대대로 전해 내려 오는 말.

包裝 (포장)

包 쌀 포 — 勹-3획
裝 꾸밀 장 — 衣-7획

필순: 丿 勹 勺 匀 包
필순: 丬 壯 壯 裝 裝

포장: 물건을 싸서 꾸림

- 包括(포괄) 있는 대로 모조리 휩쓸어 쌈.
- 包含(포함) 속에 싸여 있음.
- 裝備(장비) 비품·부속품 등을 갖춤.
- 武裝(무장) 전투 때에 하는 몸차림.

捕捉 (포착)

捕 잡을 포 — 扌-7획
捉 잡을 착 — 扌-7획

필순: 扌 扌 扌 扩 捎 捕 捕
필순: 扌 扌 扌 扌 捉 捉 捉

포착: ① 꼭 붙잡음 ② 요령을 얻음

- 捕鯨(포경) 고래를 잡음.
- 捕虜(포로) 전투에서 적에게 사로잡힌 병사.
- 捕縛(포박) 잡아서 묶음.
- 捉送(착송) 붙잡아 보냄.

飽享 (포향)
飽 배부를 포 食-5획
享 누릴 향 亠-6획
포향: 흡족하게 누림
획순: 丿 𠂊 今 食 飣 飠 飽
획순: 亠 亠 六 古 享 享 享
- 飽滿(포만) 무엇이나 그 용량에 충분히 참.
- 飽食(포식) 배부르게 먹음.
- 享年(향년) 한평생 누린 나이.
- 享樂(향락) 즐거움을 누림.

爆擊 (폭격)
爆 폭발할 폭 火-15획
擊 칠 격 手-13획
폭격: 폭탄을 떨어뜨려 하는 공격
획순: 火 炉 焊 煌 爆 爆 爆
획순: 臼 車 軎 軗 毄 擊 擊
- 爆發(폭발) 급격히 파열하는 일.
- 爆笑(폭소) 폭발하듯 갑자기 웃는 웃음.
- 擊追(격추) 적을 쫓아가서 침.
- 擊破(격파) 쳐부숨.

暴利 (폭리)
暴 가로채갈 폭, 사나울 포 日-11획
利 이로울 리 刂-5획
폭리: 엄청나게 남기는 부당한 이익
획순: 口 日 旦 星 暴 暴 暴
획순: 一 二 千 禾 禾 利 利
- 暴發(폭발) 갑작스럽게 터짐.
- 暴風(폭풍) 몹시 세게 부는 바람.
- 利己(이기) 자기 한 몸의 이익만을 꾀함.
- 利害(이해) 이익과 손해.

表裏 (표리)
表 거죽표, 나타낼표 衣-3획
裏 속 리 衣-7획
표리: 겉과 속
획순: 二 土 耂 耂 耒 表 表
획순: 亠 亩 亩 重 裏 裏 裏
- 表白(표백) 드러내어 밝힘.
- 表意(표의) 말의 뜻을 글자로 나타냄.
- 表現(표현) 표면에 나타내 보임.
- 裏面(이면) 속. 안. 내면.

漂泊 (표박)
漂 떠돌표, 빨래할표 氵-11획
泊 떠돌 박, 묵을 박 氵-5획
표박: 정처 없이 떠돌아다니며 지냄
획순: 丶 氵 氵 汙 渾 漂 漂 漂
획순: 丶 氵 氵 汀 汋 泊 泊
- 漂流(표류) 물에 떠서 흘러 감.
- 漂白(표백) 약품으로 희게 함.
- 宿泊(숙박) 어떤 곳에 머물러 묵음.
- 碇泊(정박) 배가 닻을 내리고 머무름.

標準 (표준)
標 표 표 木-11획
準 법도 준 氵-10획
표준: 사물의 정도를 정하는 목표
획순: 十 木 栌 栖 標 標 標
획순: 氵 汁 汁 淮 淮 淮 準
- 標語(표어) 목표로 삼는 말.
- 里程標(이정표) 이정을 적어 세운 푯말.
- 準據(준거) 표준을 삼아 의거함.
- 準則(준칙) 준용할 규칙.

楓岳 (풍악)
楓 단풍나무 풍 木-9획
岳 큰 산 악 山-5획
풍악: 가을의 금강산을 일컫는 말
획순: 十 木 机 枫 楓 楓 楓
획순: 厂 厈 斤 丘 乓 岳 岳
- 楓林(풍림) 단풍든 숲.
- 丹楓(단풍) 늦가을에 붉게 물든 나뭇잎.
- 岳丈(악장) 아내의 아버지.
- 山岳(산악) 크고 작은 모든 산.

被檢 (피검)
被 입을 피 衤-5획
檢 검속할 검 木-13획
피검: ① 검거됨 ② 검사를 받음
획순: 丶 丬 衤 衤 衲 衸 被 被
획순: 十 木 柃 柃 椧 檢 檢
- 被擊(피격) 습격·사격을 받음.
- 被殺(피살) 살해를 당함.
- 檢擧(검거) 범죄의 증거를 걷어 모음.
- 檢問(검문) 검사하고 물음. 예) 不審~

疲困

지칠 피 疒-5획 | **곤할 곤** 囗-4획

筆順: 广广疒疒疒疲疲 / 丨冂冂月用困困

피곤
몸·마음이 지쳐서 고달픔

- 疲勞(피로) 지침. 고단함.
- 疲弊(피폐) 지치고 쇠약해짐.
- 困境(곤경) 곤란한 경우.
- 困窮(곤궁) 가난하고 구차함.

皮膚

가죽 피 皮-0획 | **살갗 부** 月-11획

筆順: 丿厂广皮皮 / 广广庐庐庐膚膚

피부
살갗

- 皮骨(피골) 살가죽과 뼈. 예 ~相接
- 皮膜(피막) 겉껍질과 속껍질.
- 皮相(피상) 표면에 나타나는 현상.
- 膚淺(부천) 말이 천박함.

彼此

저 피 彳-5획 | **이 차** 止-2획

筆順: 丿彳彳彳彳彼彼 / 丨丨丨止此

피차
① 저것과 이것 ② 서로

- 彼我(피아) 그와 나.
- 此等(차등) 이것들. 이들.
- 此日彼日(차일피일) 이날 저날.
- 此便(차편) 이 편.

畢竟

마칠 필 田-6획 | **마침내 경** 立-6획

筆順: 丨口曰昌昌畢畢 / 亠亠立产音音竟

필경
마침내, 결국에는

- 畢納(필납) 납세·납품 등을 끝냄.
- 畢業(필업) 업을 마침.
- 竟夕(경석) 하룻밤 동안.
- 究竟(구경) 극도에 달함. 예 窮極

筆墨

붓 필 竹-6획 | **먹 묵** 土-12획

筆順: 丿丿丿丿竺竺笔筆筆 / 口口曰里黑黑墨

필묵
붓과 먹

- 筆記(필기) 글씨를 씀. 예 ~試驗
- 筆跡(필적) 쓴 글씨의 자취. 글씨 솜씨.
- 墨汁(묵즙) 먹물.
- 墨畵(묵화) 먹으로 그린 동양화.

必須

반드시 필 心-1획 | **모름지기 수** 頁-3획

筆順: 丶ソ必必必 / 丿彡彡彡彡須須須

필수
꼭 필요함

- 必讀(필독) 반드시 읽어야 함.
- 必要(필요) 꼭 소용이 됨. 예 ~條件
- 須臾(수유) 잠시 동안.
- 須知(수지) 모름지기 알아야 함.

荷物

짐 하 艹-7획 | **물건 물** 牛-4획

筆順: 艹艹艹艹芢荷荷 / 丿丿丫牜牜物物

하물
실어 나르는 짐

- 出荷(출하) 상품을 시장에 내놓음.
- 物望(물망) 여러 사람이 우러러 보는 명망.
- 物議(물의) 뭇 사람의 평판.
- 物質(물질) 물건의 본바탕.

下弦

아래 하 一-2획 | **반달 현, 활시위 현** 弓-5획

筆順: 一丅下 / 丿丿弓弓弓弦弦

하현
음력 22~23일경의 달

- 下降(하강) 높은 데서 아래로 내려옴.
- 下廻(하회) 어떤 표준보다 밑돎.
- 弦月(현월) 초승달.
- 上弦(상현) 매달 음력 7~8월 경에 나타나는 달.

寒暖 (한난) — 추움과 따뜻함
- 찰 한 宀-9획
- 따뜻할 난 日-9획
- 필순: 丶宀宀宙宙寒寒 / 日日日旷旷暖暖
- 寒冷(한랭) 춥고 참.
- 暖房(난방) 방을 덥게 함. 예) ~裝置
- 暖帶(난대) 열대와 온대의 중간 지대.
- 暖冬(난동) 따뜻한 겨울. 예) 異常~

旱雷 (한뢰) — 마른 천둥
- 가물 한 日-3획
- 우뢰 뢰 雨-5획
- 필순: 一口日日旦旱 / 一币雨雨雷雷
- 旱乾(한건) 오래 가묾.
- 旱毒(한독) 오랜 가뭄으로 생기는 병독.
- 雷聲(뇌성) 천둥치는 소리. 예) ~霹靂
- 雷震(뇌진) 천둥이 울리고 벼락이 침.

閑寂 (한적) — 한가하고 고요함
- 한가할 한 門-4획
- 고요할 적 宀-8획
- 필순: 丨尸尸門門閑閑 / 丶宀宀宇宇宋寂
- 閑談(한담) 심심풀이의 이야기. 예) ~屑話
- 農閑(농한) 농사일이 그리 바쁘지 않음.
- 寂寞(적막) 쓸쓸하고 고요함.
- 靜寂(정적) 고요하고 괴괴함.

汗蒸 (한증) — 몸을 덮혀 땀을 내 병을 고치는 일
- 땀 한 氵-3획
- 찔 증 ++-10획
- 필순: 丶丶氵汀汗 / 艹芓芸茏蒸蒸
- 汗疹(한진) 땀띠.
- 汗血(한혈) 피와 같은 땀.
- 蒸氣(증기) 액체가 증발하여 생긴 기체.
- 蒸散(증산) 증발하여 흩어져 없어짐.

割據 (할거) — 토지나 국토를 분할해 웅거함
- 나눌 할 刂-10획
- 웅거할 거 扌-13획
- 필순: 丶宀宀宝害害割 / 扌扩扩扩据據據
- 割當(할당) 몫을 갈라 분배함.
- 割賦(할부) 분할하여 배당함.
- 根據(근거) 사물의 토대.
- 雄據(웅거) 자리잡고 굳게 지킴.

含憤 (함분) — 분한 마음을 품음
- 머금을 함 口-4획
- 분할 분 忄-12획
- 필순: 丿人人今今含含 / 忄忄忄忄忄忄忄憤憤
- 含量(함량) 포함되어 있는 분량.
- 含蓄(함축) 겉에 드러내지 아니함.
- 憤慨(분개) 격분하여 개탄함.
- 憤怒(분노) 분하여 성냄.

咸池 (함지) — 해가 져서 들어간다는 못
- 다 함 口-6획
- 못 지 氵-3획
- 필순: 丿厂厂戸咸咸咸 / 丶丶氵汁池池
- 咸告(함고) 다 아룀.
- 池塘(지당) 못.
- 池畔(지반) 못 가.
- 電池(전지) 화학 반응에 의해 전류를 일으키는 장치.

合邦 (합방) — 둘 이상의 나라를 하나로 합침
- 합할 합, 홉 홉 口-3획
- 나라 방 阝-4획
- 필순: 丿人人合合合 / 一二三丰邦邦
- 合格(합격) 어떤 시험에 붙음. 예) 落榜
- 混合(혼합) 뒤섞여서 한데 합함.
- 聯邦(연방) 국가 결합의 하나.
- 友邦(우방) 서로 친교가 있는 나라.

抗拒 (항거)
- 대항할 **항** 扌-4획
- 맞설 **거** 扌-5획

一 十 扌 扩 扩 抗
扌 扌 扌 扌 扌 扌 拒 拒

항거: 순종하지 않고 맞서 대항함

- 抗議(항의) 반대의 뜻을 주장함.
- 抗爭(항쟁) 대항하여 다툼.
- 拒否(거부) 승낙하지 않고 물리침.
- 拒逆(거역) 항거하여 거스름.

巷談 (항담)
- 거리 **항** 己-6획
- 이야기 **담** 言-8획

一 廿 卅 共 共 共 巷
丶 亠 言 言 言 談 談 談

항담: 항간에 떠도는 말

- 談判(담판) 쌍방이 서로 의논하여 시비를 가림.
- 談話(담화) 이야기.
- 美談(미담) 아름다운 행실의 이야기.
- 相談(상담) 말로 상의함. 例~所

恒常 (항상)
- 항상 **항** 忄-6획
- 항상 **상** 巾-8획

丶 忄 忄 恒 恒 恒 恒
丨 丷 丷 芇 常 常 常

항상: 언제나, 늘

- 恒久(항구) 변하지 아니하고 오래 감.
- 常規(상규) 보통의 일반적인 규정.
- 常禮(상례) 보통의 예법.
- 常備(상비) 늘 준비하여 둠.

奚暇 (해가)
- 어찌 **해** 大-7획
- 겨를 **가** 日-9획

一 兦 爫 盃 奚 奚 奚
丨 日 日 旷 旷 旷 暇

해가: 어느 겨를에

- 暇日(가일) 여가가 있는 날.
- 餘暇(여가) 겨를. 틈. 例~善用
- 寸暇(촌가) 얼마 안 되는 겨를.
- 休暇(휴가) 일정기간 동안 쉬는 일.

該博 (해박)
- 넓을 **해** 言-6획
- 넓을 **박** 十-10획

丶 亠 言 言 訁 該 該
十 忄 忄 博 博 博 博

해박: 다방면으로 학식이 넓음

- 該當(해당) 바로 들어맞음.
- 該地(해지) 그 땅. 그 곳.
- 博愛(박애) 온 사람을 평등으로 사랑함.
- 博學(박학) 학식이 매우 넓고 많음.

解析 (해석)
- 풀 **해** 角-6획
- 나눌 **석** 木-4획

⺈ 角 角 角 解 解 解
十 才 木 朳 朳 析 析

해석: 자세히 풀어서 설명함

- 解雇(해고) 고용인을 그만두게 함.
- 解放(해방) 가두어 둔 것을 풀어놓음.
- 析出(석출) 분석하여 분리해 냄.
- 分析(분석) 어떤 사물을 분해해 가름.

核質 (핵질)
- 핵 **핵**, 씨 **핵** 木-6획
- 바탕 **질** 貝-8획

十 木 木 朾 栌 核 核
厂 厈 厈 竹 筤 筤 質

핵질: 세포 핵 속에 차 있는 물질

- 核心(핵심) 가장 중요한 부분.
- 質問(질문) 의문·이유를 캐물음.
- 質責(질책) 꾸짖어서 바로잡음.
- 資質(자질) 타고난 성품과 바탕.

行廊 (행랑)
- 다닐 **행**, 항렬 **항** 行-0획
- 행랑 **랑** 广-10획

丿 彳 彳 彳 行 行
一 广 广 庐 庐 廊 廊

행랑: 대문간에 붙어 있는 방

- 行爲(행위) 사람이 행하는 짓.
- 品行(품행) 품성과 행실. 例~方正
- 尾行(미행) 사람의 뒤를 따라감.
- 飛行(비행) 공중으로 날아감.

幸福

다행 행	복 복
干-5획	示-9획

一 十 土 𡴂 𡴆 㚔 幸

二 亍 示 礻 衤 袔 福 福

행복
만족을 느껴 즐거운 상태

- 幸運(행운) 행복한 운수.
- 多幸(다행) 일이 좋게 됨. 例 ~多福
- 福祉(복지) 행복과 이익. 例 ~施設
- 萬福(만복) 여러 가지 복.

許諾

허락할 허	승낙할 락
言-4획	言-9획

二 亠 亖 言 言 計 許

言 言 計 計 許 許 諾

허락
청하는 일을 들어줌

- 許可(허가) 허락함. 들어줌.
- 許容(허용) 허락하고 용납함.
- 受諾(수락) 요구를 받아들여 승낙함.
- 承諾(승낙) 청하는 바를 들어줌.

虛實

빌 허	열매 실
虍-6획	宀-11획

丨 广 卢 虍 虚 虚 虛

宀 宀 宀 宁 宭 宭 實 實

허실
공허와 충실

- 虛妄(허망) 거짓이 많고 망령됨.
- 虛脫(허탈) 망하여 일이 잘 안 되는 상태.
- 實施(실시) 실지로 행함.
- 實質(실질) 실상의 본바탕.

軒燈

추녀 헌, 난간 헌	등잔 등
車-3획	火-12획

一 亓 亘 車 車 軒 軒

丶 火 灯 炉 烙 燈 燈

헌등
처마에 다는 등

- 軒頭(헌두) 추녀 끝.
- 燈下(등하) 등잔 밑. 例 ~不明
- 燈火(등화) 등잔불. 例 ~可親
- 點燈(점등) 등에 불을 켬.

革政

고칠 혁, 가죽 혁	정사 정
革-0획	攵-5획

一 艹 丱 芇 莒 莒 革

丅 下 正 正 正 政 政

혁정
정치를 개혁함

- 革新(혁신) 묵은 조직을 바꿔 새롭게 함.
- 變革(변혁) 바꾸어 새롭게 함.
- 政權(정권) 정치상의 권력.
- 政略(정략) 목적을 위한 책략.

縣令

고을 현	우두머리 령, 명령 령
糸-10획	人-3획

⺆ 日 且 県 縣 縣 縣

丿 人 ㅅ 今 令

현령
큰 현의 으뜸 벼슬

- 縣監(현감) 조선 때의 작은 현의 원.
- 令達(영달) 명령을 전함.
- 令望(영망) 좋은 명망.
- 令愛(영애) 남의 딸에 대한 경칭.

絃樂

현악기 현	풍류 악, 즐길 락
糸-5획	木-11획

丶 玄 纟 糸 紈 紘 絃

현악
현악기로 연주되는 음악

ㅂ 自 紳 樂 樂 樂

- 絃索(현삭) 가야금·거문고 등의 줄.
- 樂團(악단) 음악을 연구하는 단체.
- 聲樂(성악) 사람의 가창을 주제로 한 음악.
- 音樂(음악) 소리에 의한 예술.

懸案

매달 현	안건 안
心-16획	木-6획

日 且 県 縣 縣 懸 懸

현안
해결되지 않은 채로 남은 문제

丶 宀 宁 安 安 案 案

- 懸隔(현격) 썩 동떨어짐.
- 懸垂(현수) 아래로 꼿꼿하게 드리워짐.
- 案件(안건) 토의해야 할 사실.
- 考案(고안) 어떤 안을 생각하여 냄.

賢愚 (현우)
賢 어질 현 貝-8획
愚 어리석을 우 心-9획

획순: 丆匸臣臤取腎賢賢 / 口日日旦禺愚愚

현명함과 어리석음

- 賢良(현량) 어질고 착함.
- 賢哲(현철) 어질고 밝음.
- 愚昧(우매) 어리석고 사리에 어두움.
- 愚直(우직) 어리석고 고지식함.

現場 (현장)
現 나타날 현 王-7획
場 마당 장 土-9획

획순: 一二三王玑玥玥現 / 一十圤圹圹坦場場

일이 진행되고 있는 그곳

- 現狀(현상) 현재의 상태. 예 ~維持
- 現實(현실) 현재 사실로서 있는 상태.
- 場所(장소) ① 처소. ② 자리. 좌석.
- 登場(등장) 무대 같은 데 나옴.

顯著 (현저)
顯 나타날 현 頁-14획
著 나타날 저, 붙을 착 ++-9획

획순: 日旦昱晏㬎顯顯顯 / ⺍⺺芏莙莙著

뚜렷이 드러남

- 顯否(현부) 나타남과 나타나지 않음.
- 著名(저명) 이름이 세상에 두드러짐.
- 著述(저술) 글을 지어 책을 만듦.
- 著作(저작) 책을 지어냄. 예 ~權侵害

玄黃 (현황)
玄 검을 현 玄-0획
黃 누를 황 黃-0획

획순: 丶亠亠玄玄 / 一卝丱芇莆黃

검은 하늘빛과 누른 땅

- 玄機(현기) 현묘한 이치. 예 玄理
- 黃口(황구) 어린 아이란 말.
- 黃熟(황숙) 곡식이나 과일이 누렇게 익음.
- 黃泉(황천) ① 지하. ② 저승.

螢雪 (형설)
螢 반딧불 형 虫-10획
雪 눈 설, 씻을 설 雨-3획

획순: ⺌炏炏炏爕螢螢 / 一丅币币雪雪雪

갖은 고생을 하며 공부한다는 말

- 螢火(형화) 반딧불.
- 雪辱(설욕) 부끄러움을 씻음.
- 雪寒(설한) 눈이 온 뒤의 추위. 예 嚴冬~
- 暴雪(폭설) 갑자기 많이 내리는 눈.

形影 (형영)
形 형상 형 彡-4획
影 그림자 영 彡-12획

획순: 一二于开开形形 / 日旦昰景景影影

형체와 그림자

- 形成(형성) 어떠한 모양을 이룸.
- 形勢(형세) 정세. 기세. 형편.
- 影像(영상) 비쳐서 생긴 현상.
- 撮影(촬영) 형상을 사진·영화로 찍음.

亨通 (형통)
亨 형통할 형 亠-5획
通 통할 통 辶-7획

획순: 丶亠亠吂宫亨亨 / 龴マ甬甬甬涌通

온갖 일이 뜻대로 잘 됨

- 痛感(통감) 마음에 사무치게 느낌.
- 通告(통고) 서면이나 말로 알림.
- 通過(통과) 통하여 지나가거나 옴.
- 流通(유통) 세상에 널리 통용함.

惠澤 (혜택)
惠 은혜 혜 心-8획
澤 은혜 택 氵-13획

획순: 一亠百車車惠惠 / 氵沪澤澤澤澤澤

은혜와 덕택

- 恩惠(은혜) 베풀어주는 혜택.
- 慈惠(자혜) 자애로운 은혜.
- 光澤(광택) 번들번들한 빛.
- 德澤(덕택) 은덕이 남에게 미치는 혜택.

好感 (호감)
좋을 호 (女-3획) / 느낄 감 (心-9획)
좋게 여기는 감정
- 好事(호사) 좋은 일. 예~多魔
- 好機(호기) 좋은 기회.
- 感想(감상) 마음에 느끼어 생각함.
- 感化(감화) 감동을 받아 착해짐.

浩茫 (호망)
넓을 호 (氵-7획) / 넓은 망 (艹-6획)
넓디 넓음
- 浩然(호연) 넓고 큰 모양. 예~之氣
- 浩蕩(호탕) 아주 넓어서 끝이 없음.
- 茫漠(망막) 넓고 멂.
- 茫然(망연) 넓고 멀어서 아득한 모양. 예~自失

互選 (호선)
서로 호 (二-2획) / 뽑을 선 (辶-12획)
특정인이 모여 서로 뽑음
- 互惠(호혜) 서로 도와 편익을 주는 은혜.
- 相互(상호) 피차가 서로.
- 選擧(선거) 많은 사람 중에 뽑아냄.
- 豫選(예선) 본선 전에 미리 뽑음.

豪飮 (호음)
뛰어날 호 (豕-7획) / 마실 음 (食-4획)
술을 썩 잘 마심
- 豪奢(호사) 호화로운 사치.
- 豪言(호언) 의기양양한 말. 예~壯談
- 飮料(음료) 물·술 등 마시는 것의 총칭.
- 飮酒(음주) 술을 마심.

胡蝶 (호접)
오랑캐 호 (月-5획) / 나비 접 (虫-9획)
나비
- 胡亂(호란) 뒤섞여서 어수선함.
- 胡說(호설) 함부로 마구 지껄이는 말.
- 蝶泳(접영) 수영법의 하나. 버터플라이.
- 蜂蝶(봉접) 벌과 나비.

呼出 (호출)
부를 호, 숨 내쉴 호 (口-5획) / 나갈 출 (凵-3획)
불러냄
- 呼訴(호소) 제 사정을 남에게 하소연함.
- 呼應(호응) 부름에 따라 대답함.
- 出沒(출몰) 나타났다 숨었다 함.
- 出衆(출중) 뭇사람 속에서 뛰어남.

護憲 (호헌)
지킬 호 (言-14획) / 법 헌, 관청 헌 (心-12획)
헌법을 수호함
- 護國(호국) 나라를 수호함.
- 護送(호송) 보호하여 보냄. 예押送
- 憲法(헌법) 근본이 되는 법규.
- 改憲(개헌) 헌법의 내용을 고침.

虎穴 (호혈)
범 호 (虍-2획) / 구멍 혈 (穴-0획)
범의 굴, 가장 위험한 곳
- 虎狼(호랑) 범과 이리.
- 虎視(호시) 범처럼 날카로운 눈으로 쏘아봄.
- 穴居(혈거) 자연의 동혈 속에 사는 일.
- 穴深(혈심) 무덤 구덩이의 깊이.

或時 (혹시)

或	時
혹 혹	때 시
戈-4획	日-6획

획순: 一 亻 后 后 豆 或 或
획순: 冂 日 旷 旷 旷 時 時

혹시 — 어떤 때에 비 間或

- 或是(혹시) ① 만일에. ② 어떤 경우에.
- 時局(시국) 현재의 안팎 형세.
- 時機(시기) 적당한 때. 예 ~尙早
- 時急(시급) 시간이 절박하여 몹시 급함.

混成 (혼성)

混	成
섞을 혼	이룰 성
氵-8획	戈-3획

획순: 氵 汩 汩 汩 混 混 混
획순: 丿 厂 厅 成 成 成

혼성 — 혼합하여 이루어짐

- 混沌(혼돈) 사물의 구별이 확실하지 않은 상태.
- 混同(혼동) 뒤섞음.
- 成功(성공) 목적을 이룸. 예 成就
- 成熟(성숙) 무르녹게 익음. 반 未熟

紅爐 (홍로)

紅	爐
붉을 홍	화로 로
糸-3획	火-16획

획순: 乙 幺 糸 糸 糸 糸 紅 紅
획순: 火 炉 炉 炉 爐 爐 爐

홍로 — 붉게 단 화로

- 紅顔(홍안) 젊어 혈색이 좋은 얼굴.
- 紅潮(홍조) 부끄럽거나 취해 붉어진 얼굴.
- 爐灰(노회) 화로에 남은 재.
- 香爐(향로) 향을 피우는 화로.

洪水 (홍수)

洪	水
큰물 홍, 넓을 홍	물 수
氵-6획	水-0획

획순: 氵 氵 汁 洪 洪 洪 洪
획순: 亅 亅 水 水

홍수 — 큰 물. 넘쳐흐를 정도로 많음

- 洪業(홍업) 나라를 세우는 큰일.
- 洪水(홍수) 큰 물.
- 水産(수산) 해양·하천 등에서 나는 산물.
- 水洗(수세) 물로 깨끗이 씻음.

華麗 (화려)

華	麗
빛날 화	고울 려
++-8획	鹿-8획

획순: 一 艹 芒 苎 莩 莩 華
획순: 丽 丽 严 严 严 麗 麗

화려 — 아름답고 고움

- 華奢(화사) 화려하고 사치함.
- 華燭(화촉) 혼례 의식에서의 등화.
- 秀麗(수려) 경치가 뛰어나고 아름다움.
- 壯麗(장려) 장엄하고 화려함.

禾苗 (화묘)

禾	苗
벼 화	싹 묘
禾-0획	++-5획

획순: 一 二 千 禾 禾
획순: 丷 艹 艹 芑 苢 苗 苗

화묘 — 볏묘

- 禾穀(화곡) 벼.
- 苗木(묘목) 옮겨 심는 어린 나무.
- 苗床(묘상) 모종 키우는 자리.
- 種苗(종묘) 식물의 싹을 심어서 기름.

禍厄 (화액)

禍	厄
재앙 화	재앙 액
示-9획	厂-2획

획순: 二 宁 禾 和 祠 祠 禍 禍
획순: 一 厂 厄 厄

화액 — 재앙과 곤란

- 禍根(화근) 재앙의 근원.
- 禍福(화복) 재화와 복록. 예 吉凶~
- 厄運(액운) 액을 당할 운수.
- 橫厄(횡액) 뜻밖에 닥쳐온 재액.

和暢 (화창)

和	暢
온화할 화	화창할 창
口-5획	日-10획

획순: 一 二 千 禾 禾 和 和
획순: 冂 日 申 卽 卽 暢 暢

화창 — 날씨가 온화하고 맑음

- 和解(화해) 다툼질을 그치고 풂.
- 總和(총화) 전체의 화합. 예 國民~
- 暢達(창달) 밝고 맑게 자람.
- 流暢(유창) 말이 줄줄 나오고 거침이 없음.

貨幣

재화 화, 화물 화	돈 폐
貝-4획	巾-12획

화폐
상품의 교환·유통의 매개물

貨物(화물) 옮겨야 되는 짐.
外貨(외화) 외국의 화폐.
通貨(통화) 한 나라 안에서 통용해 쓰는 돈.
造幣(조폐) 화폐를 만듦. 예 ~公社

필순: 亻 化 佇 俏 俏 貨 貨
필순: 丷 冂 币 䍟 敝 幣 幣

擴充

늘릴 확	찰 충
扌-15획	儿-4획

확충
넓히고 보태어 충실하게 함

擴散(확산) 흩어져 번짐.
擴張(확장) 늘여 넓힘.
充當(충당) 모자라는 것을 채워 메움.
充滿(충만) 가득하게 참.

필순: 扌 扩 扩 挤 擴 擴 擴
필순: 亠 亡 云 产 充

丸藥

둥글 환, 알 환	약 약
ノ-2획	艹-15획

환약
잘고 둥글둥글하게 빚은 약

彈丸(탄환) 탄알.
砲丸(포환) 투포환에 쓰이는 쇠 공.
藥局(약국) 약을 조제·판매하는 곳.
補藥(보약) 몸을 보하는 약.

필순: ノ 九 丸
필순: 艹 苎 茁 兹 薬 藥

荒涼

거칠 황	서늘할 량
艹-6획	氵-8획

황량
황폐하여 거칠고 쓸쓸함

荒唐(황당) 거칠고 허탄함. 예 ~無稽
荒蕪(황무) 땅 따위를 거두지 않아 매우 거칢.
涼風(양풍) 서늘한 바람.
淸涼(청량) 날씨가 맑고 서늘함.

필순: 艹 艹 芒 芒 芦 荒
필순: 氵 汁 汁 沪 泞 涼 涼

皇帝

임금 황	임금 제
白-4획	巾-6획

황제
제국군주의 존칭, 임금

皇國(황국) 황제가 다스리는 나라.
皇室(황실) 황제의 집안.
帝業(제업) 제왕의 업적.
帝位(제위) 제왕의 자리.

필순: 亻 白 白 白 皁 皇 皇
필순: 亠 亠 产 产 帝 帝

回顧

돌아볼 회	돌아볼 고
口-3획	頁-12획

회고
지난 일을 돌이켜 생각함

回答(회답) 물음에 대답함.
回復(회복) 이전 상태와 같이 돌이킴.
顧慮(고려) 다시 돌이켜 생각함.
顧問(고문) 자문에 응해 의견을 말함.

필순: 丨 冂 冂 回 回 回
필순: 宀 户 雇 雇 顧 顧 顧

灰壁

석회 회, 재 회	바람벽 벽
火-2획	土-13획

회벽
석회를 바른 벽

灰色(회색) 잿빛.
壁報(벽보) 종이에 써서 벽에 붙여 알리는 글.
壁紙(벽지) 벽에 바르는 종이.
壁畵(벽화) 벽에 그린 그림.

필순: 一 ナ 大 寸 友 灰
필순: 尸 居 居 辟 辟 壁 壁

懷抱

품을 회, 달랠 회	안을 포
忄-16획	扌-5획

회포
마음속에 품은 생각

懷古(회고) 옛 자취를 돌이켜 생각함.
懷柔(회유) 어루만져 잘 달램.
抱負(포부) 마음속에 지닌 생각·희망
抱擁(포옹) 품에 껴안음.

필순: 忄 忄 忄 忭 悼 懷 懷
필순: 扌 扌 扩 抠 抱 抱 抱

悔恨 (회한)
- 悔 뉘우칠 회, 忄-7획
- 恨 뉘우칠 한, 한할 한, 忄-6획

회한: 뉘우치고 한탄함

- 悔改(회개) 잘못을 뉘우치고 고침.
- 懺悔(참회) 깨달아 뉘우쳐 고침.
- 恨歎(한탄) 한숨짓는 탄식.
- 怨恨(원한) 원통하고 한되는 생각.

필순: 丶 忄 忄 忙 忙 悔 悔 悔
필순: 丶 忄 忄 忉 恨 恨 恨

曉霧 (효무)
- 曉 새벽 효, 日-12획
- 霧 안개 무, 雨-11획

효무: 새벽녘에 끼는 안개

- 曉星(효성) 샛별.
- 曉鐘(효종) 새벽에 치는 종.
- 霧散(무산) 안개가 걷히듯 흩어짐.
- 濃霧(농무) 짙은 안개.

필순: 丨 日 旴 旴 睦 睦 曉
필순: 雨 雲 霏 霚 霧 霧

孝子 (효자)
- 孝 효도 효, 子-4획
- 子 아들 자, 子-0획

효자: 부모를 잘 섬기는 아들

- 孝敬(효경) 부모를 잘 섬기고 공경함.
- 孝誠(효성) 부모를 섬기는 정성.
- 子息(자식) 아들과 딸의 총칭.
- 子弟(자제) 남의 아들의 존칭.

필순: 一 十 土 耂 耂 孝 孝
필순: 丆 了 子

效則 (효칙)
- 效 본받을 효, 효험 효, 攵-6획
- 則 법 칙, 곧 즉, 刂-7획

효칙: 본받아 법으로 삼음

- 效率(효율) 일의 능률.
- 卽效(즉효) 즉시에 나타나는 보람.
- 規則(규칙) 다같이 지키기로 한 법칙.
- 原則(원칙) 규정되는 근본 법칙.

필순: 丶 亠 交 交 效 效 效
필순: 丨 冂 冃 目 貝 貝 則

厚薄 (후박)
- 厚 두터울 후, 厂-7획
- 薄 엷을 박, ++-13획

후박: 두꺼움과 얇음, 후함과 박함

- 厚生(후생) 건강을 유지 증진함.
- 厚誼(후의) 두터운 정의.
- 薄待(박대) 푸대접. (반)厚待
- 薄利(박리) 적은 이익. (반)暴利

필순: 厂 厂 厂 厚 厚 厚 厚
필순: 艹 艹 萡 萡 蒲 薄 薄

喉舌 (후설)
- 喉 목구멍 후, 口-9획
- 舌 혀 설, 舌-0획

후설: 목구멍과 혀

- 喉頭(후두) 공기 통로이며 발성기관.
- 咽喉(인후) 목구멍.
- 舌戰(설전) 말다툼.
- 口舌(구설) 남의 입에 오르 내리는 말.

필순: 口 叮 吩 咛 咛 喉 喉
필순: 一 二 千 千 舌 舌

候鳥 (후조)
- 候 철 후, 조짐 후, 亻-8획
- 鳥 새 조, 鳥-0획

후조: 철새

- 候補(후보) 어떤 지위나 신분에 나가기를 바람.
- 測候(측후) 기상을 관측함. (예) ~所
- 飛鳥(비조) 날아다니는 새.
- 益鳥(익조) 유익한 새.

필순: 亻 亻 亻 亻 伊 伊 候 候
필순: 丆 厃 甪 鸟 鳥 鳥 鳥

訓育 (훈육)
- 訓 가르칠 훈, 言-3획
- 育 기를 육, 月-4획

훈육: 가르쳐 기름

- 訓戒(훈계) 타일러서 경계함. (예) ~放免
- 訓話(훈화) 교훈하는 말.
- 育英(육영) 영재를 가르쳐 기름.
- 發育(발육) 발달하여 크게 자람.

필순: 丶 亠 亠 亠 言 言 訓 訓
필순: 一 亠 亠 亣 育 育 育

休 쉴 휴 亻-4획	憩 쉴 게 心-12획	ノイ 亻 仁 什 休 休
휴게 일을 하다가 잠깐 쉼		二 千 舌 刮 甜 憩 憩
休養(휴양) 편안히 쉬며 몸을 보양함. 休廷(휴정) 법원에서 재판 도중에 쉼. 憩息(게식) 잠깐 쉬어 숨을 돌림. 小憩(소게) 잠시 동안 쉼.		

携 들 휴 扌-10획	帶 띠 대 巾-8획	扌 扌 扫 拊 推 推 携
휴대 손에 들거나 몸에 지님		一 十 卌 卌 卌 帶 帶
提携(제휴) 서로 붙들어 도와 줌. 帶同(대동) 함께 데리고 감. 溫帶(온대) 한대와 열대 사이의 지대. 地帶(지대) 한정된 일정한 구역.		

胸 가슴 흉 月-6획	骨 뼈 골 骨-0획	月 月 刖 肑 胸 胸 胸
흉골 양쪽 갈빗대를 연결하는 뼈		丨 冂 冃 冎 骨 骨 骨
胸襟(흉금) 가슴속에 품은 생각. 胸圍(흉위) 가슴의 둘레. 骨董(골동) ① 여러 물건을 모은 것. ② 골동품. 骨折(골절) 뼈가 부러짐.		

凶 흉년들 흉, 흉할 흉 凵-2획	豊 풍성할 풍 豆-11획	ノ 乂 凶 凶
흉풍 흉년과 풍년, 흉작과 풍작		丨 冂 曰 曲 曲 豊 豊
凶計(흉계) 음흉한 꾀. 凶虐(흉학) 매우 모질고 사나움. 豊滿(풍만) 풍족하여 그득함. 豊饒(풍요) 흠뻑 많아서 넉넉함.		

吸 빨아들일 흡 口-4획	血 피 혈 血-0획	丨 冂 口 叼 吸 吸
흡혈 피를 빨아들임		ノ 亻 白 白 血 血
吸收(흡수) 빨아들임. 吸引(흡인) 빨아서 이끎. 예 ~力 血氣(혈기) 격동하기 쉬운 의기. 血痕(혈흔) 피가 묻은 흔적.		

興 일어날 흥 臼-9획	奮 떨칠 분, 힘쓸 분 大-13획	丨 亻 冂 冂 冊 興 興
흥분 감정이 북받쳐 일어남		六 木 奞 奮 奮 奮 奮
興亡(흥망) 흥하고 망함. 예 ~盛衰 興趣(흥취) 마음이 끌릴만큼 좋은 멋. 奮鬪(분투) 있는 힘을 다해 싸움. 激奮(격분) 몹시 흥분함.		

戲 희롱할 희 戈-13획	弄 희롱할 롱 廾-4획	丶 广 卢 虍 虐 虛 戲
희롱 실없이 놀리는 짓		一 二 千 王 丟 弄 弄
戲劇(희극) 익살부리는 연극. 遊戲(유희) 장난으로 놂. 즐겁게 놂. 弄談(농담) 실없이 하는 웃음의 말. 愚弄(우롱) 우스갯거리로 놀림.		

稀 드물 희 禾-7획	世 세상 세 一-4획	二 千 禾 秆 秆 稀 稀
희세 세상에 드묾		一 十 卅 卅 世
稀怪(희괴) 매우 드물어서 괴이함. 稀微(희미) 분명하지 못하고 어렴풋함. 世紀(세기) 시대. 연대. 亂世(난세) 어지러운 세상.		

熙笑 (희소)

熙 기뻐할 희, 빛날 희 ㅗ-9획
笑 웃을 소 竹-4획

필순: 丁 币 臣 配 配 配 熙
필순: ^ ^^ 竺 竺 竺 竺 笑 笑

희소: 기뻐하여 웃음

- 熙光(희광) 번쩍번쩍 빛나는 빛깔.
- 笑話(소화) 우스운 이야기.
- 冷笑(냉소) 냉정한 태도로 비웃는 웃음.
- 談笑(담소) 웃으면서 이야기함.

喜悅 (희열)

喜 기쁠 희 口-9획
悅 기쁠 열 ㅏ-7획

필순: 十 土 吉 壴 声 喜 喜
필순: , ㅏ ㅏ ㅏ 怡 怡 悅

희열: 기쁨과 즐거움

- 喜怒(희로) 기쁨과 노여움. 예 ~哀樂
- 喜捨(희사) 남에게 재물을 기부함.
- 喜色(희색) 기뻐하는 얼굴빛.
- 法悅(법열) 진리에 사무칠 때의 기쁨.

噫鳴 (희오)

噫 탄식할 희, 트림할 애 口-13획
鳴 탄식할 오 口-11획

필순: 口 口" 哈 咅 噫 噫 噫
필순: 口 叭 呼 呼 鳴 鳴 鳴

희오: 탄식하며 괴로워하는 모양

- 噫嬉(희희) 감탄하는 소리.
- 噫欠(애흠) 트림과 하품.
- 鳴咽(오열) 목이 메어 욺.
- 鳴呼(오호) 슬플 때나 탄식할 때 나는 소리.

希願 (희원)

希 바랄 희 巾-4획
願 원할 원 頁-10획

필순: ノ ㄨ 子 子 夲 希 希
필순: 厂 戶 原 原 願 願 願

희원: 앞일에 대해 바라는 기대

- 希求(희구) 바라고 구함.
- 願望(원망) 원하고 바람.
- 祈願(기원) 바라는 일이 이루어지기를 빎.
- 請願(청원) 청하고 원함.

24절기

봄	여름	가을	겨울
立春(입춘) : 2월 4일경	立夏(입하) : 5월 6일경	立秋(입추) : 8월 8일경	立冬(입동) : 11월 7일경
雨水(우수) : 2월 19일경	小滿(소만) : 5월 21일경	處暑(처서) : 8월 23일경	小雪(소설) : 11월 23일경
驚蟄(경칩) : 3월 5일경	芒種(망종) : 6월 6일경	白露(백로) : 9월 8일경	大雪(대설) : 12월 7일경
春分(춘분) : 3월 21일경	夏至(하지) : 6월 21일경	秋分(추분) : 9월 23일경	冬至(동지) : 12월 23일경
淸明(청명) : 4월 5일경	小暑(소서) : 7월 7일경	寒露(한로) : 10월 8일경	小寒(소한) : 1월 6일경
穀雨(곡우) : 4월 20일경	大暑(대서) : 7월 23일경	霜降(상강) : 10월 23일경	大寒(대한) : 1월 20일경

천간(天干)과 십이지(十二支)

천간	갑(甲), 을(乙), 병(丙), 정(丁), 무(戊), 기(己), 경(庚), 신(申), 임(壬), 계(癸)	
십이지	자(子 : 쥐, 밤11시~새벽 1시)	축(丑 : 소, 새벽 1시~새벽 3시)
	인(寅 : 범, 새벽 3시~새벽 5시)	묘(卯 : 토끼, 새벽 5시~아침 7시)
	진(辰 : 용, 아침 7시~아침 9시)	사(巳 : 뱀, 아침 9시~오전 11시)
	오(午 : 말, 오전 11시~낮 1시)	미(未 : 양, 낮 1시~오후 3시)
	신(申 : 원숭이, 오후 3시~오후 5시)	유(酉 : 닭, 오후 5시~저녁 7시)
	술(戌 : 개, 저녁 7시~밤 9시)	해(亥 : 돼지, 밤 9시~밤 11시)

추가 44자

乞	乞食(걸식) 밥을 구걸함. 빌어 먹음. 또는, 그 사람. 거지. 걸인. 乞言(걸언) 노인에게 좋은 말의 가르침을 구하는 일.
빌 걸 乙-2획	ノ 乞

隔	隔意(격의) 서로 터놓지 않는 속마음. 생각에 거리가 있음. 間隔(간격) 떨어짐. 또, 서로 떨어져 있는 거리.
사이뜰·막힐 격 阜(阝)-10획	３ 阝 阝⁻ 阴 阴 隔 隔

牽	牽強(견강) 억지로 끌어감. 牽引(견인) 끌어당김. 牽制(견제) 끌어당기어 자유로운 행동을 하지 못하게 함.
끌·이을 견 牛-7획	一 玄 玄 牽 牽 牽

繫	繫留(계류) 붙잡아 매어 놓음. 붙들어 머물게 함. 선박이 정박함. 繫蟄(계칩) 자유를 구속당하여 집 안에 들어 앉아 있음.
맬·얽을 계 糸-13획	巾 車 軎 毄 繫 繫

狂	狂亂(광란) 미친 듯이 날뜀. 狂炎(광염) 맹렬한 정열(情熱). 狂態(광태) 미친 듯한 태도. 發狂(발광) 미침. 정신에 이상이 생김.
미칠·사나울 광 犬(犭)-4획	ノ ３ 犭 犭⁻ 狂 狂

軌	軌道(궤도) 차가 다니는 길. 법도를 따름. 軌範(궤범) 본보기, 모범. 軌跡(궤적) 수레바퀴가 지나간 자국, 행적.
바퀴굴대·법 궤 車-2획	一 百 亘 車 斬 軌

糾	糾明(규명) 사리(事理)를 따져 밝힘. 糾察(규찰) 죄를 따져 조사함. 糾合(규합) 일을 꾸미려고 사람을 모음. 紛糾(분규) 일이 뒤엉켜 말썽 많고 시끄러움.
규명할·모을 규 糸-2획	⼂ ⼂ 幺 糸 糾 糾

塗	塗料(도료) 썩지 않도록 물건의 겉에 바르거나 또는 채색에 쓰는 재료. 塗褙(도배) 벽·천장·장지 등을 종이로 바름. 塗裝(도장) 칠 따위를 발라서 치장함.
진흙·바를·길 도 土-10획	氵 氵 涂 涂 涂 塗

屯 싹·진칠 둔, 어려울 준 屮-1획	屯田(둔전) 주둔병의 군량을 자급하기 위해 마련된 밭. 峻險(준험) 지세가 험하여 나가기가 어려움. 屯所(둔소) 군대가 머물러 지키고 있는 곳.	一 ⼁ 亡 屯

騰 오를 등 馬-10획	騰貴(등귀) 물가가 오름. 값이 비싸짐. 騰落(등락) 값이 오르고 내림. 騰勢(등세) 값이 오르는 형세. 暴騰(폭등) 물가·주가 등이 갑자기 뛰어오름.	月 肝 脒 胖 騰 騰

獵 사냥할 렵 犬(犭)-15획	獵官(엽관) 관직을 얻으려고 서로 다툼. 獵較(엽교) 다투어 사냥질하여 그 다과를 견줌. 獵獲(엽획) 사냥하여 짐승을 잡음. 涉獵(섭렵) 여러가지 책을 두루 읽음.	犭 犭 犭 犭 獵 獵

隸 종·노예·붙을 예 隶-9획	隸書(예서) 한자 서체(書體)의 한 가지. 隸屬(예속) 붙어서 매임, 지배하에 있음. 隸役(예역) 종·노복. 隸御(예어) 노복과 마부. 천한 사람을 이름.	土 耒 隶 隸 隸 隸

僚 동료·관리 료 人(亻)-12획	僚官(요관) 낮은 벼슬아치. 僚吏(요리) 벼슬아치. 閣僚(각료) 내각을 조직하는 각 장관. 同僚(동료) 같은 기관이나 부문에서 함께 일을 하는 사람.	亻 亻 伙 伙 僚 僚

侮 업신여길·조롱할 모 人(亻)-7획	侮慢(모만) 남을 업신여기고 제 스스로만 높은 체함. 侮蔑(모멸) 업신여겨 얕봄. 侮辱(모욕) 깔보아 욕되게 함. 輕侮(경모) 업신여겨 모욕함.	亻 亻 伂 侮 侮 侮

冒 모자·범할·가릴 모 冂-7획	冒瀆(모독) 신성·존엄한 것을 침범하여 욕되게 함. 冒疾(모질) 남의 재주를 시기함. 冒險(모험) 위험을 무릅씀.	丶 冂 冃 冃 冒 冒

伴 반려자·벗·모실 반 人(亻)-5획	伴侶(반려) 짝이 되는 친구, 동반자. 伴送(반송) 다른 물건에 붙여서 함께 보냄. 伴奏(반주) 주부에 맞추어 다른 악기로 보조적으로 연주하는 일.	丿 亻 伂 伂 伴 伴

覆	覆蓋(복개) 뚜껑. 덮개. 덮음. 覆面(복면) 얼굴을 가림. 覆船(복선) 배가 엎어짐. 顚覆(전복) 뒤집혀 엎어짐.
뒤집힐 복, 덮을 부 襾-12획	一 襾 严 霜 覆 覆

誓	誓約(서약) 맹세하고 약속함. 誓命(서명) 임금의 신하에 대한 맹세. 誓願(서원) 신불에게 맹세하고 기원함. 盟誓(맹세) 신불에 약속함. 장래를 두고 약속함.
맹세할 서 言-7획	扌 扩 折 拤 誓 誓

逝	逝去(서거) 상대방을 높여 그의 죽음을 정중하게 높이 이르는 말. 逝世(서세) 세상을 떠남. 急逝(급서) 갑자기 세상을 떠남.
죽을 서 辶-7획	一 扌 扩 折 浙 逝

攝	攝生(섭생) 관직을 겸함. 攝政(섭정) 임금을 대리하여 정사(政事)를 맡아 봄. 攝取(섭취) 양분을 빨아들임. 包攝(포섭) 상대를 허용해 받아들임.
당길·대신할·겸할 섭 手(扌)-18획	扌 扩 押 捐 攝 攝

垂	垂直(수직) 똑바로 드리움. 垂老(수로) 거의 노인이 됨. 垂楊(수양) 수양버들. 垂簾(수렴) 발을 드리움.
늘어질·거의·드리울 수 土-5획	一 二 쥬 쥬 垂 垂

搜	搜攪(소교) 난잡함. 어지러움. 뒤섞음. 搜査(수사) 찾아 조사함. 搜索(수색) 더듬어 찾음. 압수·체포하기 위한 강제 처분. 搜集(수집) 찾아서 모음.
찾을 수, 어지러울 소 手(扌)-10획	一 扌 扌 押 押 搜

押	押交(압교) 죄인을 압송하여 넘김. 押捺(압날) 도장을 찍음. 押送(압송) 죄인을 잡아 보냄. 押收(압수) 관리가 직권으로 국민의 재산을 몰수함.
누를·도장찍을 압 手(扌)-5획	一 扌 扣 扣 押 押

躍	躍起(약기) 뛰어 일어남. 躍動(약동) 생기 있게 움직임. 힘차게 활동함. 躍進(약진) 앞으로 뛰어나감. 힘차게 전진함. 跳躍(도약) 뛰어오름.
뛸 약 足-14획	甲 趵 趵 躍 躍 躍

閱	閱兵(열병) 군사를 점검·훈련하는 일. 閱月(열월) 한 달 이상이 지남. 檢閱(검열) 검사하여 열람함. 査閱(사열) 조사하기 위해 살펴봄. 사열식.
볼·검열할 열 門-7획	｜ ｆ 門 門 閃 閱

擁	擁立(옹립) 받들어서 임금의 자리에 모시어 세움. 擁衛(옹위) 부축하여 호위함. 擁護(옹호) 부축하여 보호함. 抱擁(포옹) 품에 껴안음.
안을·낄·가릴 옹 手(扌)-13획	扌 扩 扩 捄 捄 擁

凝	凝結(응결) 기체가 액체로 변하는 현상. 凝固(응고) 액체가 고체로 변함. 凝視(응시) 시선을 한 곳에 집중해서 바라봄. 凝集(응집) 엉기어 모임.
엉길·얼·막힐 응 冫-14획	冫 冫 浐 浐 凝 凝

宰	宰老(재로) 국정을 다스리는 노신. 宰府(재부) 재상이 집무하는 관아. 宰臣(재신) 권력 있는 관원. 主宰(주재) 주장하여 맡음.
재상·주관할·다스릴 재 宀-7획	宀 宀 宁 宁 宰 宰

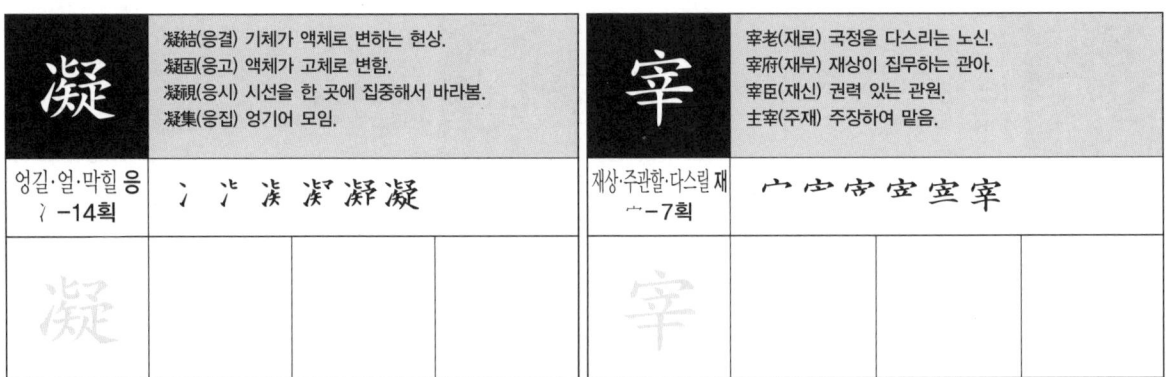

殿	殿閣(전각) 임금이 거처하는 집. 殿堂(전당) 크고 화려한 집. 殿下(전하) 궁전 아래. 왕·왕비 등의 높임말. 宮殿(궁전) 궁궐. 임금이 거처 하는 집.
대궐·큰집·후군 전 殳-9획	｜ 尸 戸 尸 殿 殿

竊	竊盜(절도) 남의 물건을 몰래 훔치는 일. 竊罵(절매) 몰래 뒤에서 욕함. 竊位(절위) 지위를 훔침. 직책에서 다하지 않음. 據竊(거절) 근거지를 정하고 도둑질함.
훔칠·도둑·몰래 절 穴-17획	穴 窈 窈 竊 竊 竊

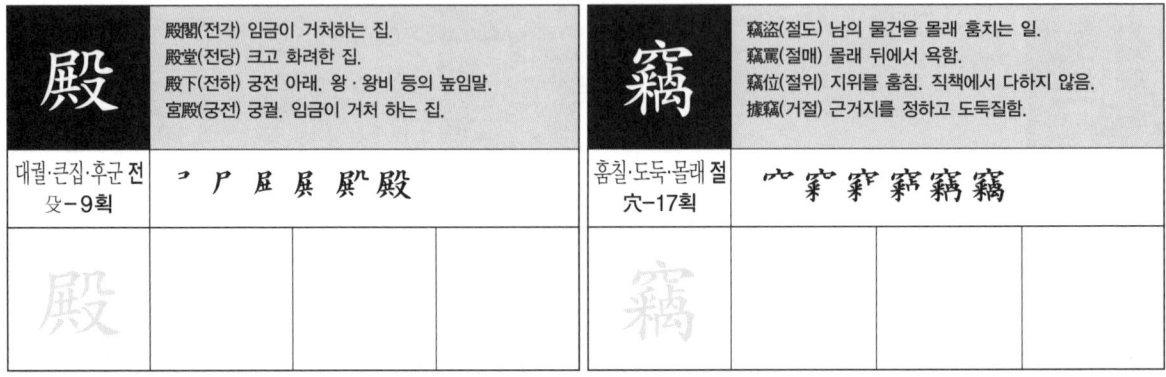

奏	奏決(주결) 천자에 상주하여 결정함. 奏疏(주소) 임금에게 올리는 상주 문서. 奏樂(주악) 음악을 연주함. 上奏(상주) 임금에게 말씀을 아룀.
아뢸·연주할 주 大-6획	一 三 夫 奏 奏 奏

珠	珠簾(주렴) 구슬로 꾸민 발. 珠算(주산) 주판으로 하는 계산. 珠纓(주영) 구슬로 꾸민 값진 갓끈. 眞珠(진주) 조개류 체내에서 형성되는 구슬.
구슬·진주 주 玉-6획	王 王 王 珂 珠 珠

鑄	鑄工(주공) 쇠를 다루는 장인. 鑄造(주조) 쇠를 녹여 기물을 만듦. 鑄型(주형) 물건을 주조하는 데 쓰는 꼴. 鑄貨(주화) 주조된 화폐.
쇠부어 만들 주 金-14획	釒 釒 釒 鎛 鑄 鑄

震	震動(진동) 흔들려 움직임. 놀라 두려워 함. 震怒(진노) 존엄한 사람의 분노. 震央(진앙) 발생지. 震源地(진원지) 地震(지진) 지각이 진동하는 현상.
흔들릴·벼락·진동 진 雨-7획	宀 雨 雷 雹 震 震

滯	滯念(체념) 엉긴 마음, 쌓인 마음. 滯留(체류) 머물러 있음. 타향에 가서 오래 있음. 停滯(정체) 사물이 한 곳에 그쳐서 쌓임. 움직이지 않고 머물러 있음.
쌓일·머무를·막힐 체 水(氵)-11획	氵 氵 沸 湍 滯 滯

逮	逮繫(체계) 체포하여 옥에 가둠. 逮坐(체좌) 죄상을 조사함. 逮捕(체포) 죄인을 잡음. 逮夜(태야) 밤이 됨. 다비(茶毘)의 전날 밤.
쫓을·미칠 체 辶-8획	彐 彐 彐 串 隶 逮

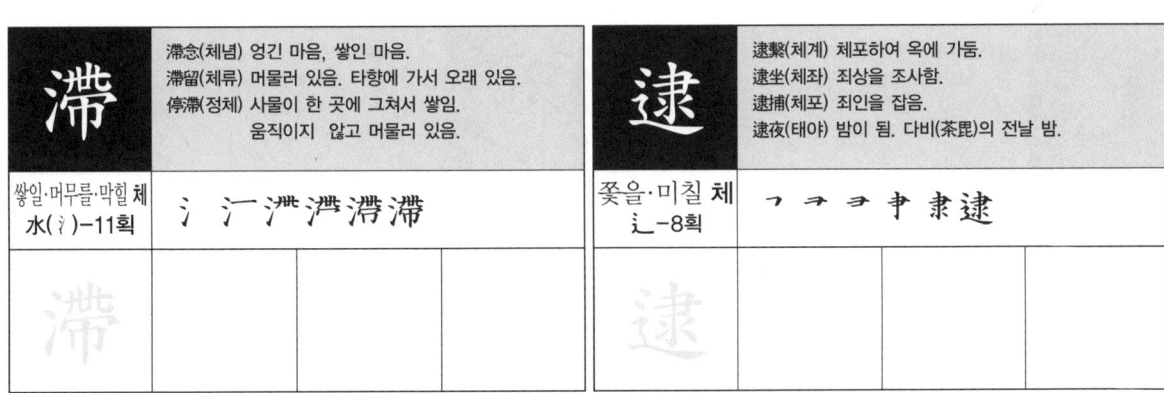

遞	遞減(체감) 차례로 덜, 차례로 감소함. 遞增(체증) 수량이 차례로 늚. 遞信(체신) 순차로 여러 곳을 거쳐서 소식이나 편지 따위를 전하는 일.
갈마들·역말 체 辶-10획	广 庐 庐 庑 虒 遞

抄	秒速(초속) 1초 동안의 속도. 秒針(초침) 시계의 초를 가리키는 바늘. 分秒(분초) 시계(시간)의 분과 초. 매우 짧은 시간을 일컬음.
초 초 까끄라기 묘 禾-4획	扌 扌 扌 抄 抄 抄

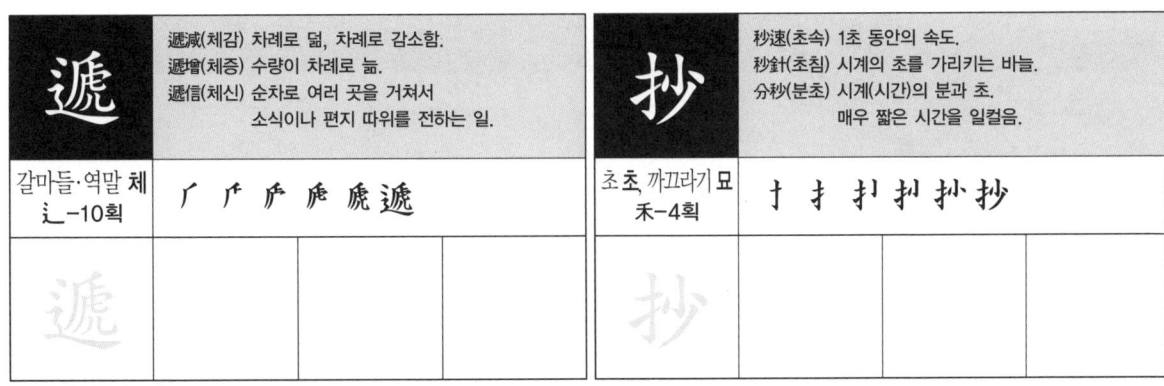

卓	卓見(탁견) 뛰어난 의견, 식견. 卓論(탁론) 뛰어난 의론(議論). 탁월한 논지. 卓然(탁연) 높이 뛰어나서 의젓한 모양. 卓越(탁월) 월등하게 뛰어남.
높을·책상 탁 十-6획	卜 占 占 卣 卓 卓

誕	誕生(탄생) 태어남. 出生(출생). 誕辰(탄신) 출생한 날, 생일, 생신, 생일의 경칭. 聖誕(성탄) 임금·성인의 탄생. 성탄절. 虛誕(허탄) 거짓이 많아서 미덥지 않음.
태어날·속일 탄 言-7획	言 言 訂 誔 誕 誕

把	把守(파수) 경계하여 지킴. 또, 그 사람. 把握(파악) 꽉 잡아 쥠. 어떤 일을 잘 이해하여 확실하게 아는 일. 제휴함. 劍把(검파) 칼자루.
잡을·쥘·자루 파 手-4획	一 亅 扌 扌 扣 把

偏	偏見(편견) 한쪽으로 치우쳐서 공정하지 못한 의견. 偏重(편중) 중심이 한쪽으로 치우침. 偏在(편재) 한 곳에 치우쳐 있음. 偏侍下(편시하) 홀어머니를 모시고 있는 처지.
치우칠·곁 편 人-9획	亻 亻 伊 偏 偏 偏

嫌	嫌忌(혐기) 꺼리며 싫어함. 嫌惡(혐오) 싫어하고 미워함. 嫌疑(혐의) 의심함. 꺼리고 미워함. 　　　　범죄를 저질렀으리라는 의심.
싫어할·혐의할 혐 女-10획	夕 女 奷 媡 嫌 嫌

衡	衡平(형평) 많고 적음이 없이 균일함. 평균. 평형. 均衡(균형) 한쪽으로 치우침이 없이 고름. 銓衡(전형) 저울. 사람 재능을 시험하여 골라 뽑음.
저울대 형, 가로 횡 行-10획	彳 彳 徫 徫 衡 衡

알아두기

四書三經 (사서삼경)	四書 : 《대학(大學)》《논어(論語)》《맹자(孟子)》《중용(中庸)》 三經 : 《시경(詩經)》《서경(書經)》《주역(周易)》
三綱五倫 (삼강오륜)	三綱 : 儒敎의 도덕에서 기본이 되는 세 가지 綱領으로 임금과 신하, 어버이와 자식, 남편과 아내 사이에 마땅히 지켜야 할 도리이다. 　　君爲臣綱(忠), 父爲子綱(孝), 夫爲婦綱(烈) 五倫 : 오륜은 하늘의 질서며 사람의 도리로서 인도를 바로 세우기 위해 실행해야 할 바이다. 　　父子有親, 君臣有義, 夫婦有別, 長幼有序, 朋友有信

✱ 두 가지 이상의 음을 가진 한자 ✱

한자	뜻	음	예	한자	뜻	음	예	한자	뜻	음	예
更	다시 고칠	갱 경	更新(갱신) 變更(변경)	殺	죽일 감할	살 쇄	殺生(살생) 相殺(상쇄)	炙	구울 고기구이	자 적	膾炙(회자) 散炙(산적)
車	수레 수레	거 차	車馬(거마) 車票(차표)	狀	모양 문서	상 장	形狀(형상) 賞狀(상장)	刺	찌를 찌를	자 척	刺客(자객) 刺殺(척살)
見	볼 드러날	견 현	見聞(견문) 謁見(알현)	塞	변방 막을	새 색	要塞(요새) 塞源(색원)	切	끊을 모두	절 체	切斷(절단) 一切(일체)
龜	땅이름 거북 터질	구 귀 균	龜浦(구포) 龜甲(귀갑) 龜裂(균열)	索	찾을 쓸쓸할	색 삭	搜索(수색) 索莫(삭막)	提	끌 보리수	제 리	提攜(제휴) 菩提(보리)
度	법도 헤아릴	도 탁	制度(제도) 度支(탁지)	說	말씀 달랠 기뻐할	설 세 열	說明(설명) 遊說(유세) 說樂(열락)	辰	지지 날(하루)	진 신	辰時(진시) 生辰(생신)
讀	읽을 구절	독 두	讀書(독서) 句讀(구두)	省	살필 덜	성 생	反省(반성) 省略(생략)	參	참여할 석	참 삼	參加(참가) 參拾(삼십)
洞	마을 꿰뚫을	동 통	洞里(동리) 洞達(통달)	屬	무리 붙을	속 촉	所屬(소속) 屬望(촉망)	推	밀 밀	추 퇴	推薦(추천) 推敲(퇴고)
樂	즐길 풍류 좋아할	락 악 요	娛樂(오락) 音樂(음악) 樂山(요산)	數	셈 자주 촉촉할	수 삭 촉	數學(수학) 頻數(빈삭) 數罟(촉고)	則	법 곧	칙 즉	規則(규칙) 則效(즉효)
率	비율 거느릴	률 솔	能率(능률) 統率(통솔)	拾	주울 열	습 십	拾得(습득) 拾萬(십만)	沈	가라앉을 성	침 심	沈沒(침몰) 沈氏(심씨)
反	돌이킬 뒤집을	반 번	反亂(반란) 反沓(번답)	食	먹을 밥	식 사	食事(식사) 簞食(단사)	拓	박을 넓힐	탁 척	拓本(탁본) 開拓(개척)
復	회복할 다시	복 부	回復(회복) 復活(부활)	識	알 기록할	식 지	知識(지식) 標識(표지)	罷	파할 고달플	파 피	罷業(파업) 罷勞(피로)
否	아닐 막힐	부 비	否認(부인) 否塞(비색)	什	열사람 세간	십 집	什長(십장) 什器(집기)	便	편할 오줌	편 변	便利(편리) 便器(변기)
北	북녘 패배할	북 배	北方(북방) 敗北(패배)	惡	악할 미워할	악 오	惡漢(악한) 嫌惡(혐오)	暴	사나울 사나울	폭 포	暴風(폭풍) 暴惡(포악)
分	나눌 단위	분 푼	分配(분배) 分錢(푼전)	易	바꿀 쉬울	역 이	貿易(무역) 容易(용이)	皮	가죽 가죽	피 비	皮革(피혁) 鹿皮(녹비)
不	아니 아닐	불 부	不吉(불길) 不當(부당)	葉	잎 성	엽 섭	落葉(낙엽) 葉氏(섭씨)	降	항복할 내릴	항 강	降伏(항복) 下降(하강)
寺	절 내시	사 시	寺院(사원) 寺人(시인)	咽	목구멍 목멜	인 열	咽喉(인후) 嗚咽(오열)	行	다닐 항렬	행 항	行人(행인) 行列(항렬)
								畫	그림 꾀할	화 획	畫幅(화폭) 計畫(계획)

✽ 상대 및 반대의 뜻을 가진 한자 ✽

建(세울 건)	↔ 壞(무너뜨릴괴)	逢(만날 봉)	↔ 別(헤어질 별)	田(밭 전)	↔ 畓(논 답)
傑(뛰어날 걸)	↔ 拙(못날 졸)	浮(뜰 부)	↔ 沈(잠길 침)	絶(끊을 절)	↔ 繼(이을 계)
儉(검소할 검)	↔ 奢(사치할 사)	悲(슬플 비)	↔ 喜(기쁠 희)	淨(깨끗할 정)	↔ 汚(더러울 오)
結(맺을 결)	↔ 離(떨어질 리)	貧(가난할 빈)	↔ 富(넉넉할 부)	靜(고요할 정)	↔ 騷(시끄러울소)
謙(겸손할 겸)	↔ 慢(거만할 만)	常(일상 상)	↔ 特(특별할 특)	朝(아침 조)	↔ 暮(저물 모)
京(서울 경)	↔ 鄕(시골 향)	生(살 생)	↔ 滅(멸망할 멸)	燥(마를 조)	↔ 濕(젖을 습)
慶(경사 경)	↔ 弔(조상할 조)	善(착할 선)	↔ 惡(악할 악)	尊(높을 존)	↔ 卑(낮을 비)
高(높을 고)	↔ 低(낮을 저)	盛(성할 성)	↔ 衰(쇠할 쇠)	縱(세로 종)	↔ 橫(가로 횡)
曲(굽을 곡)	↔ 直(곧을 직)	消(쓸 소)	↔ 積(쌓을 적)	左(왼 좌)	↔ 右(오른 우)
貴(귀할 귀)	↔ 賤(천할 천)	損(잃을 손)	↔ 益(더할 익)	呪(저주할 주)	↔ 祝(축하할 축)
勤(부지런할근)	↔ 怠(게으를 태)	送(보낼 송)	↔ 迎(맞을 영)	衆(많을 중)	↔ 寡(적을 과)
禽(날짐승 금)	↔ 獸(길짐승 수)	首(머리 수)	↔ 尾(꼬리 미)	遲(더딜 지)	↔ 速(빠를 속)
起(일어날 기)	↔ 臥(누울 와)	授(줄 수)	↔ 受(받을 수)	眞(참 진)	↔ 僞(거짓 위)
緊(기요할 긴)	↔ 疎(성길 소)	瞬(눈깜짝할순)	↔ 永(길 영)	集(모을 집)	↔ 散(흩을 산)
諾(승낙할 낙)	↔ 拒(물리칠 거)	崇(높일 숭)	↔ 凌(업신여길릉)	着(입을 착)	↔ 脫(벗을 탈)
難(어려울 난)	↔ 易(쉬울 이)	昇(오를 승)	↔ 降(내릴 강)	創(창조할 창)	↔ 模(본뜰 모)
濃(짙을 농)	↔ 淡(묽을 담)	勝(이길 승)	↔ 敗(패할 패)	添(더할 첨)	↔ 削(깎을 삭)
斷(끊을 단)	↔ 續(이을 속)	視(볼 시)	↔ 聽(들을 청)	尖(뾰족할 첨)	↔ 丸(둥글 환)
貸(빌릴 대)	↔ 借(빌릴 차)	新(새 신)	↔ 舊(옛 구)	淸(맑을 청)	↔ 濁(흐릴 탁)
鈍(둔할 둔)	↔ 敏(민첩할 민)	深(깊을 심)	↔ 淺(얕을 천)	忠(충성 충)	↔ 奸(간사할 간)
得(얻을 득)	↔ 失(잃을 실)	我(나 아)	↔ 汝(너 여)	取(취할 취)	↔ 捨(버릴 사)
冷(찰 랭)	↔ 炎(뜨거울 염)	仰(우러를 앙)	↔ 俯(구부릴 부)	統(합칠 통)	↔ 分(나눌 분)
露(이슬 로)	↔ 霜(서리 상)	愛(사랑 애)	↔ 憎(미워할 증)	豊(풍성할 풍)	↔ 凶(흉년들 흉)
瞭(밝을 료)	↔ 曖(희미할 애)	哀(슬플 애)	↔ 歡(기쁠 환)	彼(저 피)	↔ 此(이 차)
漠(아득할 막)	↔ 確(확실할 확)	嚴(엄할 엄)	↔ 慈(인자할 자)	寒(찰 한)	↔ 暖(따뜻할 난)
晩(늦을 만)	↔ 早(일찍 조)	逆(거스를 역)	↔ 順(좇을 순)	虛(빌 허)	↔ 實(찰 실)
忙(바쁠 망)	↔ 閑(한가할 한)	厭(싫을 염)	↔ 樂(좋아할 요)	賢(어질 현)	↔ 愚(어리석을우)
賣(팔 매)	↔ 買(살 매)	凹(오목할 요)	↔ 凸(볼록할 철)	狹(좁을 협)	↔ 廣(넓을 광)
孟(맏 맹)	↔ 季(끝 계)	優(뛰어날 우)	↔ 劣(못날 렬)	好(좋을 호)	↔ 惡(미워할 오)
明(밝을 명)	↔ 暗(어두울 암)	隱(숨길 은)	↔ 顯(나타날 현)	禍(재앙 화)	↔ 福(복 복)
文(글월 문)	↔ 武(무사 무)	陰(그늘 음)	↔ 陽(볕 양)	擴(늘릴 확)	↔ 縮(줄 축)
問(물을 문)	↔ 答(답할 답)	因(까닭 인)	↔ 果(결과 과)	厚(두터울 후)	↔ 薄(엷을 박)
美(아름다울미)	↔ 醜(추할 추)	雌(암컷 자)	↔ 雄(수컷 웅)	黑(검을 흑)	↔ 白(흰 백)
放(놓을 방)	↔ 防(막을 방)	姉(누이 자)	↔ 妹(아랫누이매)	興(일어날 흥)	↔ 亡(망할 망)

✽ 시험에 잘 나오는 급수별 한자어 ✽

(6급)

※ 아래 한자어들은 자주 쓰이거나 시험에 잘 나오기 때문에 꼭 알아두어야 합니다.

가열	加熱	문제	問題	실천	實踐	착륙	着陸
각	角	물체	物體	실험	實驗	최선	最善
거리	距離	반	半	안전	安全	특징	特徵
검소	儉素	반성	反省	암송	暗誦	평가	評價
결과	結果	발명	發明	역할	役割	평소	平素
계산	計算	방법	方法	온도	溫度	표	表
고민	苦悶	배열	配列	우애	友愛	표어	標語
공손	恭遜	변	邊	이용	利用	표현	表現
공통	共通	분류	分類	이유	理由	합	合
관찰	觀察	분리	分離	이해	理解	혼합물	混合物
구간	區間	분수	分數	일주	一周	화목	和睦
기구	器具	상품	賞品	점	點	화학	化學
낭송	朗誦	수직	垂直	종류	種類	활용	活用
대화	對話	순서	順序	주변	周邊	효도	孝道
도형	圖形	시간	時間	차	差		
무관심	無關心	식	式	차이	差異		

(5급)

가열	加熱	단정	端正	수출	輸出	종류	種類
가정	家庭	단체	團體	시조	時調	지구촌	地球村
각도	角度	대응	對應	악기	樂器	지진	地震
강수량	降水量	도체	導體	암석	巖石	지층	地層
건국	建國	독립	獨立	약속	約束	질서	秩序
결과	結果	면담	面談	여가	餘暇	참정권	參政權
경제	經濟	묘사	描寫	여운	餘韻	창의적	創意的
경험	經驗	문맥	文脈	여행	旅行	첨단	尖端
계산	計算	문화재	文化財	역사	歷史	초과	超過
계절	季節	미소	微笑	역할	役割	축척	縮尺
고유어	固有語	박람회	博覽會	연상	聯想	침엽수	針葉樹
곡선	曲線	반도체	半導體	오염	汚染	쾌적	快適
공경	恭敬	배경	背景	우주	宇宙	타협	妥協
공공	公共	분류	分類	원인	原因	태도	態度
공연	公演	분수	分數	위성	衛星	태양계	太陽系
공정	工程	분포	分布	육지	陸地	토의	討議
관광객	觀光客	비교	比較	이상	以上	통일	統一
관용표현	慣用表現	비례식	比例式	인상	印象	투자	投資
광고	廣告	비율	比率	자연	自然	투표	投票
구분	區分	사법부	司法府	자유	自由	편지	便紙
구애행동	求愛行動	사회	社會	장애	障碍	표준어	標準語
권리	權利	상상	想像	저금	貯金	합창	合唱
규칙	規則	생태계	生態系	적극적	積極的	해결	解決
극미세	極微細	선거	選舉	적응	適應	협동	協同
근거	根據	선택	選擇	전쟁	戰爭	확률	確率
근면	勤勉	설득	說得	전통	傳統	환경	環境
긍정	肯定	세금	稅金	전학	轉學	활엽수	闊葉樹
기온	氣溫	소극적	消極的	정보	情報		
기준	基準	속담	俗談	정치	政治		
단위	單位	수입	收入	존중	尊重		

(4급)

한글	漢字	한글	漢字	한글	漢字	한글	漢字
가채	可採	돌연변이	突然變異	수요	需要	증후군	症候群
가치	價値	연대	連帶	수입	輸入	지구촌	地球村
간척	干拓	마찰력	摩擦力	수필	隨筆	지조	志操
갈등	葛藤	매장	埋藏	순장	殉葬	지진	地震
강수량	降水量	맥락	脈絡	시설작물	施設作物	지층	地層
개기월식	皆旣月蝕	면역	免疫	실천	實踐	질서	秩序
검소	儉素	모방	模倣	심상	心象	책임	責任
게시판	揭示板	묘사	描寫	암석	巖石	천부	天賦
격차	隔差	박람회	博覽會	여가	餘暇	첨단	尖端
경제	經濟	박물관	博物館	여론	輿論	청렴	淸廉
고증학	考證學	반사	反射	연상	聯想	체조	體操
공경	恭敬	반영	反映	영장	令狀	초과	超過
공연	公演	방종	放縱	예견	豫見	추억	追憶
공황	恐慌	배경	背景	예금	預金	추천	推薦
과장	誇張	배려	配慮	오염	汚染	축척	縮尺
과점	寡占	배타주의	排他主義	우주	宇宙	취향	趣向
관성	慣性	보통선거	普通選擧	위성도시	衛星都市	타협	妥協
관용	寬容	복지	福祉	유대	紐帶	토의	討議
관용표현	慣用表現	봉건제도	封建制度	유신	維新	투자	投資
국보	國寶	부도심	副都心	은어	隱語	투표	投票
근거	根據	분단	分斷	음운	音韻	판매	販賣
근면	勤勉	분석	分析	익명성	匿名性	편서풍	偏西風
금융	金融	불포화	不飽和	자비	慈悲	평형	平衡
긍정	肯定	붕당	朋黨	장원	莊園	표준어	標準語
긍지	矜持	비교	比較	재판	裁判	한대기후	寒帶氣候
기공	氣孔	비속어	卑俗語	저항	抵抗	함수	函數
기단	氣團	비유	比喩	전도	顚倒	함축	含蓄
기압	氣壓	비율	比率	전제정치	專制政治	혁명	革命
기업	企業	사법부	司法府	절대왕정	絕對王政	혈연	血緣
기지	機智	사전	辭典	정서	情緒	형태소	形態素
기호	嗜好	삭망월	朔望月	제국주의	帝國主義	확률	確率
나태	懶怠	산책	散策	제정일치	祭政一致	환경	環境
납세	納稅	상식	常識	조경수역	潮境水域	환곡	還穀
농도	濃度	상징	象徵	조약	條約	효율	效率
다원사회	多元社會	서술	敍述	존엄	尊嚴	훈고학	訓詁學
답사	踏査	선택	選擇	죽림칠현	竹林七賢	희곡	戲曲
대본	臺本	세포	細胞	준법정신	遵法精神	희소성	稀少性
대중매체	大衆媒體	소비	消費	중계무역	中繼貿易		
도체	導體	소통	疏通	증산작용	蒸散作用		

✻ 고사성어 ✻

※ _____ 는 출제빈도가 높음을 나타냄

ㄱ

街談巷說(가담항설) : 항간에 떠도는 소문.
苛斂誅求(가렴주구) : ① 가혹하게 착취함. ② 조세를 가혹하게 징수함.
刻骨難忘(각골난망) : 은덕을 입은 고마움을 뼛속 깊이 새겨 잊지 않음. 白骨難忘(백골난망)
刻舟求劍(각주구검) : 어리석은 사람이 융통성이 없고 세상일에 어둡다는 말.
甘呑苦吐(감탄고토) : 달면 삼키고 쓰면 뱉는다는 것으로 사리의 옳고 그름을 돌보지 않고 자기 이로울 대로 한다는 말.
甲男乙女(갑남을녀) : 평범한 사람들. 匹夫匹婦(필부필부), 張三李四(장삼이사)
康衢煙月(강구연월) : 큰 길에서 보는 평안한 풍경. 太平聖代(태평성대), 堯舜時代(요순시대)
改過遷善(개과천선) : 지난 허물을 고쳐 착하게 됨.
去頭截尾(거두절미) : 일의 앞과 뒤를 잘라버리고 요점만 말함.
車載斗量(거재두량) : 물건을 수레에 싣고 말로 된다는 뜻으로, 아주 흔함의 비유.
乾坤一擲(건곤일척) : 흥망·승패를 걸고 단판 승부를 겨루는 것. 垓下之戰(해하지전)
格物致知(격물치지) : ①「대학」에 나오는 말로 6례(六禮)를 습득하여 지식을 명확히 한다는 말.
　　　　　　　　　　② 주자학의 용어로 사물의 이치를 연구하여 후천(後天)의 지식을 명확히 함.
隔世之感(격세지감) : 다른 세상으로 바뀐 듯 많은 변화가 있었음의 비유.
隔靴搔痒(격화소양) : 신을 신은 채 가려운 발바닥을 긁음과 같이 일의 효과를 나타내지 못함을 이름.
牽强附會(견강부회) : 이치에 맞지 않는 말을 억지로 끌어 붙여 자기 주장의 조건에 맞도록 함.
　　　　　　　　　　曲學阿世(곡학아세), 指鹿爲馬(지록위마)
犬馬之勞(견마지로) : ① 자기의 노력을 낮추어 하는 말. ② 임금이나 나라에 충성을 다하는 일.
　　　　　　　　　　犬馬之誠(견마지성), 盡忠報國(진충보국), 粉骨碎身(분골쇄신)
見物生心(견물생심) : 실물을 보고 욕심이 생김.
堅忍不拔(견인불발) : 굳게 참고 버티어 마음을 빼앗기지 아니 함.
結草報恩(결초보은) : 죽어 혼령이 되어도 은혜를 잊지 않고 갚겠다는 뜻.
經國濟世(경국제세) : 국가사를 경륜하고 세상을 구함. '經濟(경제)'는 이의 준말.
敬而遠之(경이원지) : 겉으로는 공경하는 체하면서 속으로는 멀리한다는 뜻, '敬遠(경원)'은 준말.
鷄卵有骨(계란유골) : 달걀 속에도 뼈가 있다는 뜻으로, 뜻밖에 장애물이 생김을 이르는 말.
股肱之臣(고굉지신) : 자신의 팔다리같이 믿음직스러워 중하게 여기는 신하.
膏粱珍味(고량진미) : 살찐 고기와 좋은 곡식으로 만든 맛있는 음식.
孤掌難鳴(고장난명) : ① 손바닥 하나로는 소리가 나지 않는다는 뜻으로 혼자 힘으로 일하기 어렵다는 말. ② 서로 같
　　　　　　　　　　으니까 싸움이 난다는 말.

苦盡甘來(고진감래) : 고생 끝에 낙이 온다는 말.
曲學阿世(곡학아세) : 그른 학문으로 세속에 아부함.
管鮑之交(관포지교) : 옛날 중국의 관중과 포숙처럼 친구 사이가 다정함을 이름.
　　　　　　　　　莫逆之友(막역지우), 水魚之交(수어지교), 刎頸之交(문경지교),
　　　　　　　　　金蘭之交(금란지교), 竹馬故友(죽마고우)
刮目相對(괄목상대) : 눈을 비비고 본다는 말로, 다른 사람의 학문이나 덕행이 크게 진보한 것을 말함.
矯角殺牛(교각살우) : 뿔을 고치려다 소를 죽인다는 말로, 작은 일에 힘쓰다가 오히려 큰 일을 망친다는 뜻. 小貪大失
　　　　　　　　　(소탐대실)
巧言令色(교언영색) : 남에게 아첨하느라고 듣기 좋게 꾸미는 말과 얼굴빛.
口尙乳臭(구상유취) : 입에서 젖내가 날 만큼 언행이 유치함.
九十春光(구십춘광) : ①노인의 마음이 청년같이 젊음을 이름. ②봄의 석달 구십일 동안.
九牛一毛(구우일모) : 아홉 마리 소 가운데 터럭 하나로, 많은 것 가운데 극히 적은 것을 말함.
九折羊腸(구절양장) : 양의 창자처럼 험하고 꼬불꼬불한 산길. 길이 매우 험함을 이름.
群鷄一鶴(군계일학) : 닭 무리에 끼여 있는 한 마리의 학이란 뜻으로, 평범한 사람 가운데서 뛰어난 사람. 白眉(백미),
　　　　　　　　　囊中之錐(낭중지추)
群雄割據(군웅할거) : 여러 영웅이 세력을 다투어 땅을 갈라 버티고 있음.
勸善懲惡(권선징악) : 선행을 권하고 악행을 벌함.
捲土重來(권토중래) : ①한 번 실패에 굴하지 않고 몇 번이고 다시 일어남.
　　　　　　　　　②세력을 회복하여 다시 쳐들어옴. 臥薪嘗膽(와신상담), 七顚八起(칠전팔기)
近墨者黑(근묵자흑) : 먹을 가까이 하는 사람은 검어진다는 뜻으로, 나쁜 사람과 사귀면 좋지 않은 버릇에 물들기 쉽
　　　　　　　　　다는 말.
金科玉條(금과옥조) : 금이나 옥같이 귀중한 법칙이나 규정을 말함.
錦上添花(금상첨화) : 좋고 아름다운 것 위에 더 좋은 것을 더한다는 뜻.
金石盟約(금석맹약) : 금석과 같이 굳게 맺은 약속.
錦衣夜行(금의야행) : 비단 옷을 입고 밤에 다닌다는 뜻으로, 성공을 했지만 아무런 효과를 내지 못하는 것을 이름.
錦衣還鄕(금의환향) : 비단 옷을 입고 고향으로 돌아온다는 뜻으로, 타향에서 크게 성공하여 자기 집으로 돌아감을
　　　　　　　　　이름.
金枝玉葉(금지옥엽) : 임금의 자손이나 귀한 집안의 귀여운 자손을 일컫는 말.

ㄴ

難兄難弟(난형난제) : 누구를 형이라 하고 누구를 동생이라 할지 분간하기가 어려움. 옳고 그름이나 우열을 가리기가
　　　　　　　　　어렵다는 말. 莫上莫下(막상막하), 伯仲之勢(백중지세)
南柯一夢(남가일몽) : 꿈과 같이 헛된 한때의 부귀영화를 일컬음.
　　　　　　　　　一場春夢(일장춘몽), 醉生夢死(취생몽사)

男負女戴(남부여대) : 남자는 지고 여자는 이고 간다는 뜻으로, 가난한 사람이 정처 없이 떠돌아다니며 사는 것을 말함.
囊中之錐(낭중지추) : 주머니 속에 든 송곳과 같이 재주가 뛰어난 사람은 숨어 있어도 저절로 사람들이 알게 됨을 말함.
囊中取物(낭중취물) : 주머니 속의 물건을 꺼내는 것같이 매우 용이한 일을 말함.
綠衣紅裳(녹의홍상) : 연두 저고리에 다홍치마, 즉 곱게 차려 입은 젊은 아가씨의 복색.
弄瓦之慶(농와지경) : 딸을 낳은 기쁨.
弄璋之慶(농장지경) : 아들을 낳은 기쁨.

ㄷ

簞食瓢飮(단사표음) : 도시락 밥과 표주박 물, 즉 변변치 못한 음식이라는 말.
丹脣皓齒(단순호치) : 붉은 입술과 흰 이, 곧 아름다운 여자의 얼굴.
　　　　　　　　　傾國之色(경국지색), 絶世佳人(절세가인), 花容月態(화용월태), 月下佳人(월하가인)
達八十(달팔십) : 강태공(姜太公)이 80세에 주무왕(周武王)을 만나 정승이 된 후 80년을 호화롭게 살았다는 옛말에서 유래되어 호화롭게 사는 것을 말함. 窮八十(궁팔십)
堂狗風月(당구풍월) : 무식한 자도 유식한 자와 같이 있으면 다소 감화를 받게 된다는 뜻.
大器晩成(대기만성) : 큰 그릇은 이루어짐이 더디다는 말로, 크게 될 사람은 성공이 늦다는 뜻.
大書特筆(대서특필) : 특히 드러나게 큰 글자로 적어 표시함.
塗炭之苦(도탄지고) : 진구렁이나 숯불에 빠졌다는 뜻으로 몹시 고생스러움을 일컫는 말.
東家食西家宿(동가식서가숙) : 먹을 곳, 잘 곳이 없이 떠도는 사람, 또는 그런 짓.
　　　　　　　　　　風餐露宿(풍찬노숙)
棟梁之材(동량지재) : 기둥이나 들보가 될 만한 훌륭한 인재.
東問西答(동문서답) : 묻는 말에 대하여 아주 엉뚱한 방향으로 대답함.
同病相憐(동병상련) : 어려운 처지에 놓인 사람끼리 서로 동정하고 도움.
東奔西走(동분서주) : 사방으로 바삐 쏘다님.
同床異夢(동상이몽) : 같은 처지·입장에서 저마다 딴 생각을 함.
得隴望蜀(득롱망촉) : 중국 한나라 때 광무제가 농(隴)을 정복한 뒤 다시 촉(蜀)을 쳤다는 데서 나온 말로, 끝없는 욕심을 말함.
登高自卑(등고자비) : ① 높은 곳에 이르기 위해서는 낮은 곳부터 밟아야 한다는 뜻으로, 일을 하는 데는 반드시 차례를 밟아야 한다는 말. ② 지위가 높아질수록 스스로를 낮춘다는 말.
登龍門(등용문) : 용문(龍門)은 황허 상류의 급류인데, 잉어가 여기에 오르면 용이 된다는 고사에서 비롯된 말로, 출세할 수 있는 지위에 오름을 뜻함.
燈下不明(등하불명) : 등잔 밑이 어둡다는 뜻으로, 가까이 있는 것에 더 어두움을 이르는 말.
燈火可親(등화가친) : 가을이 되어 서늘하면 밤에 등불을 가까이 하여 글 읽기에 좋다는 말.

ㅁ

馬耳東風(마이동풍) : 남의 말을 귀담아 듣지 않고 흘려버리는 것을 말함. 우이독경(牛耳讀經)
莫上莫下(막상막하) : 실력에 있어 낫고 못함이 없이 비슷함.
莫逆之友(막역지우) : 매우 친한 벗.
萬頃蒼波(만경창파) : 한없이 넓고 푸른 바다.
萬古風霜(만고풍상) : 사는 동안에 겪은 많은 고생.
麥秀之嘆(맥수지탄) : 기자(箕子)가 은(殷)이 망한 후 그 폐허에 보리만 자람을 보고 한탄했다는 고사에서 유래되어, 고국(故國)의 멸망을 한탄함을 이르는 말.
明鏡止水(명경지수) : ① 거울과 같이 맑고 잔잔한 물. ② 잡념과 허욕이 없이 맑고 깨끗함.
名實相符(명실상부) : 이름과 실제가 서로 부합함.
明若觀火(명약관화) : 불을 보듯 환하게 알 수 있음.
命在頃刻(명재경각) : 곧 숨이 끊어질 지경에 이름.
矛盾撞着(모순당착) : 같은 사람의 문장이나 언행이 앞뒤가 서로 어그러져서 모순되는 일.
目不識丁(목불식정) : 낫 놓고 기역자도 모를 만큼 무식함을 이름.
目不忍見(목불인견) : 차마 눈뜨고 볼 수 없는 참상이나 꼴불견.
武陵桃源(무릉도원) : 신선이 살았다는 전설적인 중국의 명승지. 곧 속세를 떠난 별천지를 뜻함.
無依無托(무의무탁) : 의지할 곳이 없음.
文房四友(문방사우) : 서재에 꼭 있어야 할 네 벗. 즉 종이(紙)·붓(筆)·벼루(硯)·먹(墨).
門前成市(문전성시) : 권세가 높거나 부자가 되어 찾아오는 손님들로 마치 시장을 이룬 것 같음.
門前沃畓(문전옥답) : 집 앞 가까이에 있는 좋은 논.

ㅂ

拍掌大笑(박장대소) : 손바닥을 치면서 크게 웃음.
拔本塞源(발본색원) : 폐단의 근원을 뿌리뽑아 없애 버림을 뜻함.
傍若無人(방약무인) : 언행이 방자한 사람.
背恩忘德(배은망덕) : 은혜를 잊고 도리어 배반함.
白骨難忘(백골난망) : 죽어도 잊지 못할 만큼 큰 은혜를 입음.
百年河清(백년하청) : 아무리 세월이 가도 일을 해결할 희망이 없음.
白面書生(백면서생) : 한갓 글만 읽고 세상 일에 어두운 사람.
百折不屈(백절불굴) : 갖가지 수단을 다해 꺾으려고 해도 굽히지 않음.
伯仲之勢(백중지세) : 우열(優劣)의 차이가 없이 엇비슷함을 이르는 말.
夫唱婦隨(부창부수) : 남편이 창(唱)을 하면 아내도 따라 하는 것이 부부화합의 도(道)라는 것. 女必從夫(여필종부)

附和雷同(부화뇌동) : 제 주견이 없이 남이 하는 대로 그저 무턱대고 따라함.
粉骨碎身(분골쇄신) : 뼈가 가루가 되고 몸이 부서지도록 힘을 다하여 일하는 것.
不共戴天之讐(불공대천지수) : 같은 하늘 아래 살 수 없는 원수. 어버이의 원수를 말함.
不問曲直(불문곡직) : 옳고 그름을 묻지 아니하고 함부로 함.
不恥下問(불치하문) : 자기보다 아랫사람에게 묻는 것을 부끄러워하지 않음.
非夢似夢間(비몽사몽간) : 꿈인지 생시인지 알 수 없는 어렴풋한 동안.

人

四顧無親(사고무친) : 의지할 곳 없이 외로움. 孤立無依(고립무의)
四面楚歌(사면초가) : 한 사람도 도우려는 자가 없이 고립되어 곤경에 처해 있음.
砂上樓閣(사상누각) : 모래 위에 지은 집. 곧 헛된 것의 비유.
事必歸正(사필귀정) : 모든 일은 반드시 바른 데로 돌아감.
山上垂訓(산상수훈) : 예수가 산꼭대기에서 한 설교.
山戰水戰(산전수전) : 세상 일에 경험이 많다는 뜻.
山海珍味(산해진미) : 산과 바다의 산물(産物)을 다 갖추어 썩 잘 차린 귀한 음식.
殺身成仁(살신성인) : 목숨을 버려 사랑(仁)을 이룸.
三顧草廬(삼고초려) : 중국 삼국시대에 촉한의 유비가 제갈 공명을 세 번이나 찾아가 군사(軍師)로 초빙한 데서 나온 말.
三旬九食(삼순구식) : 빈궁하여 먹을 것이 부족함.
三遷之敎(삼천지교) : 맹자의 어머니가 아들의 교육을 위하여 세 번 거처를 옮겼다는 고사로, 생활환경이 교육에 큰 구실을 함을 말함.
桑田碧海(상전벽해) : 뽕나무밭이 변하여 바다가 된다는 말로, 세상 일의 변천이 심함을 비유하는 말.
塞翁之馬(새옹지마) : 인간 세상의 길흉화복(吉凶禍福)이 서로 순환되어 뚜렷이 정해진 바가 없는 것을 말함. 轉禍爲福(전화위복)
先見之明(선견지명) : 앞 일을 미리 판단하는 총명.
雪上加霜(설상가상) : 눈 위에 또 서리가 덮인다는 뜻으로, 불행이 거듭 생김을 말함.
說往說來(설왕설래) : 서로 변론(辯論)을 주고받으며 옥신각신하는 것.
纖纖玉手(섬섬옥수) : 가냘프고 고운 여자의 손.
送舊迎新(송구영신) : 세밑에 묵은 해를 보내고 새해를 맞이하는 일을 이름.
首邱初心(수구초심) : 여우가 죽을 때 머리를 자기가 살던 굴로 향한다는 말로 고향을 그리워하는 마음.
壽福康寧(수복강녕) : 오래 살고 복되며 건강하고 평안함을 이르는 말.
袖手傍觀(수수방관) : 팔짱을 끼고 보고만 있다는 뜻으로, 어떤 일을 당하여 옆에서 보고만 있는 것.
誰怨誰咎(수원수구) : 남을 원망하거나 탓할 게 없음.

脣亡齒寒(순망치한) : 입술이 없으면 이가 시린 것처럼, 서로 돕던 이가 망하면 다른 한쪽 사람도 함께 위험하다는 뜻.
是是非非(시시비비) : 옳고 그름을 가림.
尸位素餐(시위소찬) : 재덕·공로가 없이 한갓 관위(官位)만 차지하고 녹을 받는 일.
識字憂患(식자우환) : 아는 것이 탈이라는 말로 학식이 있는 것이 도리어 근심을 사게 됨을 말함.
身言書判(신언서판) : 사람됨을 판단하는 네 가지 기준으로, 곧 신수(身手)와 말씨와 문필과 판단력.
神出鬼沒(신출귀몰) : 자유자재로 출몰하여 그 변화를 헤아릴 수 없는 일.
十匙一飯(십시일반) : 열 사람이 한 술씩 보태면 한 그릇이 되듯 여럿이 한 사람 돕기는 쉽다는 말.
十日之菊(십일지국) : 국화는 9월 9일이 절정으로, 이미 때가 늦었다는 말.

ㅇ

阿鼻叫喚(아비규환) : 많은 사람이 지옥 같은 고통을 못 이겨 부르짖는 소리. 심한 참상을 형용하는 말.
我田引水(아전인수) : 제 논에 물대기. 자기에게만 이롭게 하려는 것.
羊頭狗肉(양두구육) : 양의 머리를 내걸고 개고기를 판다는 뜻. 즉 겉모양은 훌륭하나 속은 변변치 않은 것을 말함.
梁上君子(양상군자) : 들보 위에 있는 군자라는 뜻으로 도둑을 말함.
漁父之利(어부지리) : 양자(兩者)가 이익을 위하여 서로 다투고 있을 때, 제삼자가 그 이익을 가로채 가는 것을 말함. 犬兔之爭(견토지쟁)
言中有骨(언중유골) : 예사로운 말속에 깊은 뜻이 있는 것을 말함.
如反掌(여반장) : 손바닥을 뒤집는 것 같다는 뜻으로 일하기가 대단히 쉬운 것을 말함.
緣木求魚(연목구어) : 나무에 올라가 고기를 구하듯 불가능한 일을 하고자 하는 것을 비유하는 말.
拈華微笑(염화미소) : 마음에서 마음으로 전하는 일. 以心傳心(이심전심), 拈華示衆(염화시중)
五里霧中(오리무중) : 짙은 안개 속에서 길을 찾기가 어려운 것같이 일의 갈피를 잡기 어려움을 말함.
烏飛梨落(오비이락) : 우연의 일치로 남의 의심을 받았을 때 하는 말. '까마귀 날자 배 떨어진다'
傲霜孤節(오상고절) : 서릿발 날리는 추운 때에도 굴하지 않고 외로이 지키는 절개라는 뜻으로, 국화를 두고 하는 말.
五十步百步(오십보백보) : 양자간에 차이는 있으나 본질적으로 같다는 뜻. 大同小異(대동소이)
吳越同舟(오월동주) : 서로 반목하면서도 공통의 곤란이나 이해(利害)에 대하여 협력하는 것을 비유하는 말.
烏合之衆(오합지중) : 까마귀 떼와 같이 조직도 훈련도 없이 모인 무리. 烏合之卒(오합지졸)
溫故知新(온고지신) : 옛 것을 익히고 나아가 새 것을 배우는 학문태도를 말함.
臥薪嘗膽(와신상담) : 섶에 누워 쓸개를 씹는다는 뜻으로, 원수를 갚고자 고생을 참고 견딤을 비유하는 말.
樂山樂水(요산요수) : 지자요수 인자요산(知者樂水 仁者樂山)의 준말로 지혜 있는 자는 사리에 통달하여 물과 같이 막힘이 없으므로 물을 좋아하고, 어진 자는 의리에 밝고 산과 같이 중후하여 변하지 않으므로 산을 좋아한다는 뜻.
龍頭蛇尾(용두사미) : 처음에는 그럴 듯하다가 끝이 흐지부지되는 것.
類萬不同(유만부동) : 분수에 맞지 않음.

唯我獨尊(유아독존) : 세상에서 오직 나만이 훌륭하다는 생각.

流言蜚語(유언비어) : 아무 근거 없이 널리 떠돌아다니는 소문.

類類相從(유유상종) : 동류(同類)끼리 서로 왕래하며 사귐. 草綠同色(초록동색)

吟風弄月(음풍농월) : 맑은 바람과 밝은 달을 벗삼아 시를 짓고 즐김.

以心傳心(이심전심) : 말이나 글을 쓰지 않고 마음에서 마음으로 전한다는 말로, 곧 마음으로 이치를 깨닫게 한다는 뜻. 拈華示衆(염화시중)

二律背反(이율배반) : 서로 모순되는 명제(命題)가 동등하게 주장되는 일.

李下不整冠(이하부정관) : 오얏나무 아래서는 갓을 고쳐 쓰지 말라는 뜻. 즉 남에게 의심받을 일을 하지 않도록 주의하라는 말.

耳懸鈴鼻懸鈴(이현령비현령) : 귀에 걸면 귀걸이, 코에 걸면 코걸이라는 말로 이렇게도 저렇게도 될 수 있음을 비유하는 말.

益者三友(익자삼우) : 사귀어 이로운 세 벗. 즉 정직한 사람, 신의(信義) 있는 사람, 학식 있는 사람.

因果應報(인과응보) : 좋은 일에는 좋은 결과가, 나쁜 일에는 나쁜 결과가 따른다는 말.

日久月深(일구월심) : 세월(歲月)이 흐를수록 바라는 마음이 더욱 간절해짐.

一魚濁水(일어탁수) : 물고기 한 마리가 물을 흐리게 하듯 한 사람의 악행(惡行)으로 인하여 여러 사람이 그 해를 받게 되는 것.

一日三秋(일일삼추) : 하루가 3년처럼 길게 느껴짐. 즉 몹시 애태우며 기다림.

一場春夢(일장춘몽) : 인생의 영화(榮華)는 한바탕의 봄 꿈과 같이 헛됨.

日就月將(일취월장) : 나날이 다달이 진보함. 날로 진보하여 감.

一筆揮之(일필휘지) : 단숨에 글씨나 그림을 힘차게 쓰거나 그리는 것.

ㅈ

自家撞着(자가당착) : 같은 사람의 문장이나 언행이 앞뒤가 서로 어그러져서 모순되는 일. 矛盾撞着(모순당착)

自繩自縛(자승자박) : 제 새끼줄로 제 목 매기. 곧 자기 행동으로 말미암아 자기가 괴로움을 받게 된다는 뜻. 自業自得(자업자득)

自畵自讚(자화자찬) : 자기가 한 일을 스스로 자랑하는 것을 이름.

張三李四(장삼이사) : 장씨(張氏)의 삼남(三男)과 이씨(李氏)의 사남(四男)이란 뜻으로 평범한 사람들을 가리킴.

賊反荷杖(적반하장) : 도둑이 도리어 매를 든다는 뜻으로, 잘못한 사람이 도리어 잘한 사람을 나무라는 경우에 쓰는 말.

赤手空拳(적수공권) : 맨손과 맨주먹. 곧 아무것도 가진 것이 없음.

戰戰兢兢(전전긍긍) : 어떤 일 또는 사람에 맞닥뜨려 매우 두려워하여 겁냄을 나타냄.

轉禍爲福(전화위복) : 화(禍)를 바꾸어 복으로 한다는 뜻이니, 궂은 일을 당했을 때 그것을 잘 처리해서 좋은 일이 되게 하는 것.

漸入佳境(점입가경) : 어떤 일이나 상태가 점점 더 재미있는 경지로 들어감을 나타냄.

切齒腐心(절치부심) : 이를 갈며 속을 썩임으로 몹시 분함을 말함.
頂門一鍼(정문일침) : 정수리에 침을 준다는 말로, 잘못의 급소를 찔러 충고하는 것.
井底之蛙(정저지와) : 견문이 좁고 세상 형편을 모름. '우물 안 개구리'
糟糠之妻(조강지처) : 가난을 참고 고생을 같이 하며 남편을 섬긴 아내.
朝令暮改(조령모개) : 법령을 자꾸 바꿔서 종잡을 수 없음을 비유하는 말. 朝變夕改(조변석개)
朝三暮四(조삼모사) : ① 간사한 꾀로 사람을 속여 희롱함. ② 눈앞에 당장 나타나는 차별만을 알고 그 결과가 같음을 모름. 姑息之計(고식지계)
左顧右眄(좌고우면) : 좌우를 자주 둘러본다는 뜻으로, 무슨 일을 얼른 결정짓지 못함을 비유.
坐不安席(좌불안석) : 마음에 불안이나 근심 등이 있어 한자리에 오래 앉아 있지 못함.
左之右之(좌지우지) : ① 제 마음대로 자유롭게 처리함. ② 남을 마음대로 부림.
主客顚倒(주객전도) : 주인은 손님처럼 손님은 주인처럼 각각 행동을 바꾸어 한다는 것으로 입장이 뒤바뀐 것을 나타냄. 本末顚倒(본말전도)
走馬加鞭(주마가편) : 달리는 말에 채찍을 더한다는 말로, 잘하는 사람에게 더 잘하도록 하는 것.
走馬看山(주마간산) : 말을 달리면서 산을 본다는 말로 자세히 보지 못하고 지나침을 뜻함.
酒池肉林(주지육림) : 호화를 극한 술잔치로, 방탕하고 사치스러운 생활을 뜻함.
竹馬故友(죽마고우) : 죽마를 타고 놀던 벗, 곧 어릴 때 같이 놀던 친한 친구.
竹杖芒鞋(죽장망혜) : ① 대지팡이와 짚신. ② 가장 간단한 보행이나 여행의 차림.
衆寡不敵(중과부적) : 적은 수효로는 많은 수효를 대적하지 못한다는 뜻.
衆口難防(중구난방) : 뭇사람의 말을 다 막기는 어렵다는 뜻.
重言復言(중언부언) : 한 말을 자꾸 되풀이함.
中原逐鹿(중원축록) : 중원(中原)은 중국 또는 천하(天下)를 말하며, 축록(逐鹿)은 서로 경쟁한다는 말. 영웅들이 다투어 천하를 얻고자 함을 뜻함.
指鹿爲馬(지록위마) : 중국 진나라의 조고(趙高)가 이세황제(二世皇帝)에게 사슴을 말이라고 속여 바친 일에서 유래하는 고사로, 윗사람을 농락하여 권세를 마음대로 함을 가리킴. 牽强附會(견강부회)
支離滅裂(지리멸렬) : 갈가리 찢어지고 흩어져 갈피를 잡을 수 없게 됨.
進退維谷(진퇴유곡) : 앞으로 나아갈 수도 뒤로 물러설 수도 없이, 꼼짝할 수 없는 궁지에 빠짐. 進退兩難(진퇴양난), 四面楚歌(사면초가)
嫉逐排斥(질축배척) : 시기하고 미워하여 물리침.

ㅊ

此日彼日(차일피일) : 오늘내일 하면서 자꾸 미룸.
滄海一粟(창해일속) : 한없이 넓은 바다에 떠있는 한 알의 좁쌀이라는 뜻으로, 크고 넓은 것 가운데에 있는 아주 작은 것을 비유하는 말. 九牛一毛(구우일모)

天高馬肥(천고마비) : 하늘은 높고 말이 살찐다는 뜻으로, 가을이 썩 좋은 계절임을 일컫는 말.
天方地軸(천방지축) : ① 매우 급해서 허둥거리는 모습.
　　　　　　　　　② 어리석은 사람이 갈 바를 몰라 두리번거리는 모습.
泉石膏肓(천석고황) : 고질병이 되다시피 산수 풍경을 좋아하는 것.
天衣無縫(천의무봉) : 선녀의 옷은 기운 데가 없다는 말로, 문장이 훌륭하여 손댈 곳이 없을 만큼 잘 되었음을 가리키는 말.
千仞斷崖(천인단애) : 천 길이나 되는 깎아지른 듯한 벼랑.
千紫萬紅(천자만홍) : 가지가지 빛깔로 만발한 꽃.
千載一遇(천재일우) : 천 년에나 한 번 만날 수 있는 기회, 곧 좀처럼 얻기 어려운 기회.
徹頭徹尾(철두철미) : ① 처음부터 끝까지 투철함을 뜻함. ① 전혀 빼놓지 않고 샅샅이.
徹天之寃(철천지원) : 하늘에 사무치도록 큰 원한.
青出於藍(청출어람) : 쪽에서 우러난 푸른빛이 쪽보다 더 푸르다는 말로, 제자가 스승보다 낫다는 뜻. 後生可畏(후생가외)
寸鐵殺人(촌철살인) : 조그만 쇠붙이로 사람을 죽인다는 것으로, 간단한 말로 사물의 가장 요긴한 데를 찔러 듣는 사람을 감동하게 하는 것. 頂門一鍼(정문일침)
春雉自鳴(춘치자명) : 봄 꿩이 스스로 운다는 말로 시키거나 요구하지 아니하여도 제풀에 하는 것을 말함.
醉生夢死(취생몽사) : 아무 뜻과 이룬 일도 없이 한평생을 흐리멍덩하게 살아감.
七顚八起(칠전팔기) : 여러 번 실패해도 굽히지 않고 분투함을 일컫는 말.
七縱七擒(칠종칠금) : 제갈 공명의 전술로 일곱 번 놓아주고 일곱 번 잡는다는 말로, 자유자재로운 전술을 가리킴.
針小棒大(침소봉대) : 바늘을 몽둥이라고 말하듯 과장해서 말하는 것.

ㅌ

他山之石(타산지석) : 다른 산에서 난 돌도 자기의 구슬을 가는 데 소용이 된다는 뜻으로, 다른 사람의 하찮은 언행일지라도 자기의 지덕을 연마하는데 도움이 된다는 말.
卓上空論(탁상공론) : 실현성이 없는 허황된 이론.
貪官汚吏(탐관오리) : 탐욕이 많고 마음이 깨끗하지 못한 관리.
泰山北斗(태산북두) : 태산과 북두칠성을 우러러보는 것처럼, 남으로부터 그런 존경을 받는 존재.

ㅍ

波瀾重疊(파란중첩) : 어려운 일이 복잡하게 겹침. 雪上加霜(설상가상)
破顔大笑(파안대소) : 얼굴이 일그러지고 깨질 정도로 크게 웃음.
破竹之勢(파죽지세) : 대가 쪼개지듯 세력이 강하여 걷잡을 수 없이 나아가는 모양.
弊袍破笠(폐포파립) : 헤진 옷과 부서진 갓, 곧 너절하고 구차한 차림새.

抱腹絶倒(포복절도) : 배를 안고 몸을 가누지 못할 정도로 몹시 웃음.
風前燈火(풍전등화) : 바람 앞에 켠 등불처럼 매우 위급한 경우에 놓여 있음을 가리키는 말.
　　　　　　　　　百尺竿頭(백척간두)
風餐露宿(풍찬노숙) : 바람과 이슬을 맞으며 한 데서 지냄. 큰 일을 이루려는 사람이 고초를 겪는 모양.
匹夫匹婦(필부필부) : 평범한 남자와 평범한 여자.
必有曲折(필유곡절) : 반드시 어떠한 까닭이 있음.

ㅎ

下石上臺(하석상대) : 아랫돌을 뽑아 윗돌을 괴고 윗돌을 뽑아 아랫돌 괴기. 곧 임시 변통으로 이리저리 둘러맞춤.
鶴首苦待(학수고대) : 학의 목처럼 목을 길게 늘여 몹시 기다린다는 뜻.
漢江投石(한강투석) : 한강에 돌 던지기. 지나치게 미미하여 전혀 효과가 없음을 비유하는 말.
汗牛充棟(한우충동) : 실으면 소가 땀을 흘리고, 쌓으면 들보에까지 가득 찰 만큼 많다는 뜻으로, 썩 많은 장서를 가리키는 말.
緘口無言(함구무언) : 입을 다물고 말이 없음.
含哺鼓腹(함포고복) : 배불리 먹고 즐겁게 지냄.
咸興差使(함흥차사) : 심부름을 시킨 뒤 아무 소식이 없거나 회답이 더디 올 때 쓰는 말.
偕老同穴(해로동혈) : 부부가 함께 늙고, 죽어서는 한곳에 묻힌다는 것으로 부부의 사랑을 뜻함.
孑孑單身(혈혈단신) : 의지할 곳 없는 외로운 홀몸.
螢雪之功(형설지공) : 중국 진나라의 차윤(車胤)이 반딧불로 글을 읽고 손강(孫康)이 눈빛으로 글을 읽었다는 고사에서 온 말로, 고생해서 공부한 공이 드러남을 비유.
好事多魔(호사다마) : 좋은 일에는 방해가 많음.
浩然之氣(호연지기) : 하늘과 땅 사이에 넘치게 가득 찬 넓고도 큰 원기.
魂飛魄散(혼비백산) : 몹시 놀라 정신이 없음.
忽顯忽沒(홀현홀몰) : 문득 나타났다 홀연 없어 짐.
畵龍點睛(화룡점정) : 용을 그려놓고 마지막으로 눈을 그려 넣음. 즉 가장 요긴한 부분을 완성시킴.
花容月態(화용월태) : 아름다운 여자의 고운 용태(容態)를 이르는 말.
畵中之餠(화중지병) : 그림 속의 떡이란 뜻으로, 바라만 보았지 소용에 닿지 않음을 비유.
後生可畏(후생가외) : 「논어」에 나오는 말로, 후진들이 선배들보다 나아 오히려 두렵게 여겨진다는 뜻.

＊ 3~5급 약자와 속자 ＊

음	정자	약자(속자)	음	정자	약자(속자)
가	假(거짓 가)	仮	국	國(나라 국)	国
	價(값 가)	価	권	權(권세 권)	権
각	覺(깨달을 각)	覚		勸(권할 권)	勧
	却(물리칠 각)	卻	귀	歸(돌아갈 귀)	帰
간	姦(간사할 간)	奸(㚣)	기	氣(기운 기)	気
감	監(볼 감)	监		旣(이미 기)	既
강	強(강할 강)	强		棄(버릴 기)	弃
개	蓋(덮을 개)	盖	긴	緊(굳게얽일 긴)	紧
	個(낱 개)	伬(个)	녕	寧(편안할 녕)	寍
거	擧(들 거)	挙	뇌	惱(괴로워할 뇌)	悩
	據(의지할 거)	拠		腦(뇌 뇌)	脳
걸	傑(뛰어날 걸)	杰	단	斷(끊을 단)	断
검	劍(칼 검)	剣		團(둥글 단)	団
	儉(검소할 검)	倹		單(홑 단)	単
견	堅(굳을 견)	坚	담	擔(멜 담)	担
결	缺(이그러질 결)	欠	당	當(마땅할 당)	当
경	經(지날 경)	経		黨(무리 당)	党
	徑(지름길 경)	径	대	帶(띠 대)	帯
	輕(가벼울 경)	軽		對(상대할 대)	対
	競(겨룰 경)	竸		臺(대 대)	台
계	溪(시내 계)	渓	덕	德(큰 덕)	徳
	繼(이을 계)	継	도	圖(그림 도)	図
고	高(높을 고)	髙		稻(벼 도)	稲
관	關(빗장 관)	関	독	獨(홀로 독)	独
	觀(볼 관)	観		讀(읽을 독)	読
	館(집 관)	舘	등	燈(등잔 등)	灯
광	廣(넓을 광)	広	락	樂(즐거울 락)	楽
	鑛(쇳덩이 광)	鉱	란	亂(어지러울 란)	乱
교	敎(가르칠 교)	教		蘭(난초 란)	蘭
구	舊(옛 구)	旧	람	覽(볼 람)	覧
	區(구역 구)	区	랑	朗(밝을 랑)	朗
	毆(때릴 구)	殴	래	來(올 래)	来
	驅(몰 구)	駆	량	兩(두 량)	両
	龜(거북 구)	亀		涼(서늘할 량)	凉

음	정자	약자(속자)	음	정자	약자(속자)
려	勵(힘쓸 려)	励	변	辯(판별할 변)	弁
력	歷(지낼 력)	歴(厂)		變(변할 변)	変
련	戀(사모할 련)	恋		邊(가 변)	辺
	練(익힐 련)	練	병	倂(합할 병)	併
	聯(잇다를 련)	联		竝(나란할 병)	並
렵	獵(사냥 렵)	猟	보	寶(보배 보)	宝
령	靈(신령 령)	霊	봉	峯(봉우리 봉)	峰
	齡(나이 령)	齢	불	佛(부처 불)	仏
례	禮(예도 례(예))	礼		拂(떨칠 불)	払
로	勞(수고할 로)	労	비	祕(숨길 비)	秘
	爐(화로 로)	炉	빙	冰(얼음 빙)	氷
록	綠(푸를 록)	緑	사	絲(실 사)	糸
뢰	賴(힘입을 뢰)	頼		辭(말씀 사)	辞
룡	龍(용 룡)	竜	삼	參(석 삼)	参
루	樓(다락 루)	楼	상	狀(모양 상,문서 장)	状
릉	陵(언덕 릉)	陵		桑(뽕나무 상)	桒
리	離(떠날 리)	雛		牀(평상 상)	床
만	萬(일만 만)	万	쌍	雙(쌍 쌍)	双
	滿(찰 만)	滿	서	敍(차례 서)	叙
	灣(물굽이 만)	湾	석	釋(풀 석)	釈
매	每(매양 매)	毎	선	選(뽑을 선)	選(选)
	賣(팔 매)	売		禪(고요할 선)	禅
맥	麥(보리 맥)	麦	섬	纖(가늘 섬)	繊
	脈(맥 맥)	脈(脉)	섭	攝(잡을 섭)	摂
면	麵(밀가루 면)	麺	성	聲(소리 성)	声
	面(낯 면)	面	소	巢(집 소)	巣
모	侮(업신여길 모)	侮	속	續(이을 속)	続
몰	沒(빠질 몰)	没		屬(엮을 속)	属
미	彌(두루 미)	弥	쇄	碎(부술 쇄)	砕
민	敏(민첩할 민)	敏	수	壽(목숨 수)	寿
발	髮(터럭 발)	髪		獸(짐승 수)	獣
	拔(뺄 발)	抜		隨(따를 수)	随
	發(필 발)	発		收(거둘 수)	収
배	拜(절 배)	拝	숙	肅(고요할숙, 엄숙할숙)	粛
	杯(잔 배)	盃	습	濕(축축할 습)	湿

음	정자	약자(속자)	음	정자	약자(속자)
습	習(익힐 습)	习	위	圍(둘레 위)	囲
승	乘(탈 승)	乗		爲(할 위)	為
	僧(중 승)	僧		僞(거짓 위)	偽
시	枾(감나무 시)	柿	은	隱(숨을 은)	隠
신	愼(삼갈 신)	慎	응	應(응할 응)	応
실	實(열매 실)	実	의	醫(의원 의)	医
아	兒(아이 아)	児	이	貳(두 이)	弐
	亞(버금 아)	亜	익	益(더할 익)	益
악	惡(악할 악)	悪	인	刃(칼날 인)	刃
	嶽(큰산 악)	岳	일	壹(한 일)	壱(一)
암	巖(바위 암)	岩	자	姊(손윗누이 자)	姉
압	壓(누를 압)	圧	작	爵(벼슬 작)	爵
애	愛(사랑 애)	愛	잔	殘(남을 잔)	残
약	藥(약 약)	薬	잠	潛(잠길 잠)	潜
양	樣(모양 양)	様	잡	雜(섞일 잡)	雑
	孃(처녀 양)	嬢	장	壯(씩씩할 장)	壮
	讓(사양할 양)	譲		莊(별장 장)	荘
엄	嚴(엄할 엄)	厳		將(장군 장)	将
여	與(줄 여)	与		裝(꾸밀 장)	装
	餘(남을 여)	余		奬(칭찬할 장)	奨
역	譯(번역할 역)	訳	쟁	爭(다툴 쟁)	担
	驛(역참 역)	駅	전	專(오로지 전)	専
염	鹽(소금 염)	塩		傳(전할 전)	伝
영	榮(영화 영)	栄		戰(싸울 전)	戦(戓)
	營(경영할 영)	営		錢(돈 전)	銭
예	豫(미리 예)	予	절	節(마디 절)	節
	譽(명예 예)	誉	점	點(점 점)	点
	藝(재주 예)	芸	정	淨(깨끗할 정)	浄
	隷(종 예)	隷		靜(고요할 정)	静
온	溫(따뜻할 온)	温		情(뜻 정)	情
	穩(평온할 온)	穏	제	劑(약지을 제)	剤
와	臥(누울 와)	卧		齊(가지런할 제)	斉
요	謠(노래 요)	謡		濟(건널 제)	済
	曜(빛날 요)	曜	조	條(조목 조)	条
원	圓(둥글 원)	円	종	從(따를 종)	従

음	정자	약자(속자)	음	정자	약자(속자)
종	縱(세로 종)	縦	택	澤(못 택)	沢
	鐘(종 종)	鍾	토	兔(토끼 토)	兎
주	晝(낮 주)	昼	투	鬪(싸울 투)	闘(闘)
즉	卽(곧 즉)	即	파	派(물결 파)	派
증	證(증거 증)	証	폐	廢(폐할 폐)	廃
	增(더할 증)	増	포	飽(배부를 포)	飽
	憎(미워할 증)	憎	풍	豐(풍년 풍)	豊
진	盡(다할 진)	尽	학	學(배울 학)	学
	眞(참 진)	真	한	閒(한가할 한)	閑
찬	贊(찬성할 찬)	賛	함	陷(빠질 함)	陥
참	慘(비통할 참)	惨	항	港(항구 항)	港
	參(참여할 참)	参	해	解(풀 해)	解
처	處(곳 처)	処	향	鄕(시골 향)	郷
천	淺(얕을 천)	浅	허	虛(빌 허)	虚
	踐(밟을 천)	践	헌	獻(드릴 헌)	献
철	鐵(쇠 철)	鉄	험	險(험할 험)	険
청	廳(관청 청)	庁	현	縣(고을 현)	県
	靑(푸를 청)	青		顯(밝을 현)	顕
	請(부를 청)	請		賢(어질 현)	賢
체	體(몸 체)	体(躰)	협	峽(골짜기 협)	峡
	滯(막힐 체)	滞		狹(좁을 협)	狭
촉	觸(닿을 촉)	触	형	螢(반딧불 형)	蛍
총	總(모두 총)	総	혜	惠(은혜 혜)	恵
추	樞(중심 추)	枢	호	號(부를 호)	号
충	蟲(벌레 충)	虫	화	畵(그림 화, 그을 획)	画
취	醉(취할 취)	酔	확	擴(넓힐 확, 채울 광)	拡
치	齒(이 치)	歯	환	歡(기뻐할 환)	歓
	恥(부끄러워할 치)	耻	황	況(하물며 황)	况
	癡(어리석을 치)	痴		黃(누를 황)	黄
칠	漆(옻 칠)	柒	회	會(모일 회)	会
침	沈(잠길 침)	沉		懷(품을 회)	懐
칭	稱(일컬을 칭)	称	효	效(본받을 효)	効
타	墮(떨어질 타)	堕	흑	黑(검을 흑)	黒
탄	彈(총알 탄)	弾	흥	興(흥할 흥)	兴
택	擇(가릴 택)	択	희	戲(희롱할 희)	戯

踏雪野中去 (답설야중거)

不須胡亂行 (불수호난행)

今日我行跡 (금일아행적)

遂作後人程 (수작후인정)

눈 덮인 들판을 걸어갈 때 어지럽게 함부로 걷지 말지니라.
오늘 내가 가는 이 발자취가 뒷사람의 이정표가 되리니!

서산대사의 시